复杂环境下盾构隧道复合管片力学机理研究

张稳军 张高乐 著

中国建筑工业出版社

图书在版编目（CIP）数据

复杂环境下盾构隧道复合管片力学机理研究 / 张稳军，张高乐著. —北京：中国建筑工业出版社，2020.6（2024.2重印）
ISBN 978-7-112-25003-5

Ⅰ.①复… Ⅱ.①张…②张… Ⅲ.①隧道施工-盾构法-管片-结构力学-研究 Ⅳ.①U455.43

中国版本图书馆CIP数据核字（2020）第051885号

盾构法隧道自问世以来已经历多年发展，其技术革新也在持续推进，一系列新理论、新方法、新技术及新材料得到发展并应用于解决各类工程问题。本书基于理论分析、模型试验和数值模拟等研究方法取得的研究成果，针对盾构隧道复合管片及相关结构的力学特性进行了较为详尽的说明。首先，介绍了盾构隧道管环结构的有关理论和实践应用研究，涉及复合管片和新型接头的开发、分类及力学性能解析、复合管环结构的力学特性、数值建模与分析方法论述；其次，从构件角度出发，借助试验研究、理论分析和数值模拟等研究方法的具体过程及结论，揭示、归纳单体复合管片的力学特性，并提出可用于复合管片性能研究的合理化建议与方法；随后，着眼于复合管片间的连接方式，深入剖析了环向及纵向不同形式管片接头的力学特性，具体包括传统的直螺栓、弯螺栓和斜螺栓等螺栓接头、新型锚式接头、FRP-Key接头和凹凸榫槽接头；最后，结合既有研究基础，考虑盾构隧道施工期和运营期可能遭遇的复杂状况，从构件和结构角度出发，阐述了高水压、内水压、复杂地层及高温火灾等条件下盾构隧道管环结构可能出现的不利响应情况。

本书理论讲解详细深入，内容丰富，可作为高等院校隧道及地下工程相关专业本科生及研究生的学习教材，同时也可为广大科研工作者和盾构隧道工程技术人员提供参考。

责任编辑：刘婷婷
责任校对：芦欣甜

复杂环境下盾构隧道复合管片力学机理研究

张稳军　张高乐　著

*

中国建筑工业出版社出版、发行（北京海淀三里河路9号）
各地新华书店、建筑书店经销
北京鸿文瀚海文化传媒有限公司制版
建工社（河北）印刷有限公司印刷

*

开本：787×1092毫米　1/16　印张：16¾　字数：415千字
2020年7月第一版　2024年2月第二次印刷
定价：**66.00元**
ISBN 978-7-112-25003-5
（35737）

版权所有　翻印必究
如有印装质量问题，可寄本社退换
（邮政编码100037）

前　言

本书以国家自然科学基金项目（项目编号：51378342，51778412）的研究成果为基础，以新型复合管片为研究对象，从构件到结构，从局部到整体，从施工到运营，对复合管片的设计方法和工程实践进行了分析和总结，全面客观地对高水压、内水压和高温等复杂条件下盾构隧道复合管片的力学性能进行了探讨。

全书共分为五章，第1章主要介绍了盾构隧道管环结构的理论和实践研究，为复杂条件下管环结构力学特性的深化研究奠定了基础。

第2章主要从构件角度出发，在试验研究、理论研究、数值模拟和敏感度分析等方面对单体复合管片的力学特性进行了分析。一方面介绍了基于试验的复合管片基本力学特性研究，通过对结构承载能力、变形、应变分布和钢板敏感度的研究，得到了纯弯矩荷载和组合荷载作用下复合管片各项力学性能的变化规律。另一方面，对钢板和混凝土之间的界面滑移进行了理论分析。借助Marc建立了复合管片的三维精细化数值模型，并结合试验结果验证了该模型的合理性。最后，采用数值模拟方法对不同荷载情况下各因素对复合管片的影响进行了研究。

第3章主要针对复合管片间的连接方式，即环向和纵向各种接头形式开展了分析，从常见的直螺栓、弯螺栓和斜螺栓等螺栓接头，到新型的锚式接头和FRP-Key接头及环间凹凸榫槽接头，详细地对各种接头的力学特性进行了研究。首先，介绍了不同接头的形式、构造和设计；然后，考虑各类影响因素对不同强度和不同预紧力情况下螺栓接头的变形和受力特征进行了数值分析，针对新型的锚式接头和FRP-Key接头，研究了不同因素对其力学性能的影响；最后，针对纵向凹凸榫槽接头进行了抗剪性能研究，对榫槽角度和高度的影响进行了分析。基于上述研究成果，针对各类接头形式系统地给出可用于设计和分析的力学模型和计算参数，为盾构隧道接头的合理化设计提供技术指导和理论依据。

第4章主要立足于盾构隧道施工和运营过程可能遭遇的复杂状况，针对各种复杂的周边环境，如高水压、内水压、复杂地层以及高温火灾等，从构件和结构角度对管环结构局部不利位置和整体力学特性进行研究。具体包括高水压下管环和接头的内力和变形分析，隧道不同埋深和倾角对隧道变形的影响，复杂地层和内水压共同作用下隧道的变形规律，内水压作用下隧道结合部的受力变形特性，以及高温作用下复合管环的力学特性分析。相应的规律和结论可以为复杂环境条件下复合管片的合理化设计提供理论依据。

第5章基于盾构隧道未来发展可能面对的复杂技术难题，如地震作用、火灾和高水压等恶劣环境，以及新材料和新工艺的应用进行了展望，并进一步指明了复合管片未来的研究方向。

本课题在研究过程中，得到了社会各界的帮助和支持，首先感谢国家自然科学基金委员会对研究课题提供经费资助，感谢早稻田大学结构工程实验室提供的试验设备和技术支持，感谢多位参加该项目评审的专家与学者、感谢所有关心该项目的人。本书相关研究内容是在研究生苏忍、金明明、宋传辉、张新新、张云旆、宋晓龙等人研究成果的基础上整理而成，感谢他们的付出。

由于作者水平有限，书中难免出现差错、纰漏，部分描述亦有待商榷，恳请专家和读者不吝赐教。

著者

2020 年 6 月

目 录

第1章 绪论 ·· 1
  1.1 盾构隧道管片和接头的开发 ··· 3
    1.1.1 盾构隧道管片的开发和研究 ·· 3
    1.1.2 盾构隧道管片接头分类 ·· 4
  1.2 复杂条件下盾构隧道管环结构力学特性 ······································ 8

第2章 单体复合管片力学特性分析 ·· 13
  2.1 引言 ·· 15
  2.2 试验研究 ··· 15
    2.2.1 试件制作 ·· 15
    2.2.2 试验工况和加载系统 ·· 17
    2.2.3 测量内容与测点布置 ·· 20
  2.3 复合管片的敏感度分析 ·· 24
    2.3.1 试验结果 ·· 24
    2.3.2 试验变形分析 ·· 25
    2.3.3 试验应变分析 ·· 27
    2.3.4 复合管片不同因素对复合管片力学性能影响 ························ 29
  2.4 复合管片力学机理的理论分析 ·· 30
    2.4.1 理论分析模型建立 ··· 30
    2.4.2 滑移及变形计算 ··· 31
    2.4.3 实例验算 ·· 35
  2.5 复合管片力学机理的数值模拟研究 ·· 36
    2.5.1 有限元模型建立 ··· 36
    2.5.2 模型设计及说明 ··· 38
    2.5.3 荷载和边界条件 ··· 39
    2.5.4 材料参数和本构关系 ·· 40
    2.5.5 接触分析 ·· 41
    2.5.6 剪力钉处理 ··· 41
  2.6 有限元计算结果分析 ·· 41
    2.6.1 计算云图 ·· 41
    2.6.2 荷载-变形响应 ·· 42
    2.6.3 应变分布 ·· 48
    2.6.4 钢板变形敏感度分析 ·· 50
  2.7 本章小结 ··· 52

第3章 复合管片接头力学特性分析 ········· 53
3.1 引言 ········· 55
3.1.1 接头结构及形式 ········· 55
3.1.2 传统接头 ········· 56
3.1.3 新型接头 ········· 56
3.1.4 接头设计 ········· 58
3.2 直螺栓接头力学性能研究 ········· 60
3.2.1 有限元模型建立 ········· 61
3.2.2 不同等级高强螺栓对管片接头受力影响分析 ········· 63
3.2.3 不同钢壳厚度对直螺栓接头的受力影响分析 ········· 65
3.2.4 螺栓预紧力对管片接头张开量及抗弯刚度的影响分析 ········· 67
3.3 弯螺栓接头力学特性受预紧力影响的数值研究 ········· 68
3.3.1 有限元模型建立 ········· 68
3.3.2 预紧力作用结果分析 ········· 70
3.3.3 预紧力对螺栓受力的影响分析 ········· 71
3.3.4 预紧力对变形的影响 ········· 74
3.4 斜螺栓等级对盾构隧道接头受力和变形的影响 ········· 75
3.4.1 有限元模型建立 ········· 75
3.4.2 斜螺栓应力应变分布 ········· 78
3.4.3 环向错台量变化规律 ········· 79
3.4.4 管片接头张开量变化规律 ········· 80
3.4.5 斜螺栓最大轴力变化规律 ········· 81
3.4.6 斜螺栓轴力最大截面平均应力变化规律 ········· 81
3.4.7 斜螺栓最大应力变化规律 ········· 81
3.4.8 斜螺栓最大应变变化规律 ········· 82
3.5 锚式接头力学性能的影响因素研究 ········· 83
3.5.1 锚式接头精细化数值模型 ········· 83
3.5.2 锚式接头力学特性分析 ········· 92
3.5.3 锚式接头关键部位摩擦系数研究 ········· 95
3.5.4 锚式接头部件间隙尺寸差研究 ········· 99
3.6 FRP-Key接头力学性能的影响因素研究 ········· 104
3.6.1 FRP-Key接头精细化数值模型 ········· 105
3.6.2 材料强度对FRP-Key接头力学性能的影响 ········· 112
3.6.3 接头尺寸对FRP-Key接头力学性能的影响 ········· 117
3.6.4 轴力对FRP-Key接头力学性能的影响 ········· 123
3.6.5 榫槽下缘边距对FRP-Key接头力学性能的影响 ········· 126
3.6.6 支撑条件对FRP-Key接头力学性能的影响 ········· 130
3.6.7 接头布置方式对FRP-Key接头力学性能的影响 ········· 132
3.7 环间凹凸榫接头抗剪性能研究 ········· 136

  3.7.1 通用楔形管片凹凸榫接头数值模型 ………………………………… 137
  3.7.2 模型分析与验证 …………………………………………………… 140
  3.7.3 凹凸榫角度和高度对接头力学性能的影响研究 ……………………… 149
  3.7.4 凹凸榫剪切键的抗剪能力影响的理论分析 ………………………… 179
 3.8 本章小结 ………………………………………………………………… 184

第4章 复杂条件下复合管片结构的受力变形特性分析 185
 4.1 引言 ……………………………………………………………………… 187
 4.2 高水压作用下复合管环力学特性分析 …………………………………… 187
  4.2.1 荷载条件 …………………………………………………………… 187
  4.2.2 有限元模型建立 …………………………………………………… 191
  4.2.3 内力计算结果及分析 ……………………………………………… 202
  4.2.4 变形计算结果及分析 ……………………………………………… 204
 4.3 内水压作用下埋深及倾角对盾构隧道变形影响分析 …………………… 210
  4.3.1 有限元模型建立 …………………………………………………… 210
  4.3.2 复合管环横向变形变化规律 ……………………………………… 212
  4.3.3 复合管环纵向变形随盾构隧道倾斜角度变化规律 ………………… 214
 4.4 复杂地层条件下复合管环在内水压作用下力学性能分析 ……………… 215
  4.4.1 有限元模型建立 …………………………………………………… 215
  4.4.2 复合管环变形分析 ………………………………………………… 217
  4.4.3 复合管环接头张开量和错台量分析 ……………………………… 219
 4.5 内水压作用下盾构隧道结合部受力变形特性分析 ……………………… 220
  4.5.1 有限元模型建立 …………………………………………………… 221
  4.5.2 不同埋深下结构应力变形 ………………………………………… 224
  4.5.3 不同水压下结构应力变形 ………………………………………… 226
  4.5.4 不同相贯角度下结构应力变形 …………………………………… 228
 4.6 高温作用下复合管环力学特性分析 ……………………………………… 229
  4.6.1 热力学基础 ………………………………………………………… 229
  4.6.2 有限元模型建立 …………………………………………………… 234
  4.6.3 复合管环温度场分布规律 ………………………………………… 241
  4.6.4 复合管环内力及变形分析 ………………………………………… 246
 4.7 本章小结 ………………………………………………………………… 251

第5章 展望 253

参考文献 257

第1章 绪 论

1.1 盾构隧道管片和接头的开发

目前盾构隧道衬砌通用的钢管片、RC 管片（钢筋混凝土管片）和球墨铸铁管片在力学性能、经济性、加工性、运输和拼装等方面存在不同缺陷，使得上述管片在盾构隧道的使用受到一定限制。因此，由钢管片、球墨铸铁管片、矩形钢管和充填混凝土或水泥砂浆通过剪力键组合而成的新型复合管片被开发出来，并在工程实际中得到了应用。这类复合管片具有如下特点：内侧面光滑，厚度小，接头自动紧固，高速化施工，承载力高，延性好、刚度大和防水性能好。

但是复合管片由钢管片或球墨铸铁管片、钢筋和填充混凝土组合而成，其结构形式复杂，各材料之间的粘结机理和破坏模式不明确。目前，复合管片的承载力和变形计算仍采用基于传统钢管——混凝土的完全粘结理论。对于不同类型的复合管片其计算方法不同，因此复合管片计算方式的选取具有不确定性。同时，组成复合管片的材料较多，各组成材料的变化使复合管片较难有统一的分析方法和计算模型，从而增加了复合管片的设计难度。另外，由于影响盾构隧道复合管片力学性能的因素复杂多变，而复合管片模型计算中各参数的设置较为繁琐，不容易被设计人员掌握，进一步增加了复合管片计算模型设计的困难性，这也是限制复合管片被广泛应用的重要原因。

1.1.1 盾构隧道管片的开发和研究

在钢筋混凝土管片的基础上，工程人员和学者研究并开发了许多新型管片。其中最著名且常用的是钢纤维混凝土管片。钢纤维混凝土（SFRC）因其更优良的物理性能和力学特点被应用于隧道领域，并形成了钢纤维混凝土管片。国外方面，DBV-Merkbalt 通过试验探究了钢纤维混凝土的应力-应变关系，并首先将其应用在隧道管片的设计中。基于此，Kooiman 等人对钢纤维混凝土管片在荷兰隧道工程中的应用进行了大量的室内材料试验和现场试验，并以此研究了钢纤维混凝土管片的材料特性和结构力学特征。Nanakorn 等人则基于材料断裂力学理论讨论了钢纤维混凝土的设计准则和设计方法，从而在原有钢纤维混凝土管片设计方法的基础上研发了更有效的设计方案。国内相关学者分析了钢纤维混凝土的性能和力学增强机理，并从设计计算、试验、质量控制、成本和效益等方面详细地讨论了钢纤维混凝土管片在盾构隧道中应用的可行性。同济大学闫治国等人通过现场试验和三维数值模拟研究了施工荷载下，钢纤维混凝土管片局部承压和环缝等薄弱位置的受力性质，结果表明，钢纤维混凝土管片具有较强的抗裂性能，从而证明了钢纤维混凝土管片在地铁隧道中开发应用的可行性。日本在隧道工程及管片开发领域处于国际领先水平。2003年，日本开发出一种可用于高强荷载下大直径盾构隧道的钢架混凝土（SRC）衬砌管片。通过抗弯试验，Nagaoka 等人研究了这种新型管片的力学性能并对其粘结强度和裂纹分布提出了改进意见。结果发现，SRC 管片能够在降低隧道衬砌厚度的条件下，不影响隧道的抗腐蚀性。2008 年，Hirosawa 等人开发出两种不同的混凝土填充（CP）管片，并根据弯曲试验和推力试验描述了这两种混凝土填充管片的结构特性，最后在结合工程实例的基础上提出了混凝土填充管片的设计方法。2011 年藤木育雄等人则通过考虑盾构隧道尺寸、施工条件及成本控制等条件，研究开发了自动紧固式管片，并通过室内试验和现场检测结果检验了这种管片的工程适用性。

管片开发的其他方面，国内研究者引入功能梯度的设计概念，对钢筋混凝土管片的设计和优化开展了功能梯度化研究，同时通过模型试验对管片的力学性能、变形、抗渗性、耐火性及耐腐蚀性进行了分析，从而实现了对钢筋混凝土管片功能的再开发。有限元法上，研究者总结了隧道衬砌管片结构的接头的设计理论，对隧道管片在不同荷载组合下的力学属性进行了探讨，并以此为基础给出了考虑接头尺寸效应时隧道管片及接头几何参数的优化方案[1]。

1.1.2 盾构隧道管片接头分类

盾构隧道衬砌管片的接头主要有两种，一种是在圆周方向上管片之间相互连接而形成"管环"的纵向接头，另一种是沿隧道轴向将管环连接而形成环间接头。管片接头的主要结构有螺栓接头结构、铰接头结构、销式插入接头结构、楔形接头结构、榫接头结构等。不同的接头构造都具有各自的力学特征，管片设计选择不当时，可能会导致管片环拼装精度的降低、作业效率的低下甚至诱发对施工不利的因素，进而损害接头的功能，形成衬砌的不良部位，为后期隧道运营埋下隐患。因此，在设计过程中选定接头构造时，一定要考虑盾构隧道所需要的极限承载力与刚度要求，并且要充分研究在拼装过程中的可靠性及作业性能。以下介绍不同类型的管片接头形式[2]。

1. 螺栓式接头

如表 1.1.2-1 所示。螺栓接头是管片接头中具有代表性的接头，即采用螺栓将钢接头板进行连接，从而形成管片环的抗拉和抗弯接头结构，这种接头类型是纵向接头及环间接头中使用最多的接头结构。在混凝土衬砌管片中，也存在将插入式螺母或袋状螺母预埋入混凝土衬砌管片中来代替另一侧的接头板及螺母。另外，混凝土衬砌管片接头部位也有使用长螺栓进行连接的接头结构[3]。

螺栓接头 表 1.1.2-1

分类	概念图	主要特征	注意点
直螺栓	直螺栓 直螺栓	在实际工程中应用较多的接头结构；可采用球墨铸铁等结构提高接头板刚度的接头种类	设计时需考虑接头板的刚度，除此之外，还应考虑螺栓预紧力来设定管片上螺栓孔之间的间隙大小

续表

分类	概念图	主要特征	注意点
弯螺栓	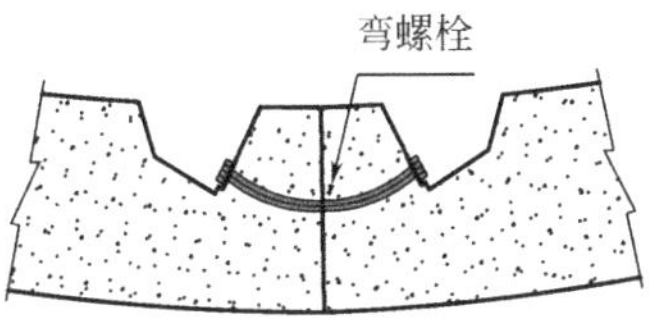 弯螺栓	此类接头类型的接头面没有金属构件,因此防腐蚀性、耐久性好。同时,采用多种螺栓类型来连接相邻管片	需加固接头周围的混凝土,设定较大的螺栓孔间距。因弯螺栓类型的接头刚度较小,在软弱地层中应加以注意
长螺栓	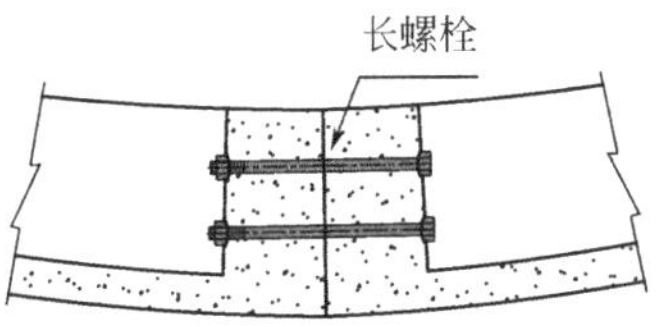 长螺栓		
斜螺栓	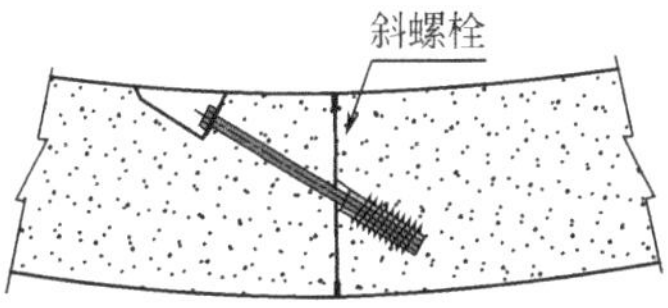 斜螺栓	防腐蚀性和耐久性好;螺栓单侧为预埋结构,螺栓只起到拼装功能	需设置较大的螺栓孔间距
袋状螺母式	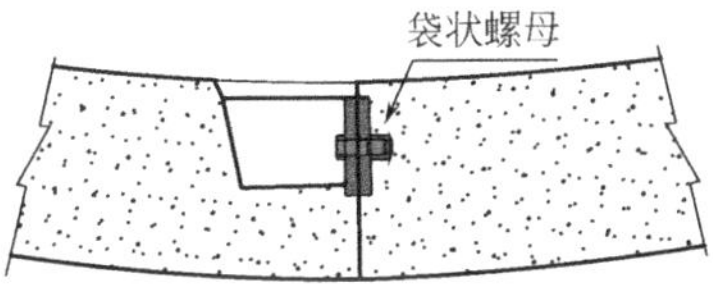 袋状螺母	此类接头的螺栓孔数量减半,抗拉拔力主要由袋状螺母和螺栓承担	对于螺栓孔间距和袋状螺母的参数要求比较高
插入螺栓式	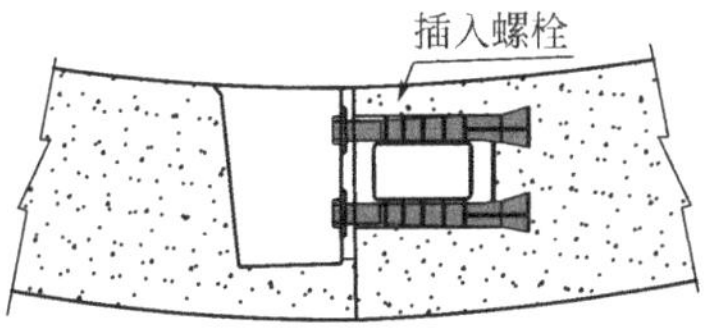 插入螺栓	螺栓孔的数量减半,抗拉力是由插入螺栓来保证的	设计时需考虑螺杆和螺栓孔间距
通螺栓	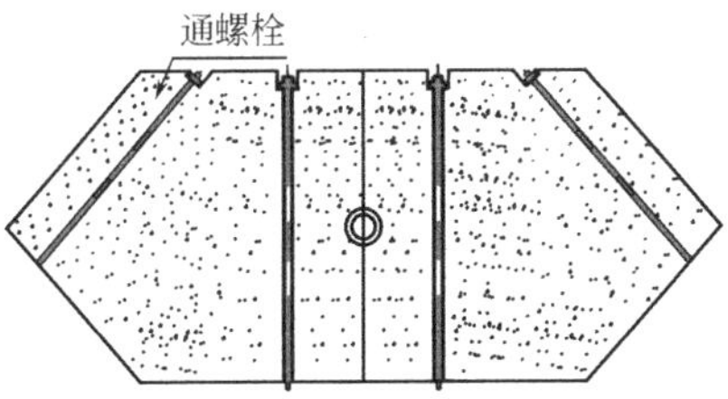 通螺栓	没有接头金属器具的露出,接头平滑性能和耐久性能良好;此类接头用于环间接头或六角形管片的斜边部位	设计时需考虑螺栓间距

2. 铰接接头

铰接接头（表 1.1.2-2）中具有代表性的是转向接头结构,主要应用于地层条件比较好的俄罗斯和英国。使用这种接头在管片接头处几乎没有弯矩,主要受力形式为轴力。此类接头适合在良好地层中使用,但在地层条件较差、地下水位很高、隧道直径较大的地区不宜使用。铰接接头如表 1.1.2-2 所示。

铰接接头　　　　　　　　　　　　　　　　　　　　　表 1.1.2-2

分类	概念图	主要特征	主要注意点
转向接头	转向接头	接头处无金属器具的露出，平滑性能和耐久性良好	设计时需注意在壁后注浆硬化前保持形状和防止变形。因接头刚度较小，必须注意应用的地层种类

3. 销接接头

表 1.1.2-3 所示销接接头主要在混凝土管片环间接头中使用。采用销接接头结构时，通过盾构机管片装配器或者盾构机的千斤顶将待安装管片推向相邻的管片，即可完成拼接，销接接头是一种作业效率比较高的接头结构。此类接头需要对插销与插销孔之间的裕量进行控制，当大于控制裕量时，接头连接力变弱，管片环的变形有变大的趋势。当控制裕量变小时，混凝土管片在施工时可能会产生裂缝，在设计时应当合理地设定插销与插销孔之间的富余量。另外，在使用带有锁死结构的销接头时，施工过程中不能进行管片的拼装修正，所以需严谨施工。

销接接头　　　　　　　　　　　　　　　　　　　　　表 1.1.2-3

分类	概念图	主要特征	主要注意点
混凝土管片销钉	销钉	接头处没有金属器具的露出，具有良好的耐久性、施工性和内表面平滑性。施工中不需要接头的拧紧作业，适用于快速施工	设计时需考虑拼装裕量、拧紧力；接头的剪切刚度及轴向抗拉刚度一般通过试验值进行评价
钢铁管片销钉	销钉	耐久性、施工性和内表面平滑性良好。由于预先在环肋部设置螺母与销钉，所以不需要螺栓的拧紧作业	

4. 楔接头

楔接头的典型结构如表 1.1.2-4 所示，这是一种利用楔作用将管片连接在一起的接头，因为此类接头刚度比较大，所以管片环不容易产生变形。此类接头一开始，较多采用沿隧道半径方向并且从隧道内侧将其压入安装的方法，优点在于管片没有直接与外界接触，不易发生锈蚀。另外，为了缩短施工拼装时间，在施工过程中也有预装楔形块的形式。

楔接头 表1.1.2-4

分类	概念图	主要特征	主要注意点
轴向插入式楔接头	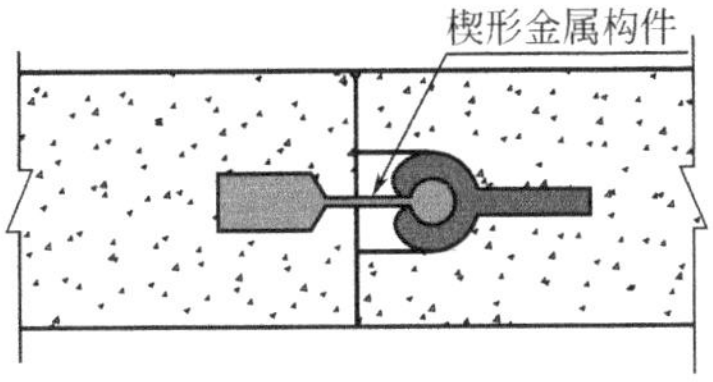 楔形金属构件	耐久性能、施工性能良好。不需要接头的拧紧作业,适于快速施工	施工中需注意拼装裕量。转动刚度需通过试验值进行估算
径向插入式楔接头	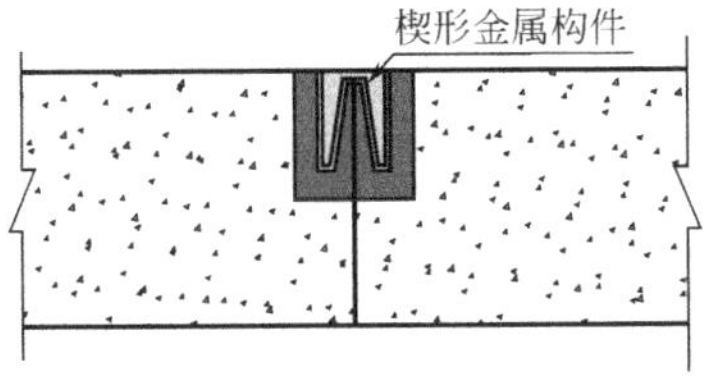 楔形金属构件	此类接头造成的断面损失较小,是通过安装插入楔形构件在隧道内表面进行拼接的结构	必须考虑设置楔形金属构件的防脱落装置,同时一般通过试验值来对接头的转动刚度进行评价

5. 榫接头

榫接头结构主要用于混凝土管片的环间接头,其在衬砌管片的接头面做出凹凸结构,通过管片之间的相互咬合来传递剪力。表1.1.2-5为此类接头的代表形式。榫接头在作为环间接头使用时,可增加管环间的拼装精度。但另一方面,榫接头结构的特点也增加了设计时的难度。

榫接头 表1.1.2-5

分类	概念图	主要特征	主要注意点
环缝榫接头	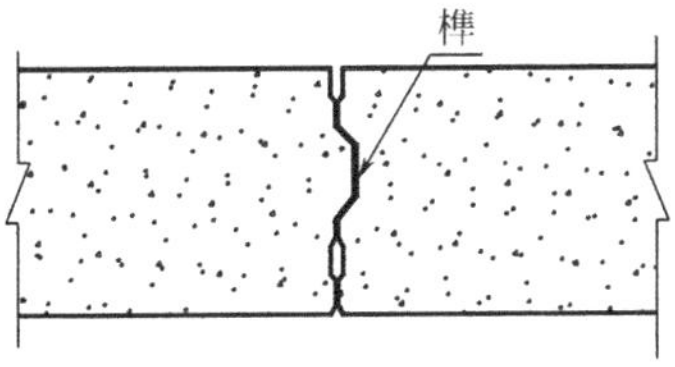 榫	可以通过榫来传递环间剪力,有较强的抗剪能力	设计时应采取防止施工时混凝土损伤的措施(榫结构周围加固等),一般通过试验值对接头的抗剪刚度进行评价
纵缝榫接头	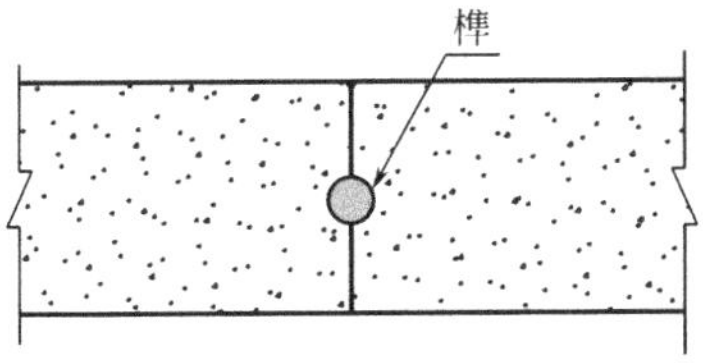 榫	此类接头面可分为凸形、圆弧形和埋入塑料棒等类型。通过与其他的连接构件一同使用的方式,来确保施工拼装时的导向等功能	根据混凝土对接接头的理论来计算该接头的转动刚度。由于接头刚度比较小,所以要考虑盾尾内保持真圆度

6. 其他类型接头

除了螺栓接头结构、铰接接头结构、销接接头结构、楔接头结构、榫接头结构外,还存在一些其他特殊的接头结构,这些接头都具有各自的特征,包括机械嵌合连接方式、PC连接方式等。

1.2 复杂条件下盾构隧道管环结构力学特性

盾构隧道复合管片作为新型管片被开发并逐步运用到深长大隧道的建造中,其内侧面光滑,厚度薄,接头自动紧固,高速化施工,承载力高,延性好、刚度大和防水性能好。同时,这种复合管片由钢管片/球墨铸铁管片、钢筋和填充混凝土组合而成,其结构形式和各种材料之间的粘结机理和破坏模式复杂。此外复合管片拼装而成的复合管环由于接头的存在,其结构本身具有不连续性,使得管环结构的变形和力的传递极为复杂。一旦发生火灾,由于管片及接头强度、刚度劣化导致衬砌结构承载力下降,在高土/水压力作用下地区,甚至可能由于接头张角过大造成渗漏水、涌水等严重问题,严重时还会损害整个隧道。齐藤仁[4,5]等基于盾构隧道装配现场测试和三维精细化数值分析研究了盾构隧道施工荷载引起的衬砌管片损伤,并提出了一些防止损伤的措施。张稳军、小泉淳[6]等首次提出采用管厚分层法进行复合管片设计的思想,并基于试验和数值模拟,研究了单体复合管片的破坏模式、承载力以及变形的关系。张稳军[7]等采用ABAQUS有限元软件建立锚式接头的精细化模型,研究加工工艺对盾构隧道环间锚式接头受力特性的影响,并结合锚式接头荷载试验,得出锚式接头部件间摩擦因数等参数值,可作为进一步研究锚式接头的基础,并为锚式接头的设计与加工提供技术参考。张稳军[8]等通过数值分析,使用混凝土塑性损伤本构,考虑凹凸榫的不连续性,研究了FRP-Key接头的布置方式对接头抗剪能力的影响。张稳军、小泉淳[9]研究了盾构隧道衬砌混凝土管片封顶块的局部承载力,提出了盾构隧道承受偏心荷载作用下的承载力计算方法,并与试验结果进行对比分析,相互验证了结果的正确性。

葛世平[10]等根据盾构隧道衬砌管片接头受力特点及其构造,考虑对衬砌管片接头及其附近混凝土衬砌区域进行刚度修正,提出管片接头的简化数值模拟方法——局部刚度修正法,推导了确定衬砌管片接头刚度的公式,并给出了相关参数的确定方法,通过结合室内盾构管片接头足尺试验成果,对不同荷载作用下管片接头的变形情况进行了数值模拟及对比分析。

何川、张建刚[11,12]提出了用"代表性区段"体现整环结构弯曲刚度特征的思想,建立了通缝和错缝拼装管环力学机理模型,推导了弯曲刚度有效率和弯矩提高率等参数的取值公式和相互关系式:

通缝拼装为

$$\eta = \frac{1}{1+m} \quad (m = \frac{EI}{K_1 L}) \tag{1.2.0-1}$$

错缝拼装为

$$\eta = \frac{1}{1+m(1-\xi_1)} \quad (m = \frac{EI}{K_1 L}) \tag{1.2.0-2}$$

式中,EI 为管片体弯曲刚度,L 为一个管片环向长度(m),K_1 为管片接头弯曲刚度,m 为衬砌结构弯矩(kN·m),η 为弯曲刚度有效率,ξ_1 为管片接头弯矩减小率。

管环结构是盾构隧道衬砌的主体部分,一般是将管片这种预制构件在接头处通过螺栓连接而成。盾构隧道的管环结构通常如图1.2.0-1所示。可以看出,一个管环结构一般由几块标准块管片(A型管片)、两块邻接块管片(B型管片)和一块封顶块管片(K型管片）组成。

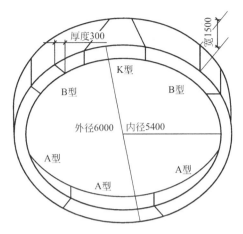

图 1.2.0-1 管环结构的组成

管片可以通过生产过程中所使用的材料进行分类，例如，木制管片，钢筋混凝土管片，钢管片，铸铁（灰口铸铁、球墨铸铁）管片以及复合材料管片（简称复合管片），每一种材料都有它们的特性。而现在主要使用钢管片及钢筋混凝土管片。

钢筋混凝土管片具有较大的刚度和耐久性，施工及运营阶段在千斤顶推力或周围土压力作用下，很难出现局部受压破坏的现象。如果能保证一定的制作加工及安装精度，由钢筋混凝土管片拼装而成的衬砌结构也会具有较好的延性和防水性，且造价较低，便于就地取材。不过，由于钢筋混凝土管片的自重大及混凝土材料的抗拉强度很低，在运输及安装过程中很容易造成混凝土管片边角的损坏。常见的混凝土管片如图 1.2.0-2 所示。

图 1.2.0-2 钢筋混凝土管片及其拼装成的隧道衬砌结构

钢管片主要由型钢或钢板焊接加工而成，由于钢材的质地均匀，质量较混凝土轻，且强度高，延性好，加工、运输及安装方便，精度比球墨铸铁管片要低，与混凝土管片相比，当推力或注浆压力过大时，管片容易发生变形，抗火性能也差。同时在地层内施工，也容易发生锈蚀。常见的钢管片构造如图 1.2.0-3 所示。

图 1.2.0-3　钢管片及其拼装成的隧道衬砌结构

球墨铸铁管片和钢管片类似，具有轻质、高强的优点，由其拼装而成的隧道衬砌结构一般来说防水性能要好于其他类型的管片。国外在饱和含水不稳定地层中修建隧道时多采用球墨铸铁管片。但这种管片造价高，加工制作困难，铸铁本身容易发生脆性破坏，对于抗震等级要求较高的盾构隧道，一般不选用球墨铸铁管片。

复合管片由格构桁架、扁钢、型钢等代替钢筋组成的钢骨混凝土管片，或钢壳内部填充钢筋混凝土，或球墨铸铁管片内部填充钢筋混凝土组成的复合型管片。现在复合管片一般指的是后者。复合管片的造价要比普通混凝土管片高，但它能充分利用钢管片和球墨铸铁管片制作精度高、自重轻、强度高、延性好以及混凝土材料抗压强度高、阻尼性能优良、造价低等特点，可以提高管片制作加工以及拼装速度，缩短施工工期，同时复合管片可以承受较大水、土压力，并且能降低管片的厚度，减少隧道施工的挖土量。常见的复合管片如图 1.2.0-4 所示。

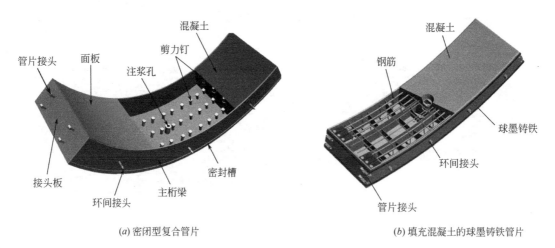

(a) 密闭型复合管片　　　　　　　　(b) 填充混凝土的球墨铸铁管片

图 1.2.0-4　几种常见的复合管片（一）

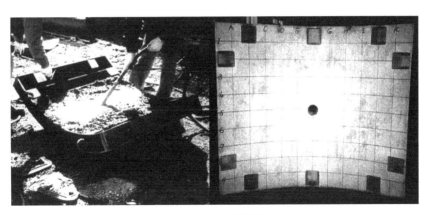

(c) 填充混凝土的钢管片

图 1.2.0-4 几种常见的复合管片 (二)

管片的拼装方式有两种：通缝拼装和错缝拼装。通缝拼装各环管片纵缝对齐，拼装比较方便，容易定位，衬砌圆环的施工应力较小，但其缺点是环面如不平整其误差容易积累，见图 1.2.0-5。错缝拼装是使相邻衬砌圆环的纵缝错开管片长度的 1/3～1/2，采用错缝拼装可提高管片接头刚度，加强结构的整体性。但采用错缝拼装的管片相对于通缝拼装一般结构内力要大，纵向螺栓安装困难，管片的拼装难度大，见图 1.2.0-6。

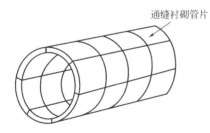

图 1.2.0-5 通缝拼装

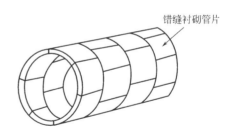

图 1.2.0-6 错缝拼装

第2章 单体复合管片力学特性分析

2.1 引言

关于复合管片力学机理的研究方法有试验研究、理论分析和数值模拟,其中理论分析和数值模拟主要是对有限试验结果的反分析,缺乏足够的试验来验证其通用性以及对各种影响因素的综合考察。在复合管片力学机理尚不明确的条件下,通过试验研究结构形式最复杂的密闭型复合管片的力学机理仍是最直观、最有效的方法,且具有代表性。针对传统管片的力学机理,国内外开展了一系列试验研究工作,包括原型试验和模型试验。而对于复合管片,张稳军等人[13-15]通过16组模型试验研究了在极限状态下钢混复合管片的力学性能,包括复合管片的约束效应、荷载承载能力、应力分布和破坏模式等,同时利用有限元和理论方法验证了上述试验结果的合理性和适用性。同时,通过16组模型试验进一步考察钢管板厚度和复合管片尺寸等参数的影响,并研究有剪力键和无剪力键情况下接头板对复合管片承载力和变形的作用。另外,还给出钢混复合管片屈服强度和极限强度的关系,较为全面地揭示复合管片的力学机理,为复合管环结构受力分析和模型建立提供理论依据。

2.2 试验研究

小泉淳指出以技术开发为目的的盾构隧道管片按受弯和轴力共同作用的构件来考虑,同时为了消除曲线结构施加轴力时产生的附加弯矩,单体试验中多采用直线结构形式的管片进行四点弯曲试验。此外,臼木恒雄在推导弧形管片应变和变形的理论解析解时证明,当管片的壁厚相对于圆弧管片的半径很小时,采用直线结构代替曲线结构获得的结果误差非常小,同时,在研究中发现,当管片厚度与其圆弧半径的比值小于1/20时,可简化为直线结构进行力学试验。最后,大量盾构隧道工程案例统计分析表明,衬砌管片的厚度一般为管片外径的4%左右,所以当选取的管片长度较小时,可以将曲线管片按照直线结构计算。共设计16种直线结构的复合管片。

2.2.1 试件制作

试验共设计16个钢板混凝土试件,试件的设计、制作、加工、布置传感器和灌注填充砂浆如图2.2.1-1~图2.2.1-5所示。根据混凝土规范,制作了100mm×50mm标准混凝土试块,测量28d砂浆试块的抗压强度。根据钢结构规范,通过拉伸试验获得了钢结构的抗拉强度和屈服强度。其中,钢材的力学性能和砂浆力学性能如表2.2.1-1所示。

复合材料试件的力学性能 表2.2.1-1

试件	钢材(SS400)			砂浆	
	屈服强度 f_y(N/mm^2)	抗拉强度 f_s'(N/mm^2)	弹性模量 E_s(N/mm^2)	抗压强度 f_c'(N/mm^2)	弹性模量 E_c(N/mm^2)
试件1	325	448	2.0×10^5	52.3	2.41×10^4
试件2	325	448	2.0×10^5	52.3	2.41×10^4
试件3	325	448	2.0×10^5	52.3	2.41×10^4

续表

试件	钢材(SS400)			砂浆	
	屈服强度 $f_y(\text{N/mm}^2)$	抗拉强度 $f'_s(\text{N/mm}^2)$	弹性模量 $E_s(\text{N/mm}^2)$	抗压强度 $f'_c(\text{N/mm}^2)$	弹性模量 $E_c(\text{N/mm}^2)$
试件 4	325	448	2.0×10^5	52.3	2.41×10^4
试件 5	325	448	2.0×10^5	52.3	2.41×10^4
试件 6	325	448	2.0×10^5	52.3	2.41×10^4
试件 7	325	448	2.0×10^5	52.3	2.41×10^4
试件 8	325	448	2.0×10^5	52.3	2.41×10^4
试件 9	333	423	2.05×10^5	86.8	2.85×10^4
试件 10	303	430	2.25×10^5	73.5	2.36×10^4
试件 11	325	448	2.0×10^5	52.3	2.41×10^4
试件 12	333	423	2.05×10^5	86.8	2.85×10^4
试件 13	333	423	2.05×10^5	86.8	2.85×10^4
试件 14	303	430	2.25×10^5	73.5	2.36×10^4
试件 15	328	457	1.95×10^5	77.6	2.57×10^4
试件 16	328	457	1.95×10^5	77.6	2.57×10^4

砂浆的配比如下：水泥：666.7kg/m³；水：266.7 kg/m³；砂子：1333.3 kg/m³（粒径：5mm）；水泥/水比：40%；减水剂：666.7 cc/m³；聚合物：2.22 kg/m³。

图 2.2.1-1 焊接剪力键

图 2.2.1-2 安装应变传感器

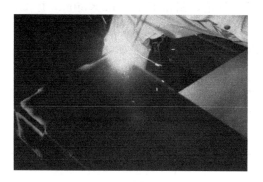

图 2.2.1-3 焊接封闭钢板

图 2.2.1-4 搅拌填充砂浆

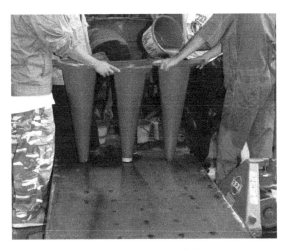

图 2.2.1-5　填充砂浆

2.2.2　试验工况和加载系统

根据研究目的和要求，试验设置的主要变化参数有：面板、主桁梁和接头板的厚度、复合管片的长和宽，有无接头板，有无剪力键等。其中试件 10、11 和新增试件 7、8 则分别用来考察有无剪力键情况下接头板对管片承载力和变形的影响，试件结构的详细参数如图 2.2.2-1 和表 2.2.2-1 所示。

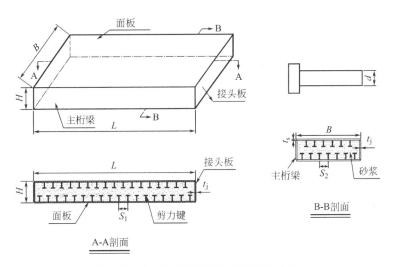

图 2.2.2-1　复合管片试件的细部示意图

其中，试件 1 作为对比试件，试件 1~8 主要用于研究不同试件尺寸、钢板厚度、主桁梁厚度、接头板厚度和有无剪力键对试件承载力的影响；试件 9~14 主要研究有无剪力键对试件承载力的影响；试件 15、16 主要研究钢板和填充砂浆的相对滑移量。试验过程中，逐级加载，使用负载传感器记录所施加的荷载，加载过程中，初始加载时，通过传感器进行控制加载，加载至试件出现非线性荷载变形后，加载控制通过基于试件跨中挠度变形增量位移进行控制,直到观测到试件破坏或者发生大变形后,停止加载。

试验过程对所有试件进行四点弯曲加载,即使用四跨对称荷载加载,对试件两端进行铰支,支座采用滚动支座,用来降低摩擦力的影响。中部对称加载,加载点位于试件内侧,试件15、16的加载通过分布梁进行传递加载力,分布梁的作用是将液压系统所施加的荷载等效为均布荷载,加载板与试件间设有聚四氟乙烯板和橡胶板来消除摩擦力的影响。从而,理论上两加载点之间的荷载是纯弯曲荷载。试件加载采用自上而下分级加载的形式,对称施加相同大小的线荷载,试件7、8、11采用荷载控制加载,从0开始逐级加载,每级相差5kN。试件10采用先荷载控制后位移控制的混合加载模式,初始采用0.4kN/s的荷载控制加载,观察到跨中变形急剧变化时,转为0.0015mm/s的位移控制加载直至试件发生破坏。

复合管片试件结构参数(单位:mm)　　　　表 2.2.2-1

试件编号	尺寸			厚度			剪力键布置			
	宽度 B	长度 L	高度 H	面板 t_s	主桁梁 t_m	接头板 t_j	焊接位置	杆径 d	间距	
									S_1	S_2
试件1	200	900	100	4.5	4.5	4.5	无			
试件2	200	900	100	4.5	4.5	3.2	无			
试件3	200	900	100	4.5	4.5	6.0	无			
试件4	200	900	100	4.5	3.2	4.5	无			
试件5	200	900	100	4.5	6.0	4.5	无			
试件6	200	900	100	3.2	4.5	4.5	无			
试件7	200	900	100	6.0	4.5	4.5	无			
试件8	200	900	100	4.0	4.5	无	无			
试件9	300	900	100	3.2	6.0	6.0	无			
试件10	500	900	100	4.5	4.5	4.5	无			
试件11	200	900	100	4.5	4.5	4.5	面板	4.0	65	37.5
试件12	300	900	100	3.2	6.0	6.0	面板	8.0	60	60
试件13	300	900	100	3.2	6.0	无	面板	8.0	60	60
试件14	500	900	100	4.5	4.5	4.5	面板	4.0	65	37.5
试件15	750	2100	150	4.5	9.0	9.0	面板	13.0	150	100
试件16	1000	2100	150	4.5	9.0	9.0	面板	13.0	150	150

加载试验机和测量用传感器如图 2.2.2-2、图 2.2.2-3 所示。

其中,试件加载采用两种加载仪器进行加载,试件1~14加载装置和加载示意如图 2.2.2-4 所示。

图 2.2.2-2 双轴结构试验机

图 2.2.2-3 数据收集仪

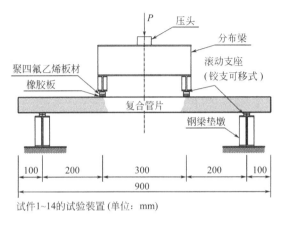

图 2.2.2-4 加载装置

由于试件 15 和试件 16 尺寸较试件 1~14 较大，所以将试件 15、16 置于更大的加载装置上，加载示意和装置如图 2.2.2-5 所示。

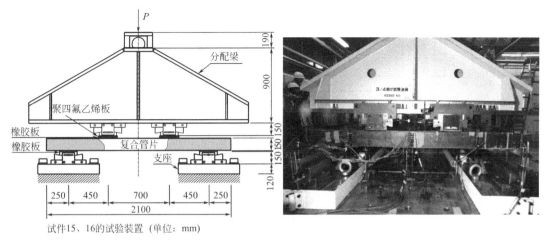

图 2.2.2-5 试件 15、16 加载装置

试件的电阻应变计固定在钢管内外,砂浆填充。最后,所有的数据记录都是在数据记录器(数据采集设备)上完成的。

2.2.3 测量内容与测点布置

试验过程中,测量每个试件的跨中、距离中部250mm/600mm位置挠度和水平位移;并且测量每个试件左右两端水平位移;同时测量试件的应变,位移传感器和应变传感器布置如图2.2.3-1～图2.2.3-7所示。

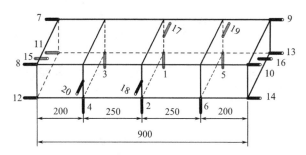

图2.2.3-1 试件1～14位移传感器布置

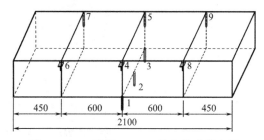

图2.2.3-2 试件15、16位移传感器布置

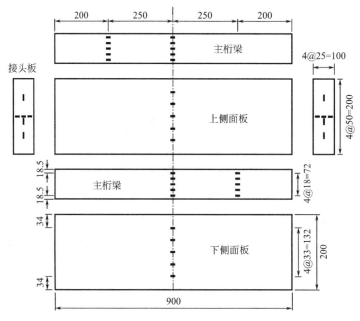

图2.2.3-3 试件1～8应变传感器布置图

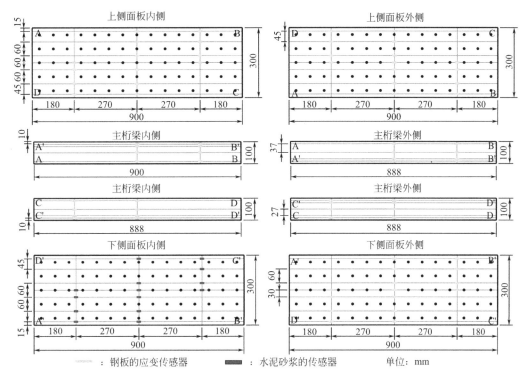

图 2.2.3-4　试件 10、11 应变传感器布置图

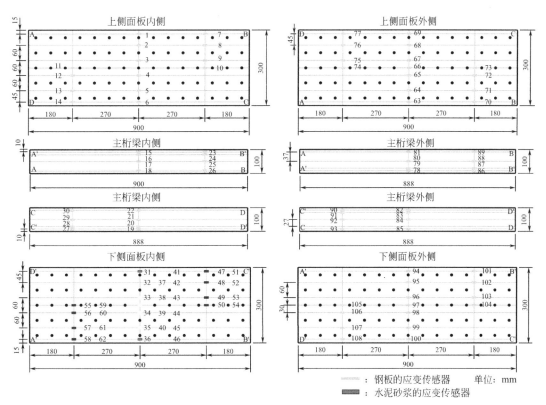

图 2.2.3-5　试件 9、12 和 13 应变传感器布置图

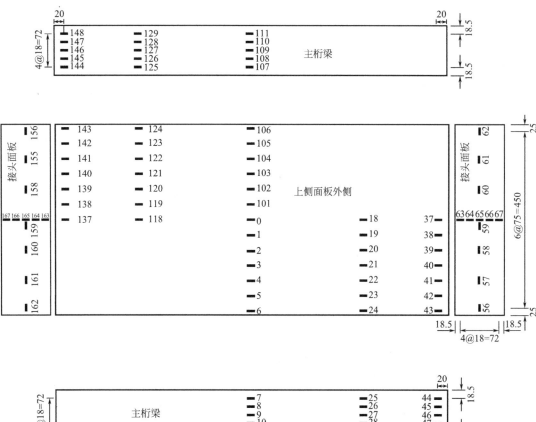
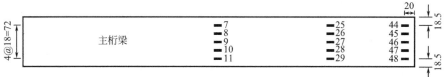
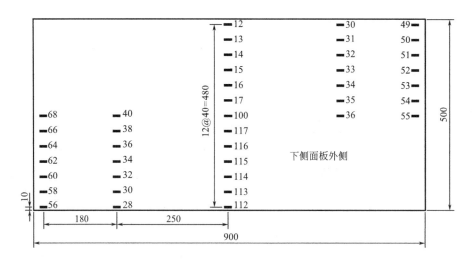

图 2.2.3-6　试件 14 应变传感器布置图

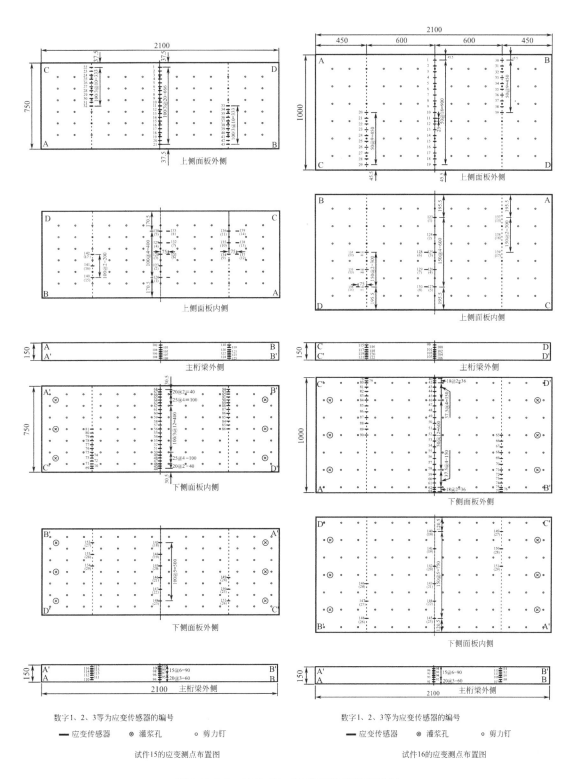

图 2.2.3-7 试件 15、16 应变传感器布置图

2.3 复合管片的敏感度分析

2.3.1 试验结果

对每个试件进行加载,记录汇总各个试件的极限荷载值、破坏时的跨中挠度,并计算跨中挠度的平均偏差,图 2.3.1-1 中对应的屈服荷载约等于极限荷载的 80%。表明变形的复合段剪力约等于极限承载力的 70%～80%。两条线的交点处的荷载定义为屈服荷载,表示曲线的"扭结",即刚度发生了突然变化。表 2.3.1-1 是复合管片试件的试验结果。

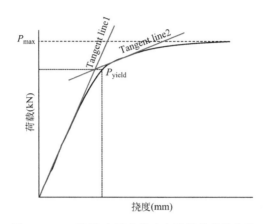

图 2.3.1-1 荷载-变形曲线确定屈服荷载的方法

复合管片试件的试验结果 表 2.3.1-1

试件名称	屈服荷载 (kN)	极限荷载 (kN)	屈服荷载/极限荷载 (%)	屈服挠度 δ_y(mm)	极限挠度 δ_u(mm)	$(\delta_u-\delta_y)/\delta_u$ (%)
试件 1	380	470	80.9	3.35	8.19	59.1
试件 2	375	450	83.3	3.50	7.39	52.6
试件 3	380	470	80.9	3.35	9.62	65.2
试件 4	315	425	74.1	3.00	8.74	65.7
试件 5	415	500	83.0	3.49	9.31	62.5
试件 6	298	370	80.5	3.16	7.78	59.3
试件 7	410	530	77.4	3.28	10.74	69.5
试件 8	260	345	75.4	2.87	10.87	73.6
试件 9	250	380	65.7	2.88	16.6	82.7
试件 10	570	705	80.9	3.9	13.0	70.0
试件 11	400	505	79.2	3.01	11.3	73.4
试件 12	352	427	82.4	3.89	27.9	86.1
试件 13	304	425	71.6	3.53	20.4	82.7
试件 14	620	790	78.5	3.52	20.2	82.6
试件 15	1000	1222	81.8	10.48	35.7	70.6
试件 16	1244	1533	81.1	12.06	39.1	69.2

2.3.2 试验变形分析

图 2.3.2-1～图 2.3.2-7 显示了荷载与试件跨中挠度的关系。可以看到，每个试件的荷载-挠度曲线首先是直线上升到一个相应的屈服点荷载，屈服后，具有剪力键的复合管片试件具有良好的延性和非常大的挠度，并可以保持其承载力直到最终的挠度。

图 2.3.2-1 表示了钢板厚度对承载力的影响。可以看到，钢板厚度对复合材料管片试件的承载能力有显著的影响。

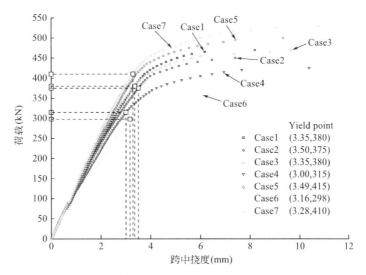

图 2.3.2-1　试件 1～7 无剪力键试件荷载位移曲线

图 2.3.2-2～图 2.3.2-4 表示了有剪力键对复合管片试件承载力的影响。

由图 2.3.2-4 可以看出，设置有剪力键的试件在接头处设置接头板可以显著影响承载力。由图 2.3.2-5 和图 2.3.2-6 可以看出，接头板仅仅影响复合管片试件的屈服荷载至极限荷载阶段，并没有影响有剪力键的管片试件承载能力。由图 2.3.2-7 可以看出宽度对管片承载能力的影响，管片试件的极限承载力随宽度上升出现明显提高。

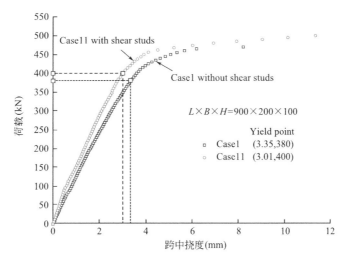

图 2.3.2-2　无剪力键的试件 1 和有剪力键的试件 11 荷载位移曲线

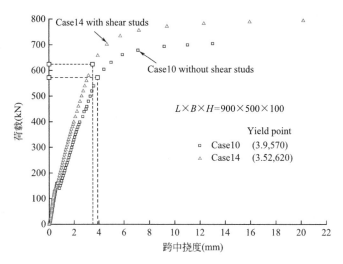

图 2.3.2-3　无剪力键的试件 10 和有剪力键的试件 14 荷载位移曲线

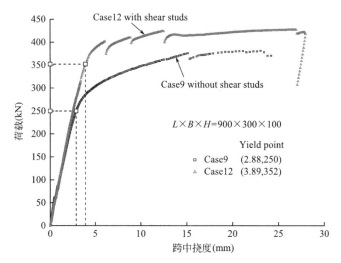

图 2.3.2-4　无剪力键的试件 9 和有剪力键的试件 12 荷载位移曲线

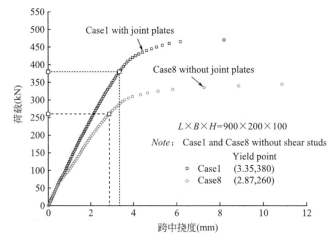

图 2.3.2-5　有接头板的试件 1 和无接头板的试件 8 荷载位移曲线

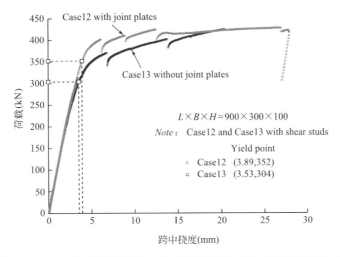

图 2.3.2-6 有接头板的试件 12 和无接头板的试件 13 荷载位移曲线

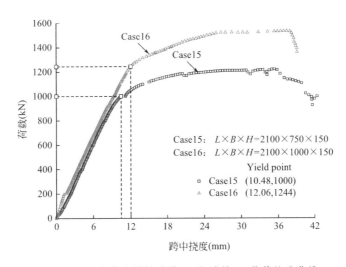

图 2.3.2-7 有剪力键的试件 15 和试件 16 荷载位移曲线

结果表明,接头板应视为剪力连接件,并在极限分析中抵抗钢管与混凝土界面处的剪力。

2.3.3 试验应变分析

图 2.3.3-1~图 2.3.3-3 显示了试验过程中收集汇总的复合管片试件 9~15 应变分布情况,试验测量应变有钢板处、主桁梁和剪力键位置处。由图 2.3.3-1、图 2.3.3-2 可以看出,在一般情况下,复合管片有剪力键的试件面板表面应变值明显大于没有剪力键的试件。此外,随着荷载的增大,面板由均匀变形逐渐发展为不均匀变形。对比图 2.3.3-1、图 2.3.3-2 与图 2.3.3-3 可以看到,当管片试件的尺寸增大后,荷载增加造成的面板不均匀变形将更加严重。

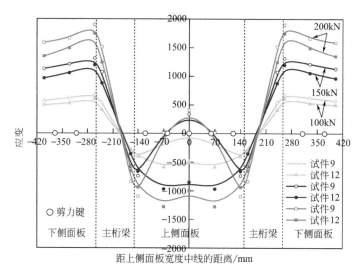

图 2.3.3-1　试件 9 和试件 12 应变分布图

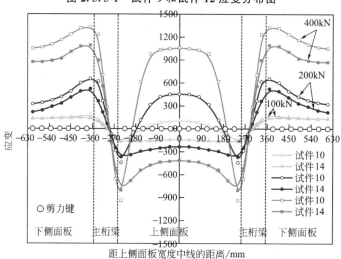

图 2.3.3-2　试件 10 和试件 14 应变分布图

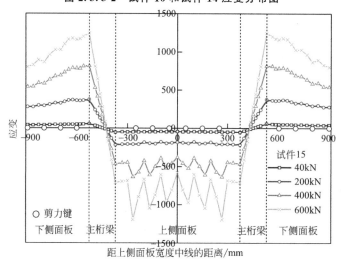

图 2.3.3-3　试件 15 应变分布图

上述研究中，试件 9～14 研究了有无剪力键对复合管片力学行为的影响，根据以上数据得出结论：

矩形管片面板厚度对钢混复合管片变形和承载能力的影响最为显著，其次为主桁梁厚度，接头板最小；随着主桁梁厚度的增加，主桁梁厚度的影响宽度也在增加，二者表现出线性的递增关系；但随着面板厚度的增加，面板厚度影响高度的增长趋势逐渐放缓，二者的关系表现为三次抛物线形式。

剪力键的存在对整体结构的受力性能存在影响，剪力键有效阻止了矩形钢管和充填混凝土或水泥砂浆的分离，减小了复合管片的前期变形，提高其延性的同时也提高了其承载能力；接头板在无剪力键时能起到剪力键的作用并显著提高复合管片的承载能力，而在有剪力键时对承载力基本没有影响；剪力键可以限制钢混复合管片的变形从而提高其承载能力，还会影响管片应变的分布，当剪力键呈螺柱式布置且横纵向间距在 60～150mm 范围，复合管片承载力提高而变形降低；钢混复合管片的屈服荷载约为极限荷载的 70%～80%，有剪力键时复合管片在屈服后直至破坏时的挠度总量约占总挠度的 70%～85%；对有剪力键的试件，在管片宽度方向受压侧面板的应变值出现反复增减现象，应变分布随荷载增加呈现显著的波形变化，这种变化趋势归因于剪力键的剪力滞后效应；有剪力键的复合管片，接头板对复合管片的承载力没有影响，但对其屈服荷载有一定影响；没有剪力键时接头板可视作剪力键并对复合管片的力学性能产生影响，影响从加载初期就会显现；面板局部的应变值大于主桁梁边缘的应变值，说明主桁梁对面板的变形具有约束作用，因此，剪力键和主桁梁不仅影响试件的整体变形，还能影响面板的应变分布。

2.3.4 复合管片不同因素对复合管片力学性能影响

如果以标准模型 1 为基准，对其他模型的钢板厚度和承载能力进行统一化计算，可以得到钢板中主桁梁和面板的敏感度。令：

$$\lambda = \frac{t_{钢板}}{t_3} \times 100\% \quad (2.3.4\text{-}1)$$

式中，λ 为钢板厚度比率，$t_{钢板}$ 为其他模型中钢板的厚度，包括主桁梁的厚度和面板的厚度，t_3 为标准模型 3 的钢板厚度。

同样记：

$$\rho = \frac{P_{钢板}}{P_3} \times 100\% \quad (2.3.4\text{-}2)$$

式中，ρ 为极限荷载比率，$P_{钢板}$ 和 P_3 分别为其他模型与标准模型 3 的极限荷载。

以 ρ 为纵坐标，λ 为横坐标，绘出 ρ-λ 曲线，曲线斜率的大小可以表示复合管片中钢板敏感度的强弱。图 2.3.4-1 给出了本书中所有模型在组合荷载和纯弯矩荷载作用下的 ρ-λ 曲线，这些曲线是在已有数据基础上，对原曲线进行拟合后得到的（拟合优度均大于 0.98）。分析图中曲线可以发现，不管是纯弯矩荷载作用还是组合荷载作用下，面板厚度变化对复合管片承载力的影响更为显著，即面板对管片结构的敏感度比主桁梁高。由于二者的敏感度差异较大，因此主桁梁和面板的影响作用应分别研究。

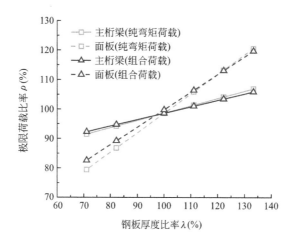

图 2.3.4-1 钢板厚度变化对复合管片承载力的影响

2.4 复合管片力学机理的理论分析

2.4.1 理论分析模型建立

目前国内的规范在对隧道及地下工程的设计上多采用的是容许应力设计方法，容许应力方法（Allowable Stress Design Method）是以结构或构件的应力不大于规定的材料容许应力值的原则进行设计的方法。运用容许应力法设计时，必须确定有效的材料安全系数。然而目前规范中设定的安全系数多以经验参考值为主，随着新技术和新材料的应用，许多安全系数过于保守，大大浪费了材料的使用。尤其是随着有限元分析法和现代测量技术的改进，材料特性和荷载的变化情况已经能够被设计者掌握，因此容许应力法的经济性和合理性降低了许多。

另一方面，极限状态设计法（Limit State Design）在概率论和统计学的基础上能够有效评估材料的强度、结构尺寸和工程荷载等因素的影响，并要求结构满足承载能力极限状态和正常使用极限状态。承载能力极限状态下，在承受最大设计荷载时，所设计的结构不能倒塌或完全破坏。需要注意的是，使用承载能力极限状态进行设计时，是从结构截面的应力状态角度出发，而不是荷载大小，因此，所分析的结构单元上的正应力和剪应力值在计算后应当是安全的。进行正常使用极限状态设计时，结构应满足使用寿命荷载下保持基本设计功能的条件。

实际上，极限状态并不是最先在隧道管片设计中使用的，因此建立极限状态下盾构隧道复合管片的力学计算模型就显得十分重要。同时，复合管片中剪力键的存在使得材料属性不同的外包钢板和填充混凝土两部分能够共同工作，但是钢板与混凝土之间的界面滑移不可避免。因此，本章在极限状态设计方法的要求上，通过考虑复合管片中钢材和混凝土的非线性本构关系，建立复合管片的力学平衡条件和力学方程，以此推导出外包钢板与混凝土之间的界面相对滑移计算公式，并考察相对滑移对复合管片结构变形的影响情况。从而分析组合荷载作用下带有剪力键的单体复合管片的非线性细观变化。

基本假定：复合管片的实际模型如图 2.4.1-1 所示，模型主要包括外包钢板、填充混凝土以及连接二者的剪力键。其中外包钢板有三种，即前后主桁梁，上下面板和左右接头板。本章所建立的计算模型则建立在一定的分析公式和力学假定的基础上。

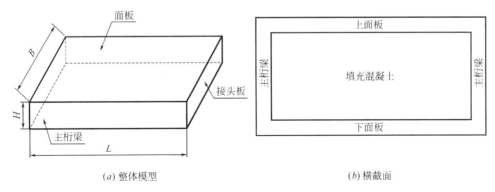

图 2.4.1-1 复合管片的实际模型

分析公式：

（1）对复合管片结构采用纤维单元分析公式；
（2）对复合管片的组成材料，即钢材和混凝土采用非线性的本构关系；
（3）考虑填充混凝土中钢筋的模型作用。

力学假定：

（1）模型分析中，允许复合管片外包钢板和填充混凝土的界面间出现滑移，并允许钢板出现屈曲现象；

（2）在结构横截面的高度方向上，应变呈线性分布，即满足力学中的平截面假定，但由于两种材料界面间的滑移，在界面处，应变将不连续；

（3）外包钢板和填充混凝土之间不出现分离或嵌入，因此同一断面上二者的转角和曲率相同；

（4）面板受压条件下的后屈曲应力等于面板的局部屈服强度；

（5）复合管片中的接头板视为剪力连接件；

（6）构件的界面被划分为混凝土和钢细层，即纤维单元，如图 2.4.1-2 所示；

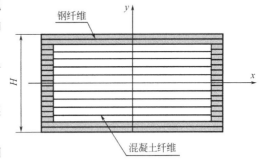

图 2.4.1-2 复合管片横截面纤维分层

（7）当混凝土内的钢筋受拉时，上述所有在构件有效面积内的纤维单元由单一的钢纤维层代替。

2.4.2 滑移及变形计算

根据弹塑性力学理论，在推导复合管片的变形情况时，应先确定复合管片横截面在任意荷载阶段需满足的力学平衡条件，即符合结构的相容方程。

2.4.2.1 交界面的力平衡原理

复合管片的外包钢板和混凝土由许多分散的剪力键连接而成，由于剪力键的力学属性，这些剪力键上的内力（包括弯矩、轴力和剪力）在钢板和混凝土的交界面处是不连续的。为了得到实际复合管片，即带有剪力键复合管片内的受力平衡条件，应先对没有剪力键时复合管片的受力平衡条件进行分析，再在此基础上分析剪力键的作用，如图 2.4.2-1 所示。对任意微小的复合管片单元进行受力分析，并给定水平方向的有限长度 dx，根据弯矩、剪力和轴力之间的求导关系，可以得到以下力学公式：

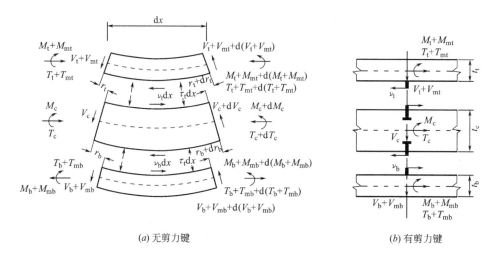

(a) 无剪力键　　　　　　　　　　(b) 有剪力键

图 2.4.2-1　dx 段复合管片结构内力示意图

$$\frac{d(T_t+T_{mt})}{dx}=-\nu_t \tag{2.4.2-1}$$

$$\frac{d(T_b+T_{mb})}{dx}=-\nu_b \tag{2.4.2-2}$$

$$\frac{d(M_t+M_{mt})}{dx}+(V_t+V_{mt})=\frac{\nu_t t_t}{2}-\frac{\sigma_t dx}{2} \tag{2.4.2-3}$$

$$\frac{d(M_b+M_{mb})}{dx}+(V_b+V_{mb})=\frac{\nu_b t_b}{2}-\frac{\sigma_b dx}{2} \tag{2.4.2-4}$$

$$\frac{dM_c}{dx}+V_c=\nu_t \frac{t_{cu}}{2}+\nu_b \left(t_c-\frac{t_{cu}}{2}\right)+\frac{(\sigma_t+\sigma_b)dx}{2} \tag{2.4.2-5}$$

图 2.4.2-1 及上式中所有的内力均是填充混凝土和钢板交界面上的力，其中，T_t 是上面板的轴力，T_{mt} 是主桁梁受压部分的压力，T_b 是下面板的轴力，T_{mb} 是主桁梁受拉部分的拉力，T_c 是填充混凝土的轴力；M_t 是上面板的弯矩，M_b 是下面板的弯矩，M_{mt} 是主桁梁受压部分的弯矩，M_{mb} 是主桁梁受拉部分的弯矩，M_c 是填充混凝土的弯矩；V_t 是上面板的剪力，V_b 是下面板的剪力，V_{mt} 是主桁梁受压部分的剪力，V_{mb} 是主桁梁受拉部分的剪力，V_c 是填充混凝土的剪力；ν_t 是上面板与混凝土交界面的剪应力，ν_b 是下面板与混凝土交界面的剪应力；σ 是交界面上的正应力；t_t 是上面板的厚度，t_b 是下面板的厚度，t_c 是填充混凝土的高度，t_{cu} 是未开裂混凝土的高度。

联立式 (2.4.2-3)、式 (2.4.2-4) 和式 (2.4.2-5)，则有：

$$\frac{dM_{tube}}{dx}+\frac{dM_c}{dx}+V_{tube}+V_c=\frac{v_t(t_t+t_{cu})}{2}+\frac{v_b(2t_c+t_b-t_{cu})}{2} \qquad (2.4.2\text{-}6)$$

$$M_{tube}=M_t+M_{mt}+M_{mb}+M_b \qquad (2.4.2\text{-}7)$$

$$V_{tube}=V_t+V_{mt}+V_{mb}+V_b \qquad (2.4.2\text{-}8)$$

式 (2.4.2-6)~式 (2.4.2-8) 揭示了带有剪力键的复合管片中外包钢板与填充混凝土交界面上内力的平衡条件，可以看到，交界面上结构的内力大小与面板厚度及填充混凝土高度有重要关系。这个结论将为复合管片的有限元分析提供理论依据。

2.4.2.2 位移-变形平衡

$$\varepsilon_t(x)=\frac{du_t(x)}{dx} \qquad (2.4.2\text{-}9)$$

$$\varepsilon_c(x)=\frac{du_c(x)}{dx} \qquad (2.4.2\text{-}10)$$

$$\varepsilon_b(x)=\frac{du_b(x)}{dx} \qquad (2.4.2\text{-}11)$$

$$\varphi(x)=\frac{d^2v(x)}{dx^2} \qquad (2.4.2\text{-}12)$$

$$\gamma_t(x)=u_c(x)-u_t(x)+\frac{(t_t+t_c)}{2}\frac{dv(x)}{dx} \qquad (2.4.2\text{-}13)$$

$$\gamma_b(x)=u_b(x)-u_c(x)+\frac{(t_b+t_c)}{2}\frac{dv(x)}{dx} \qquad (2.4.2\text{-}14)$$

式中，u 是截面水平方向的位移，v 是截面竖直方向的位移，ε_t 是上面板中线的应变，ε_c 是填充混凝土中线的应变，ε_b 是下面板中线的应变，φ 是截面的变形曲率，根据力学假定 (3)，整个横截面的变形曲率是相同的。复合管片横截面的变形如图 2.4.2-2 所示。

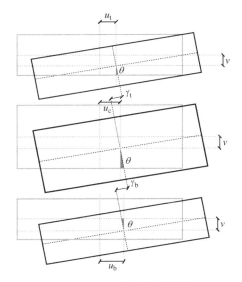

图 2.4.2-2 复合管片横截面的变形

2.4.2.3 界面滑移计算

图 2.4.2-3 给出了复合管片横截面上应变分布的情况。其中，根据力学基本假定的第

(2) 条，沿截面高度方向的应变呈线性分布，但是由于交界面滑移的存在，交界面上下钢板和填充混凝土的应变不连续。因此，界面之间的相对滑移量等于这两部分应变的差值。如果取截面的拉应变为正，则有：

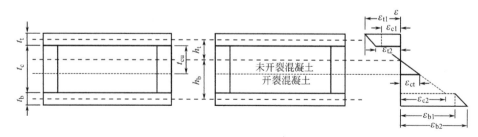

图 2.4.2-3　复合管片的应变分布

$$\gamma_t = \frac{\nu_t s_t}{n_t K_t} \tag{2.4.2-15}$$

$$\gamma_b = \frac{\nu_b s_b}{n_b K_b} \tag{2.4.2-16}$$

式中，γ_t 是上面板与混凝土之间的相对滑移，γ_b 是下面板与混凝土之间的相对滑移，s_t 是上交界面剪力键的纵向间隔，s_b 是下交界面剪力键的纵向间隔，n_t 和 n_b 分别是上交界面和下交界面剪力键的数量，K_t 和 K_b 分别是上交界面和下交界面剪力键的刚度。

分别对式（2.4.2-15）和式（2.4.2-16）中的 x 求导，再将式（2.4.2-1）和式（2.4.2-2）代入，则交界面相对滑移应变的微分表达式为：

$$\varepsilon_{st} = \frac{d\gamma_t}{dx} = -\frac{s_t}{n_t K_t} \frac{d^2(T_t + T_{mt})}{dx^2} = \varepsilon_{t2} - \varepsilon_{c1} \tag{2.4.2-17}$$

$$\varepsilon_{sb} = \frac{d\gamma_b}{dx} = -\frac{s_b}{n_b K_b} \frac{d^2(T_b + T_{mb})}{dx^2} = \varepsilon_{c2} - \varepsilon_{b1} \tag{2.4.2-18}$$

式中，ε_{st} 和 ε_{sb} 分别是上界面、下界面的滑移应变，ε_{t2} 为上面板的应变，ε_{c1} 是填充混凝土顶面的应变，ε_{c2} 是填充混凝土底面的应变，而 ε_{b1} 是下面板的应变。这些应变值可由现场监测或试验结果得到。

2.4.2.4　滑移对结构位移的影响

复合管片中钢板与混凝土之间相对滑移的存在会使复合管片的变形增大，使截面的刚度减小，从而降低截面的抗弯承载力。对不超过完全剪力连接梁结构，还将导致组合梁失去组合交互作用。张稳军[13,16,17] 等人与蒋丽忠等人[18] 分别对密闭式复合管片和组合梁结构的滑移及变形情况进行了研究，结果表明组合结构上的荷载形式、梁跨度、钢板与混凝土厚度、截面刚度、剪力键间距和刚度等对组合结构的变形有影响，其中在滑移条件下，剪力钉对梁结构的挠度影响最大。

实际上，当作用在复合管片上的组合荷载（弯矩和轴力）较小时，由于钢板与混凝土之间存在一定的摩擦作用，二者之间不会出现滑移。但当荷载持续增加，钢板与混凝土间的剪切作用增加，并大于二者的摩擦作用后，焊接在钢板上的剪力键起主要的抗剪作用，同时限制钢板与混凝土间的相对滑移。由于剪力键自身也会发生形变，混凝土和钢板间的相对滑移不可避免，这种滑移会引起复合管片横截面上出现附加弯曲，进而导致管片结构的附加变形，即附加挠度。

根据文献 [19] 的分析结果，并结合上文可以推导出，在两点集中荷载作用下（图 2.4.2-4），复合管片界面滑移引起的跨中附加挠度由式（2.4.2-19）表示。

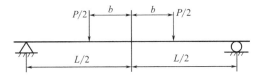

图 2.4.2-4　均分荷载下的复合管片梁结构

$$\Delta\delta = (1+C)\eta P\left(\frac{L-2b}{4h} + \frac{e^{\lambda b} - e^{\lambda L - \lambda b}}{2\lambda h(1+e^{\lambda L})}\right) \quad (2.4.2\text{-}19)$$

$$C = \gamma_b/\gamma_t \quad (2.4.2\text{-}20)$$

$$\eta = h_t/EI \quad (2.4.2\text{-}21)$$

式中，$\Delta\delta$ 是滑移引起的跨中附加挠度，h_t 是上面板的厚度，h 是复合管片的总高度，L 是复合管片的跨度，$P/2$ 是一侧集中荷载值，b 是荷载施加点距离梁跨中的距离，γ_b 和 γ_t 分别是上、下界面的滑移量，EI 为横截面上所有钢板和混凝土部分的截面刚度的总和，而 λ 则是与结构截面刚度、剪力键数量、剪力键刚度、剪力键间距和未开裂混凝土有关的参数[13]。

因此在两点集中荷载作用下，复合管片跨中的挠度为正常挠度和附加挠度之和，即有：

$$\begin{aligned}\delta_{\text{总}} &= \delta_0 + \Delta\delta \\ &= \frac{P}{24EI}(6b^3 + 3bL^2 - 9b^2L + L - 2b) + (1+C)\eta P\left(\frac{L-2b}{4h} + \frac{e^{\lambda b} - e^{\lambda L - \lambda b}}{2\lambda h(1+e^{\lambda L})}\right)\end{aligned}$$

$$(2.4.2\text{-}22)$$

2.4.3　实例验算

为了与既有试验结果进行对比，本节采用与张稳军[14]试验中相同的试件进行计算，本次计算采用的 2 个计算模型的细部参数如表 2.4.3-1 所示。

验算模型的尺寸（单位：mm）　　　　表 2.4.3-1

模型	管片尺寸			钢板厚度			剪力键	
	长	宽	高	面板	主桁梁	接头板	纵向间距	横向间距
模型 1	200	900	100	4.5	4.5	4.5	（无剪力键）	
模型 2							65	40

除了剪力键外，两个模型具有完全相同的结构尺寸和钢板厚度，因此这两个模型中填充混凝土的尺寸也完全相同。模型 1 与图 2.4.2-1（a）的情况相同，而模型 2 则与图 2.4.2-1（b）的情况相同，二者分别可以验算无剪力键和有剪力键时本章推导公式的合理性。同时，本次计算的结果均有试验结果进行对比，试验采用两点集中力加载的方式，加载点距离跨中 150mm，即本例中 $b = 150$mm。

计算时，先利用式（2.4.2-15）、式（2.4.2-16）得到相对滑移量，再根据试验过程中应变片测量的复合管片跨中应变值，代入式（2.4.2-17）、式（2.4.2-18）得到钢板与混凝土界面上的滑移应变量，最后分别通过式（2.4.2-19）和式（2.4.2-22）计算获得两点集中荷载作用下复合管片结构（梁结构）的附加挠度和总挠度。图2.4.3-1给出了这次计算中2个模型的荷载-跨中变形曲线，同时给出了试验的结果，便于二者对比。

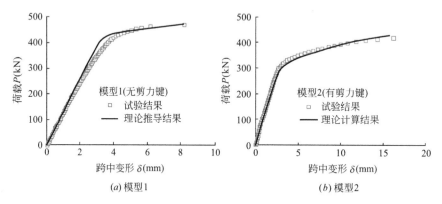

图 2.4.3-1 复合管片跨中变形的理论计算

从图2.4.3-1可以看到，在弹性阶段，理论计算结果与试验结果高度吻合，这是因为在荷载较小时，复合管片界面的滑移量非常小，理论计算由材料力学结果占最主要部分。当荷载超过复合管片结构的屈服强度后，理论结果小于试验值，这是滑移对结构变形影响引起的结果。之后，随着荷载的增加，理论计算得到的跨中变形的增长比试验结果慢，这可能是复合管片中填充混凝土开裂甚至破坏导致的。同时，通过比较图（a）和图（b）可以发现，在相同荷载作用下，有剪力键的复合管片结构的变形明显大于无剪力键的情况，从而说明剪力键在复合结构滑移和变形过程中起到了主要作用。

以上理论结果与试验结果的对比证明了本章推导公式的合理性和有效性。这些公式为第2.5节复合管片的有限元计算提供了理论支持，而理论分析的过程将为研究影响复合管片力学性能的影响因素提供思路。

2.5 复合管片力学机理的数值模拟研究

2.5.1 有限元模型建立

图2.5.1-1给出了本节有限元计算中采用的复合管片的结构模型，该模型与试验采用的实际模型和理论分析的模型保持一致。可以看到，计算模型在水平方向和竖直方向具有双对称性，因此，本章的有限元分析只选取模型的左半部进行计算。在有限元建模时，选取三维八节点的实体矩形单元模拟钢板和混凝土部分，并以此研究钢板对混凝土的约束作用，如图2.5.1-2所示。模型的详细尺寸见表2.5.1-1。

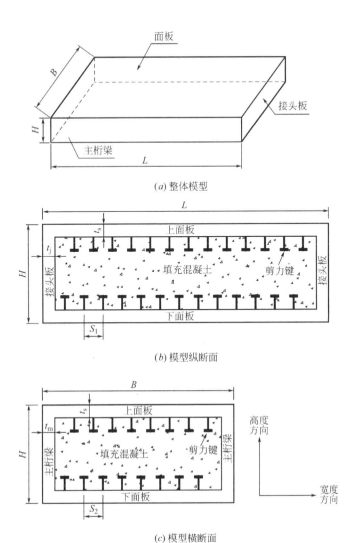

图 2.5.1-1 复合管片的实际模型

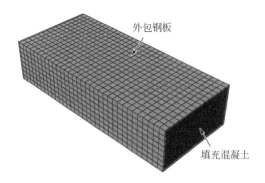

图 2.5.1-2 复合管片的有限元模型（左半部分）

复合管片的模型尺寸（单位：mm）　　　　表 2.5.1-1

分组		模型	结构尺寸			钢板厚度			剪力键布置			备注
			长 L	宽 B	高 H	面板 t_s	主桁梁 t_m	接头板 t_j	焊接位置	间隔 S_1	S_2	
A	A1	模型 1	900	200	100	4.5	3.2	4.5	无	—	—	*
		模型 2	900	200	100	4.5	3.7	4.5	无	—	—	
		模型 3	900	200	100	4.5	4.5	4.5	无	—	—	*
		模型 4	900	200	100	4.5	5.0	4.5	无	—	—	
		模型 5	900	200	100	4.5	5.5	4.5	无	—	—	
		模型 6	900	200	100	4.5	6.0	4.5	无	—	—	*
	A2	模型 7	900	200	100	3.2	4.5	4.5	无	—	—	
		模型 8	900	200	100	3.7	4.5	4.5	无	—	—	
		模型 3	900	200	100	4.5	4.5	4.5	无	—	—	*
		模型 9	900	200	100	5.0	4.5	4.5	无	—	—	
		模型 10	900	200	100	5.5	4.5	4.5	无	—	—	
		模型 11	900	200	100	6.0	4.5	4.5	无	—	—	*
B		模型 3	900	200	100	4.5	4.5	4.5	无	—	—	
		模型 12	900	200	100	4.5	4.5	4.5	面板	65	40	*

注：备注一栏中带"*"的模型表明在既有试验中有相同的试件与之对应。

2.5.2 模型设计及说明

表 2.5.1-1 给出了本次有限元计算中所有数值模型的细部尺寸与钢板厚度及剪力键的间距，表中所有物理参数的大小在图 2.5.1-1 中均有标示。

本章的有限元计算共建立了 12 个复合管片的精细化模型。在所有模型中，模型 3 是标准模型，这与试验中的标准试件相同，其他模型则是在标准模型的基础上修改相应尺寸或增加剪力键获得。模型 1～11 记为 A 组，标准模型 3 和模型 12 记为 B 组，A 组中模型 1～6 记为 A1 组，标准模型 3 与模型 7～11 记为 A2 组。设置这 12 个模型是按照本课题的研究目的和研究对象进行的，即由于本书主要是为了研究复合管片中外包钢板的等效作用，并提出复合管片的等效模型，因此重点考察外包钢板厚度变化的影响。

A 组中的 11 个模型均为不带有剪力键的有限元模型，用以研究不同荷载作用下，复合管片结构中钢板的影响作用。其中 A1 组模型只有主桁梁的厚度不同，A2 组模型则是各自的面板厚度不同，这两组模型能够分别说明外包钢板中主桁梁和面板对复合管片力学性能的影响规律和影响范围。此外，试验研究[13,14] 和理论分析[13] 均证明外包钢板中接头板在复合管片接头实际起到剪力连接作用，该作用与主桁梁和面板不同。同时，在复合管片中接头板的厚度方向（或复合管片的长度方向）实际为盾构隧道的环向方向，目前很少有从环向对管片进行等效的案例。基于以上原因，本章将不再研究接头板厚度的影响作用。

B组两个模型的管片尺寸相同，唯一的不同在于模型12带有剪力键而标准模型3不带剪力键。由于本书第2.4节对剪力键在复合管片的滑移和变形中的影响作用进行了说明，同时张稳军等人[13-15]已经对剪力键在复合管片力学性能中的作用进行了系统而全面的研究，因此本章不再以剪力键作为讨论对象，故只选取了2个模型对剪力键的作用进行考察，从而验证第2.4节中理论推导的正确性。

在这12个模型中，如表2.5.1-1所示，备注中"*"表示对应的模型在试验中有相同的试件，因此这些模型的有限元计算结果能够直接和试验结果进行对比，即标准模型3、模型1、6、7、11、12的有限元结构将能与试验对比。而其他6个模型则是在这些试验模型的基础上，对钢板的厚度进行细化得到的，它们的数值分析结果将不会有试验结果与之对比。另外需要注意的是，面板的厚度方向实际是复合管片的高度方向，而主桁梁的厚度方向则是管片的宽度方向，如图2.5.1-1（b）、（c）所示，这一点对理解后文钢板的影响范围和管片的等效方向十分重要。

2.5.3 荷载和边界条件

本次研究的荷载包括两种情况：纯弯矩荷载和组合荷载，组合荷载为弯矩与轴力共同作用，如图2.5.3-1所示。这两种荷载情况分别代表两种管片在实际盾构隧道工程中的受力状态，其中纯弯矩荷载表示受外部土水压力作用下管片的受力状态，而组合荷载中增加的轴力则可代表管片内有内水压作用时的受力状态。

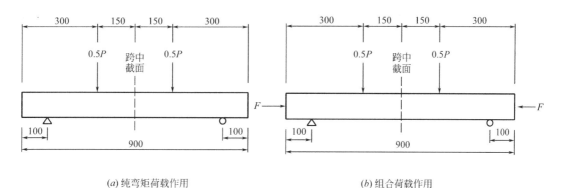

(a) 纯弯矩荷载作用　　　　　　　　(b) 组合荷载作用

图 2.5.3-1　复合管片的荷载分布与边界条件

从图2.5.3-1可以看出，两种荷载状态，复合管片的荷载分布和边界条件都是关于跨中对称的。由于模型结构的对称性，本章建立的模型的右截面实际为整体复合管片的跨中界面，因此在有限元分析中需约束右截面水平方向的自由度。

纯弯矩作用时，荷载以两点集中力的形式加载，因此跨中截面上只有弯矩作用，表现在有限元分析中则在上面板的荷载加载点施加均布点荷载，加载点距离跨中150mm，这与试验过程是一致的，如图2.5.3-2所示。而组合荷载则是在上述加载的基础上，再在模型左侧施加水平方向的压力，以此模拟复合管片受到的轴力作用。需要注意的是，由于模型计算只选取了实际管片的左半部分，因此模型中所有的弯矩集中力只有试验设计值的一半，而轴力则是全部设计值。

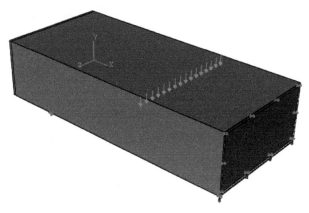

图 2.5.3-2　有限元模型的荷载分布及边界条件（纯弯矩荷载）

2.5.4　材料参数和本构关系

由于制作剪力键所用的钢材与复合管片的结构钢相同，因此计算模型中采用的材料为钢材和混凝土两种。

2.5.4.1　钢材

图 2.5.4-1 给出了本次计算钢材的应力-应变关系。复合管片中外包钢板定义为理想的弹塑性体，并在屈服后出现应变硬化。在钢材屈服前，钢材表现为完全弹性材料，弹性模量 $E_s=2.0\times10^5\mathrm{N/mm^2}$，泊松比 $\mu=0.3$。屈服后，钢材表现出应变硬化现象，其中硬化的斜率 $E_{st}=0.01E_s$。模型中钢材的屈服强度及抗拉强度均采用试验的结果，即 12 个模型的屈服强度 $f_y=325\mathrm{N/mm^2}$，抗拉强度 $f_s=448\mathrm{N/mm^2}$。

2.5.4.2　混凝土

在弹性阶段，混凝土的弹性模量 $E_s=2.41\times10^4\mathrm{N/mm^2}$，泊松比 $\mu=0.2$。由于混凝土时一种压力相关的材料，尤其是进入塑性阶段会出现非线性力学性质，如图 2.5.4-2 所示。因此在模型计算中选择正确的混凝土本构模型十分重要。对约束混凝土，合理的塑性模型应包括压力相关、路径相关、非关联流动法则和应变硬化等[20]。Karabinis 等人[21]已经证实 Drucker-Prager（D-P）塑性模型能够准确地评估混凝土结构构件的性能。图 2.5.4-3 绘出了 D-P 模型的破坏面。基于此，本书采用线性 D-P 模型计算混凝土材料的塑性性质，计算中，D-P 模型的摩擦角 β 取 50°，K 值取 0.778，剪胀角 ψ 取 20°。

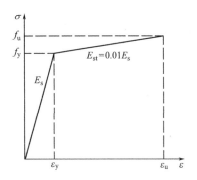

图 2.5.4-1　钢材的应力-应变关系

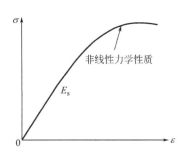

图 2.5.4-2　混凝土的应力-曲线应变

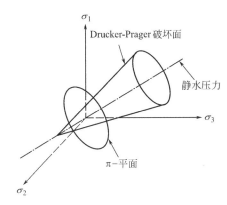

图 2.5.4-3　主应力空间内 Drucker-Prager 的破坏面

2.5.5　接触分析

复合管片主要由外包钢板和填充混凝土构成，没有剪力键时，钢板和混凝土依靠接头板和二者间的摩擦力及界面接触力协同工作，有剪力键时则剪力键起到主要的连接作用。复合管片中外包钢板对填充混凝土的约束效应由钢板与混凝土的接触引起。在使用 ABAQUS 建立复合管片的数值模型时，设置接触对来分析二者之间的接触，接触对切向属性设定为各向同性，界面间的摩擦系数为 0.1，法向属性设定为硬接触，由于试验过程中钢板和混凝土是共同工作，且计算假定复合管片在变形前后满足平截面条件，因此设置接触为不允许界面分离。考虑到钢板的刚度大于混凝土材料，将所有产生接触的钢板表面定为主控面，与之接触的混凝土表面设置为从属面。

2.5.6　剪力钉处理

由于复合管片中剪力钉的特性不是本书研究的重点，同时前面已对剪力钉对复合管片界面滑移及其对管片结构变形的影响进行了理论分析，因此对剪力钉单元采取简化处理，不考虑剪力钉本身尺寸对复合管片的影响。

2.6　有限元计算结果分析

2.6.1　计算云图

图 2.6.1-1 给出了有限元计算后标准模型（模型 3）的计算云图，包括 Mises 应力图、竖直方向的位移变形图、填充混凝土表面的接触状态等。图 2.6.1-2 则给出了模型 12 的计算后的接触状态云图。以上云图均为纯弯矩荷载作用下的结果，组合荷载作用下的云图与之类似。

从图 2.6.1-1（c）、（d）和图 2.6.1-2 可以看到，复合管片受力时钢板和混凝土之间会相互接触，这是二者协同工作的原因，特别是有剪力键时二者的接触范围更大，从而说明了剪力键在复合管片结构中的重要连接作用。

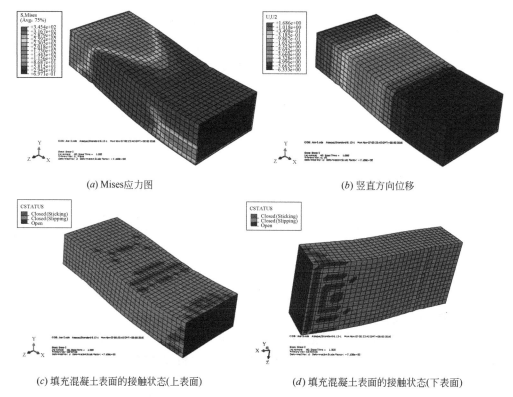

(a) Mises应力图　　　　　　　　(b) 竖直方向位移

(c) 填充混凝土表面的接触状态(上表面)　　　(d) 填充混凝土表面的接触状态(下表面)

图 2.6.1-1　标准模型的有限元计算结果云图

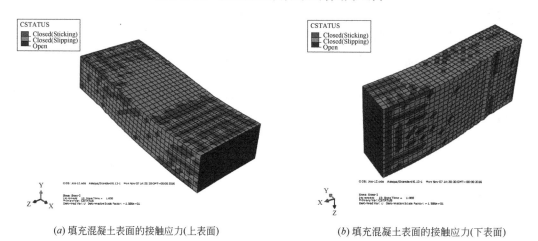

(a) 填充混凝土表面的接触应力(上表面)　　　(b) 填充混凝土表面的接触应力(下表面)

图 2.6.1-2　模型 12 的有限元计算结果云图

2.6.2　荷载-变形响应

2.6.2.1　纯弯矩荷载

由材料力学知识可知，当简支梁受到两点集中荷载时，跨中截面的内力只有弯矩。图 2.6.2-1～图 2.6.2-3 给出了各模型在纯弯矩荷载作用下跨中截面的荷载-变形曲线。模型 1、3、6、7、11 和 12 的曲线中同时给出了相应的试验结果，这是因为这 6 个模型的尺寸与试验中的试件相同。

1. A1组结果与讨论

从图2.6.2-1（a）～（c）中可以看出，有限元计算结果与试验结果的吻合性很好，从而证明上述精细化数值模型是合理、有效的。设置A1组模型是为了考察复合管片外包钢板中主桁梁对管片的影响，从图2.6.2-1（d）可以看到，随着主桁梁厚度增加，复合管片结构的承载能力增大，结构的屈服强度也在增加，但屈服强度对应的跨中变形也在增大。同时发现，在相同荷载作用下，主桁梁的厚度越大，复合管片的变形小，这是因为钢板厚度增加能够提高结构横截面的抗弯刚度。而在弹性阶段，这6个模型的弹性模量基本相同，这与试验的测量结果一致。

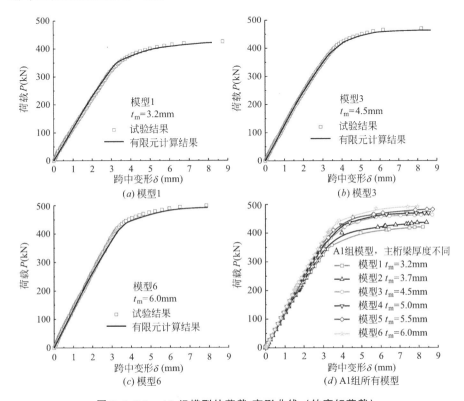

图2.6.2-1 A1组模型的荷载-变形曲线（纯弯矩荷载）

2. A2组结果与讨论

同样地，图2.6.2-2（a）～（c）验证了本书建立的模型的有效性。而从图2.6.2-2（d）也可以看出，复合管片结构的承载力和屈服强度随着面板厚度的增加而增大，但与主桁梁厚度的增加相比，图2.6.2-2（d）中承载力增加得更多。图2.6.2-1和图2.6.2-2均说明在建立复合管片数值模型时，应选择合理的材料模型，同时正确处理钢板与填充混凝土之间的接触关系。

3. B组结果与讨论

图2.6.2-3（b）的有限元计算结果证实模拟剪力键的合理性。同时与图中试验结果相比，带有剪力键时有限元计算的承载力略小于试验结果，特别是在复合管片结构屈服后，这可能是剪力键的存在削弱了结构的强度。而图2.6.2-3（c）则清楚地表明了剪力键在复合管片中的作用，与标准模型3相比，模型11的极限强度明显要低，但变形却大了很多。对比结果验证了界面滑移对结构变形有重要影响的理论结论，即复合管片的界面滑移会增

大结构的变形。因此可以得出结论，剪力键虽能使复合管片的不同材料协同工作，但会降低结构截面的刚度，不利于结构抵抗荷载和变形。

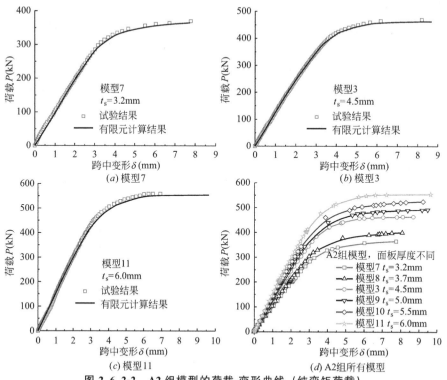

图 2.6.2-2　A2组模型的荷载-变形曲线（纯弯矩荷载）

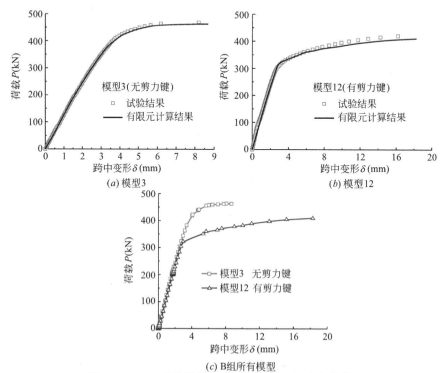

图 2.6.2-3　B组模型的荷载-变形曲线（纯弯矩荷载）

2.6.2.2 组合荷载

组合荷载状态是指复合管片同时受到弯矩和轴力作用。与钢管混凝土结构类似，相比于纯弯矩状态，新增的轴力（特别是轴压力）会显著改变复合管片的性能。轴压力设置为200kN，分别给出所有模型在组合荷载作用下的荷载-跨中变形曲线。

1. A1组结果与讨论

图2.6.2-4给出了轴压力$F=200$kN时，A1组中6个模型在有限元计算后的荷载-位移曲线，并将模型1、模型3和模型6在纯弯矩荷载下的结果进行了对比。从图2.6.2-4（a）～（c）可以看出，管片结构在组合荷载作用下的承载能力略小于弯矩荷载的情况，且通过观察主桁梁厚度的变化情况发现，随着主桁梁厚度的增加，两种荷载作用下的承载力差值在增大，即主桁梁越厚，组合荷载条件下的结构承载力比纯弯矩作用下越小。因此可以得到结论，对复合管片结构，轴压力的存在会降低结构的承载力并使结构的变形增加。而图2.6.2-4（d）中的变化规律则与上述纯弯矩荷载作用时的相同：在荷载作用下，主桁梁厚度增加能够提升复合管片的力学性能。

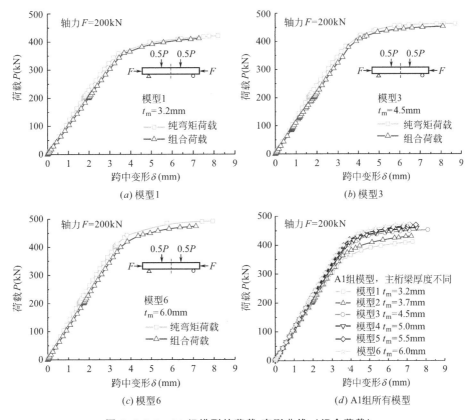

图2.6.2-4 A1组模型的荷载-变形曲线（组合荷载）

2. A2组结果与讨论

图2.6.2-5同样地验证了上述结论，即随着面板厚度增加，复合管片在组合荷载和纯弯矩荷载下承载能力的差值逐渐增大。图2.6.2-4和图2.6.2-5表明在弯矩和轴压力共同作用下，复合管片的承载能力会下降，且钢板厚度越大，下降得越多。

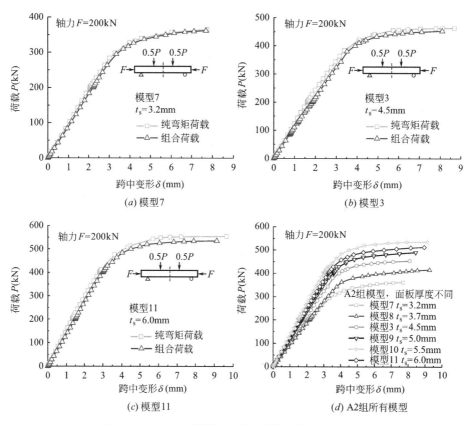

图 2.6.2-5　A2 组模型的荷载-变形曲线（组合荷载）

3. B 组结果与讨论

图 2.6.2-6 给出了有无剪力键的复合管片在组合荷载作用下的荷载-变形情况。比较图 (a)、(b) 可以看到，配置剪力键后，结构在组合荷载与纯弯矩荷载下的荷载-变形曲线的基本重合。两种荷载下结构的承载力差别比无剪力键时小，说明在组合荷载下，剪力键对轴压力有一定的抵抗作用。

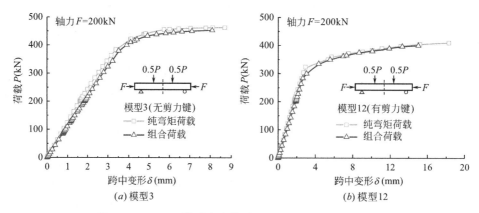

图 2.6.2-6　B 组模型的荷载-变形曲线（组合荷载）（一）

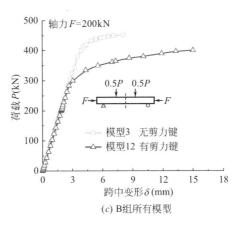

(c) B组所有模型

图 2.6.2-6　B组模型的荷载-变形曲线（组合荷载）（二）

4. 荷载变化的影响

以上在对所有数值模型的分析时指定轴压力 $F=200\text{kN}$。除了外包钢板和剪力键的存在改变组合荷载引起的力学性能，组合荷载本身的变化也是重要因素。根据弯矩和轴力的变化情况，可以分为轴力不变、弯矩增加以及轴力改变、弯矩不变两种状态。本节主要以标准模型（模型3）为研究对象，研究轴力和弯矩变化条件下复合管片的荷载-变形曲线。

图 2.6.2-7 给出了轴压力一定时，外加荷载与跨中位移的曲线。从图中可以看出，随着常数轴力增大，结构的承载力降低，而相应的变形增大，同时，轴力值越大，承载力降低得越多。因此可以得出结论，复合管片中出现轴压力对结构不利，会降低结构的力学性能，且轴力越大，性能降低得越多。

图 2.6.2-8 则给出了当两点荷载为常数，即复合管片内弯矩不变时，跨中位移随轴压力的变化曲线。观察该图可以看到，当轴压力较小时，结构的变形变化不大，且二者接近线性变化。当轴力超过一定值（图中为300kN）后，二者的变化呈非线性，同时较小的轴力增量会引起很大的变形，这说明结构此时在弯矩和轴力作用下已进入塑性工作状态。同时由图 2.6.2-8 不难发现，对于同一结构，当轴力相同时，弯矩越大则跨中的位移越大。

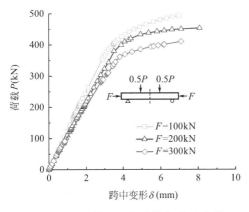

图 2.6.2-7　轴力不变时荷载-变形曲线

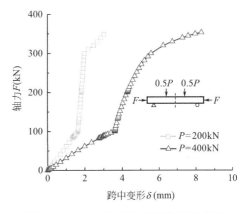

图 2.6.2-8　弯矩不变时荷载-变形曲线

2.6.3 应变分布

纯弯矩荷载和组合荷载作用下,复合管片模型的应变分布具有完全相似的变化规律,只是具体计算结果的数值不同,因此本节仅对纯弯矩荷载的有限元计算结果进行分析和说明。

2.6.3.1 A1组结果与讨论

A1组是为了考察钢板中主桁梁对复合管片变形的影响作用,而主桁梁的厚度方向与复合管片的宽度方向一致,因此图2.6.3-1给出了A1组中模型1、3和6的跨中截面在复合管片宽度方向的应变分布情况,这些应变选取的是钢板外表面的应变值。图中的原点选取上面板外表面的中点。从图2.6.3-1可以看出,在结构跨中截面,钢板外表面的应变分布左右对称。同时随着主桁梁厚度的增加,沿管片宽度方向的应变值在减小,这同样是因为钢板厚度增加增强了管片结构的截面刚度。

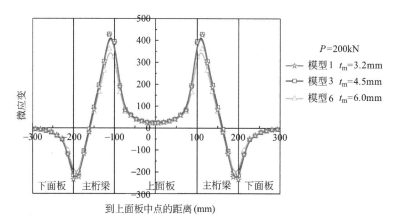

图2.6.3-1 A1组模型沿宽度方向跨中截面的应变分布

图2.6.3-2比较了标准模型在不同荷载下应变的情况,其中$P=200$kN时模型3在弹性阶段,而$P=400$kN时模型3已经进入塑性阶段。对于同一计算模型,荷载越大,结构上各点的应变相应的增大,且在弹性和塑性阶段,沿宽度方向的应变具有相同的变化规律。综合图2.6.3-1与图2.6.3-2可以发现,主桁梁与面板交界边两侧的应变发生了急剧变化,由于图中应变是沿复合管片宽度方向的,因此这些变化趋势说明主桁梁在复合管片的宽度方向对结构有显著的影响作用。

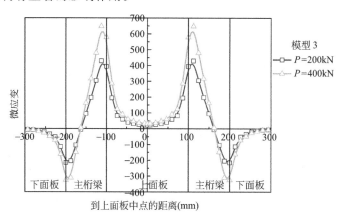

图2.6.3-2 不同荷载下沿宽度方向跨中截面的应变分布

2.6.3.2　A2 组结果与讨论

A2 组中所有模型的面板厚度不同。图 2.6.3-3 给出了 A2 组中模型 7、3 和 11 的跨中截面沿复合管片高度方向的应变分布情况，这些应变均是钢板外表面的应变值。图 2.6.3-4 则给出了弹塑性状态下标准模型 3 沿高度方向的应变分布，这两张图的原点同样在上面板外表面的中点。

从图 2.6.3-3 不难发现，随着面板厚度的增加，沿管片高度方向的应变值在减小，且减小的幅度比图 2.6.3-1 大。从图 2.6.3-4 则看到，标准模型沿高度方向的应变在 $P=200\text{kN}$ 和 $P=400\text{kN}$ 的变化趋势一致，并且随着荷载增加，应变值在增大。

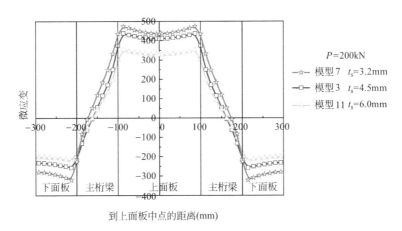

图 2.6.3-3　A2 组模型沿高度方向跨中截面的应变分布

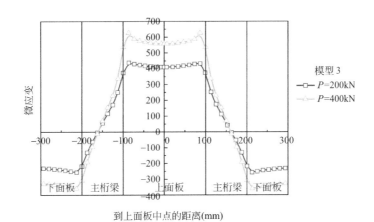

图 2.6.3-4　不同荷载下沿高度方向跨中截面的应变分布

图 2.6.3-3 和图 2.6.3-4 共同表明，在复合管片主桁梁与面板交界边，只有一侧（主桁梁一侧）的应变发生了显著的变化，而另一侧的应变基本不变，即图 2.6.3-3、图 2.6.3-4 中应变的变化趋势与图 2.6.3-1、图 2.6.3-2 不同。由于图中的应变沿复合管片高度方向，而复合管片的高度方向也是面板的厚度方向，因此可以得到结论，面板对复合管片应变的影响与主桁梁不同，主桁梁和面板的影响作用应分别研究。

2.6.3.3 B组结果与讨论

图 2.6.3-5 和图 2.6.3-6 分别给出了 B 组模型沿复合管片宽度方向和高度方向跨中截面的应变分布变化。从两图中可以看出，复合管片带有剪力键时的应变分布规律与上述讨论的结果相同。同时，分析图中应变的大小发现，在没有剪力键的地方，模型 12 与模型 3 的应变大小基本相同，但在设置有剪力键的周围，模型 12 的应变大小比应变 3 大，尤其是对沿复合管片高度方向的应变分布，这种差别更为明显（图 2.6.3-6）。这同样是因为剪力键的存在降低了构件截面的刚度，从而增加了结构的变形导致的。同时，由于剪力键抵抗的界面滑移会对复合管片的变形产生影响，而结构跨中的变形主要是竖直方向的，即复合管片的高度方向，因此在有剪力键处，结构高度方向的变形变化程度比宽度方向的要大，这便解释了图 2.6.3-6 中模型 12 与模型 3 在剪力键设置处应变差别更大的原因。

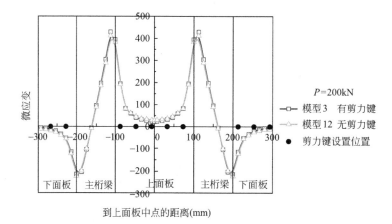

图 2.6.3-5 B 组模型沿宽度方向跨中截面的应变分布

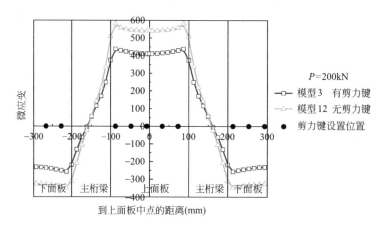

图 2.6.3-6 B 组模型沿高度方向跨中截面的应变分布

2.6.4 钢板变形敏感度分析

由 2.6.3 节中的讨论结果可知，复合管片外包钢板中主桁梁和面板对管片结构的变形具有不同的影响作用，应分别研究。剪力键虽能够通过界面滑移改变复合管片的承载力和变形，但由于剪力键的作用不是本书的研究重点，且已被研究，因此本节将对钢板的敏感性展开讨论和分析。

2.6.4.1 理论分析

在影响复合管片的承载能力、变形大小等力学性能的因素中，结构自身的刚度起决定作用。根据本书（式2.4.2-19），复合管片横截面的整体刚度为各组成部分的刚度总和，如图2.6.4-1所示，即有：

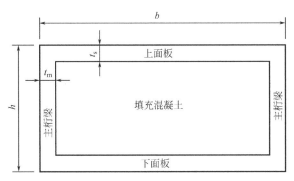

图 2.6.4-1 复合管片横截面刚度计算

$$(EI)_{复合管片} = (EI)_{填充混凝土} + (EI)_{钢板}$$
$$= (EI)_{填充混凝土} + 2(EI)_{主桁梁} + 2(EI)_{面板} \quad (2.6.4\text{-}1)$$

当复合管片中填充混凝土的尺寸不变时，外包钢板的刚度则成为结构刚度的关键因素。而在复合管片的横截面上，钢板只包括主桁梁和面板，因此主桁梁和面板的刚度最为重要。根据材料力学，矩形截面的刚度计算公式：

$$(EI)_{矩形} = E \cdot \frac{1}{12}bh^3 \quad (2.6.4\text{-}2)$$

式中，E 是结构材料的弹性模量，b、h 分别是矩形的宽和高。

因此，当矩形的宽和高同比例增加或减小时，矩形截面的刚度变化分别呈线性和三次方的关系增长或减小。即矩形结构中，增加矩形的高度会比增加宽度更显著地改变截面的刚度。在图2.6.4-1中，矩形截面的宽度方向与主桁梁的厚度方向一致，而高度方向则是面板的厚度方向，所以当主桁梁和面板的厚度改变相同尺寸时，面板带来的影响显然更大，即面板对复合管片力学性能的敏感性更强。

2.6.4.2 有限元结果分析

图2.6.4-2比较了主桁梁与面板厚度相同时二者的荷载-变形情况。比较图中的承载力数值，如果以标准模型3为基础，可以发现，钢板厚度同为6.0mm的模型11与模型6间的差值比同为3.2mm的模型1与模型7间的差值大。这说明，如果要提高复合管片的承载性能，同等条件下，采用增加面板厚度的方法比增加主桁梁厚度更有收益。以上分析证明，钢板中面板对复合管片结构承载力的影响作用更大，即面板的敏感性更强。

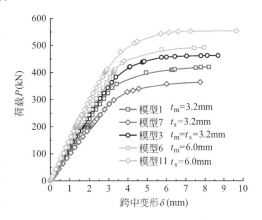

图 2.6.4-2 A1 组与 A2 组比较

如果以标准模型 3 为基准，对其他模型的钢板厚度和承载能力进行统一化计算，可以得到钢板中主桁梁和面板的敏感度。令：

$$\lambda = \frac{t_{钢板}}{t_3} \times 100\% \qquad (2.6.4-3)$$

式中，λ 为钢板厚度比率，$t_{钢板}$ 为其他模型中钢板的厚度，包括主桁梁的厚度和面板的厚度，t_3 为标准模型 3 的钢板厚度。

同样记：

$$\rho = \frac{P_{钢板}}{P_3} \times 100\% \qquad (2.6.4-4)$$

式中的 ρ 为极限荷载比率，$P_{钢板}$ 和 P_3 分别为其他模型与标准模型 3 的极限荷载。

以 ρ 为纵坐标，λ 为横坐标，绘出 ρ-λ 曲线，曲线斜率的大小可以表示复合管片中钢板敏感度的强弱。图 2.6.4-3 给出了本书中所有模型在组合荷载和纯弯矩荷载作用下的 ρ-λ 曲线，这些曲线是在已有数据上，对原曲线进行拟合后得到的（拟合优度均大于 0.98）。分析图中曲线可以发现，不管是纯弯矩荷载作用还是组合荷载作用下，面板厚度变化对复合管片承载力的影响更为显著，即面板对管片结构的敏感度比主桁梁高。由于二者的敏感度差异较大，因此主桁梁和面板的影响作用应分别研究。

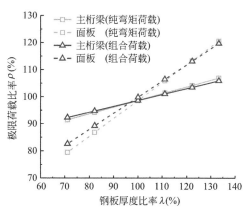

图 2.6.4-3　钢板厚度变化对复合管片承载力的影响

2.7　本章小结

本章首先采用试验和理论分析的方法，对复合管片结构在荷载作用下的轴力平衡条件进行了分析，分析了各因素对复合管片力学机理的影响，并通过考虑结构的相容方程推导了外包钢板与填充混凝土交界面相对滑移的计算公式。推导了两点集中荷载条件下复合管片滑移引起的附加变形公式，并以此给出了这种情况时复合管片跨中总挠度的计算公式。在试验和理论分析的基础上，采用有限元方法建立盾构隧道复合管片的精细化数值模型，在模型构建时充分考虑了材料的非线性并有效处理钢板与混凝土之间的接触问题。通过对本章中所有模型的分组，确定了有限元分析的研究目标，并以此考察了复合管片外包钢板中主桁梁和面板厚度变化带来的影响。数值计算的结果验证了模型的合理性，通过对结构承载能力、变形、应变分布和钢板敏感度的研究，得到了纯弯矩荷载和组合荷载作用下复合管片各项力学性能的变化曲线和规律。

第3章 复合管片接头力学特性分析

3.1 引言

盾构隧道衬砌管片的接头结构是指在隧道衬砌断面处起连接作用的结构。接头是盾构隧道结构的重要组成部分，同时也是整体结构的薄弱环节，其力学性能是影响整体结构受力和变形特征的关键因素。接头结构按功能可分为：在隧道横断面上沿圆周方向将管片结构连接起来形成管环结构的管片接头；在隧道纵断面上沿隧道轴线方向将管环结构连接起来形成隧道整体结构的环间接头[22]。

不同的接头构造都具有各自的力学特征，管片设计选择不当时，可能会导致管片环拼装精度的降低，作业效率的低下甚至诱发对施工不利的因素，进而损害接头的功能形成衬砌的不良部位，为后期隧道运营埋下隐患。衬砌结构的承载能力、防水性能、抗震性能乃至整体稳定性都受到了管片接头力学性能的制约。盾构隧道的众多接头所引起的衬砌结构刚度降低是盾构隧道衬砌设计中必须考虑的因素。因此，在设计过程中选定接头构造时，一定要考虑盾构隧道所需要的极限承载力与刚度要求，并且要充分研究在拼装过程中的可靠性及作业性能。

3.1.1 接头结构及形式

接头的对接形式是指相邻管片在接头截面处的构造形式，主要包括全截面对接式（Plane joint）、部分截面对接式（Convex joint）、键式对接式（Key joint）、搭接对接式（Lap joint）和凹凸对接式（Concave joint）五种类型。其中，全截面对接是较为常用的对接形式，部分截面对接形式和键式对接形式的使用也在不断增多。此外，搭接式对接不能用于环内管片连接接头，而其余四种接头形式既可以用于环内接头连接，又可以用于环间接头连接。每种接头对接形式各有特点，具体情况汇总如表 3.1.1-1～表 3.1.1-5 所示。

全截面对接式特征　　　　表 3.1.1-1

特征	制造	·棱部需要进行倒角处理,有密封槽需要对模板进行加工
	构造	·因在弯矩、轴向力作用下的压缩有效高度大,故与强度及刚度大的紧锢装置组合起来就可以确保得到很大的承载力和刚度。但是,当刚度较高时,计算弯矩会很大。 ·如果不设置紧固装置就不能抵抗剪力
	施工	·当由于拼装误差而出现错缝时,在千斤顶推力等施工荷载的作用下将产生应力集中现象,管片的棱部及转角处易产生破损

部分截面对接式特征　　　　表 3.1.1-2

特征	制造	·棱部需要进行倒角处理,有密封槽需要对模板进行加工
	构造	·在弯矩、轴向力作用下的压缩有效高度较低,抗弯强度及刚度不大。但是,因接头表面为易于旋转的结构,故计算弯矩较小。 ·如果不设置紧固装置就不能承担剪力
	施工	·因显著受到拼装误差使力的作用点受到变动的影响,特别要求在半径方向上有比较高的拼装精度。 ·在管片内外面的箍筋不能直接对接,所以,不会因施工荷载所产生的集中应力而使棱角和转角处遭到破坏。 ·如果不设置紧固装置,拼装时的稳定性就得不到保证

键式对接式特征　　　　　　　　　　　　　　　　　表 3.1.1-3

特征	制造	·与全截面对接式相比,接头面的模板加工比较费事
	构造	·当要增大对于弯矩及轴力的抵抗力时,就必须加大对接高度。 ·即使不设置紧固装置,也能传递剪力。 ·不一定传递剪力,在拼装时需要设置导轨
	施工	·在管片内表面的附近不能直接对接,所以,不会因施工荷载所产生的应力集中而使棱角处和转角处遭到破坏。 ·拼装就位比较容易,适合自动化控制

搭接对接式特征　　　　　　　　　　　　　　　　　表 3.1.1-4

特征	制造	·在搭接的边界部分易产生缺角
	构造	·如果不设置紧固装置,就不能抵抗剪力
	施工	·要考虑管片拼装效率的问题。 ·如果不采取紧固措施,拼装时的稳定性就得不到保证,还需考虑因施工荷载导致应力集中而造成的管片破坏

凹凸对接式特征　　　　　　　　　　　　　　　　　表 3.1.1-5

特征	制造	·模板的曲面加工比较复杂
	构造	·大致为近似于铰接结构,当作为铰接处理时与已计算实际状态吻合。 ·为容许接头部位旋转的结构,环向变形(横断面内变形)大。 ·当为点接触时,不能抵抗剪力
	施工	·拼装时接头易于产生变形,很难提高拼装精度。 ·因显著受到拼装误差而使力的作用点受到变动的影响,特别要求在半径方向上有比较高的拼装精度。 ·在管片内表面的附近不能直接对接,所以,不会因施工荷载所产生的应力集中而使棱角处和转角处遭到破坏

3.1.2　传统接头

盾构隧道衬砌管片传统接头主要指钢筋混凝土管片、钢管片等传统管片中经常使用的接头形式,包括螺栓接头、铰接头、榫接头和楔接头等。盾构隧道管片接头分类中,各类接头还存在受力特征和功能划分更为详细的类别,以供不同地质环境、荷载作用条件下的盾构工程选择。此外,传统接头在使用过程中一般需要进行大量的人工作业,如螺栓拧紧、复紧作业和销栓插入作业等施工环节都是必需的,这是传统接头比较显著的特点。

3.1.3　新型接头

相对于传统的螺栓接头,新型接头在盾构隧道中的使用还不够广泛,其中新型接头的设计指标及力学性能影响因素的不确定性是主要原因。传统的螺栓接头需设置手孔,管片截面被削弱且增加了渗水路径[23]。螺栓孔与螺栓之间存在空隙,这为相邻管片间的相互错动创造了条件,目前国内的盾构隧道在接头设计时采用较多的仍为螺栓接头,在接头板处提出了包括接头盒在内的一些新的锚固形式,其主要目的为提高以螺栓接头为连接形式的接头部位的承载能力,使螺栓接头能够适用于对承载能力要求更高的盾构工程中。但是，盾构隧道大断面、复杂化的发展趋势已对衬砌管片的力学性能提出了更高的要求，以此为基础研发的复合管片一般采用的对接方式为全截面对接。对于这类管片，采用能够有效降低截面削弱的新型接头更有利于提升衬砌结构的整体力学性能，传统的螺栓接头难以有效、全面地发挥复合管片在构造上的优势。此外，对于管片环缝接头来说，在保证管片拼装有效性的同时，探求能够提高拼装快速化的连接接头是必然的发展方向。

锚式接头的构造形式复杂，主要依靠接头各部件间的机械咬合及摩擦力实现紧固效果，因此，影响其构造形式的加工工艺是决定锚式接头力学性能的关键环节。以此为基础，本节将分别针对接头关键部件的粗糙程度和部件之间的尺寸关系对锚式接头力学性能的影响展开研究[24]。

3.1.3.1 可抵御大变形接头

可抵御大变形接头是对插销式接头的改进，主要作为环间接头使用，其工作原理与插销式接头类似，但可以确保接头拼装完成后的紧固作用，因此力学性能比插销式接头更好，无须结合其他提供紧固力的接头即可单独使用。该新型接头由套杆侧构件和套环侧构件组成（图 3.1.3-1）。套杆与群组螺栓组合的过程中，在拼装推力的作用下群组螺杆后退并张开，套杆插入并与群组螺杆相互咬合；推进结束后，套环侧群组螺杆锥形端由于端盖的存在，可以有效地保证群组螺杆端头楔形面受端盖紧固力的挤压与套杆紧密咬合，从而大幅提高构件之间的咬合力，并由此使接头整体具备可观的抗拉强度和紧固力。通过套杆侧结构的直径增加受剪截面面积，还可以进一步提升该接头的抗剪强度。此外，该接头的组合部件较多，各结构之间的空隙尺寸具有可调控性，这使该接头在使用过程中具备了可以抵抗较大变形的能力。

图 3.1.3-1 可抵御大变形接头

可抵御大变形接头很好地延续了部分传统接头小型化的特点，降低了接头板区域管片的配筋量和配筋难度。但是，可抵御大变形接头对管片和接头本身的加工制作精度要求较高，细微的尺寸误差即可导致接头的失效。此外，在拼装过程中如果误差过大，相邻管片接头板处的接头无法实现对接，因此对拼装精度的要求更高。可抵御大变形接头适用于高度自动化施工，即使单独使用也能较好地保证紧固效果，对提高施工效率具有重要的意义。

3.1.3.2 锚式接头

锚式接头主要用于钢管片等金属制衬砌管片及复合管片衬砌的环间接头，以传递管片间的剪切作用并具备较好的抗拉能力。锚式接头的组成构件包括套杆、套环、套筒等多个部分（图 3.1.3-2），其工作原理为充分利用套杆与套环、套筒之间的机械咬合力和摩擦力实现接头的拼装并提供紧固力。与插销式接头和可抵御大变形接头相比，摩擦力对锚式接头的力学性能贡献更大，这就要求锚式接头的加工制作精度更高。锚式接头延续了部分传统接头小型化的结构特性，可以简化钢筋混凝土管片衬砌接头板附近的配筋设计。在施工过程中，锚式接头对管环拼装精度的要求较高，尺寸误差过大将导致套杆难以准确地压入套环之中，最后拼装失败。在保证拼装精度的同时，锚式接头无须与其他提供紧固力的接头结合使用便可以具备较好的紧固效果，因此该接头的紧固作业环节比较容易。其高效的拼装特性有利于盾构施工自动化的实现。

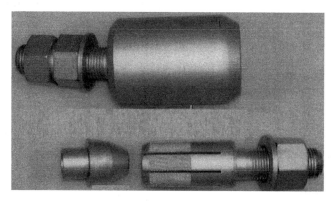

图 3.1.3-2　锚式接头

3.1.3.3　FRP-Key 接头

纤维增强复合材料（Fiber Reinforced Polymer，以下简称 FRP）接头在结构形式和使用材料两方面均有创新。其工作原理与榫接头类似，主要作用为传递管片之间的剪力作用，既可以用作环间接头也可以用作管片接头（图 3.1.3-3）。由于使用了性能优良的纤维增强复合材料，相比传统的榫接头 FRP 接头具有更强的抗剪能力。此外，FRP-Key 接头的刚度与衬砌管片的刚度匹配性也优于传统接头，可以更好地发挥组合作用，减少了可能出现的管片衬砌局部破坏情况，在相同的损伤程度时可以发挥更高的抗剪性能。FRP-Key 接头并不具备锚式接头和可抵御大变形接头的紧固能力，无法提供抗拉作用，必须结合其他具有紧固效果的螺栓使用，通常与斜螺栓一起作为组合接头应用于盾构工程。FRP-Key 接头虽然需要进行预埋处理，但是其尺寸较小，对接头板截面的削弱程度较低，可以降低接头板附近区域的管片配筋设计难度。

3.1.4　接头设计

接头的设计属于盾构隧道设计中构件设计的内容，包括接头、管片接头板和锚筋等构件的设计和计算。其设计不仅要满足隧道在运营期间的功能，还应当满足施工阶段的安全性。此外，在进行接头选型工作时，应该充分考虑隧道的用途、作用荷载、管片的形状、材料、错缝或通缝等拼装形式。

图 3.1.3-3 FRP-Key 接头

3.1.4.1 接头传力要求

环间接头和环内接头在传力要求上有所不同。在隧道横断面上沿圆周方向将管片结构连接起来形成管环结构的管片接头，主要考虑其传递弯矩和承受剪切作用；在隧道纵断面上沿隧道轴线方向将管环结构连接起来形成隧道整体结构的环间接头，则要求传递相邻管环结构间的剪力和拉力作用。因此，在设计时应该分别计算。不同的地层条件对接头传力的要求也有影响。在围岩-结构体系下，如果地层条件较好，则环内接头的刚度无须过大，此时多采用通缝拼接，沿隧道轴线方向相邻管环间的变形差较小，对环间接头的抗剪切能力要求相对降低；而地层条件恶劣时，为了保证整体结构具有一定的刚度，在不能依靠围岩产生的反力的前提下，必须提升接头的连接作用，对环内接头的刚度要求也随之增加。为了增大隧道整体结构的纵向刚度，此时多采用错缝拼接，对环间接头的抗剪切能力要求较高。此外，为了保证隧道整体结构的连续性，环间接头还必须具备一定的抗拉能力。

3.1.4.2 接头设计简化方式

接头的设计计算荷载是通过管片设计计算得到的。为了降低计算难度，通常情况下应对接头的力学性能进行模型化处理，再结合水土荷载、结构自重和地基反力等，在充分考虑隧道使用情况引起的附加荷载的基础上对结构进行设计计算，利用计算结果对接头的弯矩、轴力和剪力进行设计。此外，接头作为整体结构的薄弱环节，如何体现模型化后接头结构对整体管环的刚度削弱是设计计算的关键，也是各类设计计算方法的显著区别内容之一。

目前国内外常用的衬砌结构设计计算方法包括惯用计算法、修正惯用计算法、多铰接环法、梁-弹簧模型法和数值计算法几种。每种计算方法中对接头的模型化处理不同，具体如下所述：

惯用计算法——忽略接头结构的存在，以管片的原刚度为基准建立管环结构；

修正惯用计算法——忽略接头结构的存在，建立整环结构模型，通过引入抗弯刚度有效率 h 体现对管环刚度的影响；

多铰接环法——将接头结构简化为可转动的铰处理；

梁-弹簧模型法——将环间接头简化为剪切弹簧，环内管片接头简化为回转弹簧处理。简化后的弹簧系数通常采用试验方法获得，也有学者利用数学方法提出了计算弹簧系数的解析解。

3.1.4.3 接头设计内容

1. 环内接头设计内容

环内接头需要进行弯矩、轴力及剪力设计计算。其计算内容包括管片接头板和接头两部分，在钢筋混凝土衬砌结构中，如果存在锚筋结构，其强度也需要进行计算。具体情况如下所述。

（1）弯矩、轴力设计计算

接头板：在使用惯用计算法或者修正惯用计算法时，取主体结构部分最大弯矩值的60%作为接头板弯矩和轴力的设计弯矩值，或者引入弯矩增减率 z，取 $(1-z)M$ 作为弯矩设计值，其中 M 为均质圆环所受弯矩值；当采用梁-接头模型计算时，接头处的最大弯矩为设计弯矩值。两种情况下均将接头板视为两端固定的梁进行计算。

接头：设计弯矩的取值情况与接头板相同，综合考虑接头板和接头结构处的荷载作用求解接头的拉力。

锚筋：设计弯矩的取值情况与接头板相同，除锚筋自身的强度外，在设计计算过程中必须验算接头受拉时的锚筋粘结力和拉应力是否满足条件。

（2）剪力设计计算

接头板：在使用惯用计算法或者修正惯用计算法时，取接头处最大剪力作为设计剪力值；当采用梁-接头模型计算时，主体部位的最大剪力值为设计剪力。计算时需验算接头板由于接头滑动而可能承受的附加压应力。

接头：设计剪力的取值情况与接头板相同，接头构件的截面应力需要进行验算。

锚筋：设计剪力的取值情况与接头板相同，计算时需验算锚筋在接头冲剪作用下产生的应力是否满足条件。

2. 环间接头设计内容

环间接头的设计内容主要为剪力计算。计算构件包括管片接头板、接头和锚筋三个构件，具体情况如下所述。

接头板：在使用惯用计算法或者修正惯用计算法时，由于采用了均质圆环，因此无法计算设计剪力值，接头板的剪力设计计算主要以已有工程为参考；当采用梁-接头模型计算时，取沿管环切线和半径两个方向剪力合力的最大值作为剪力设计值。计算时需验算接头板由于接头滑动而可能承受的附加压应力。

接头：设计剪力的取值情况与接头板相同，计算时应验算接头的剪应力。

锚筋：设计剪力的取值情况与接头板相同，计算时需验算锚筋在接头冲剪作用下产生的应力是否满足条件。

3.2 直螺栓接头力学性能研究

直螺栓由于手孔大，对管片截面的削弱相比弯螺栓与斜螺栓最大，接头的抗弯刚度等受螺栓预紧力的影响比较大。本节以复合管片及直螺栓接头为研究对象，运用 ABAQUS

软件，进行复合管片直螺栓接头抗弯性能及其对管片和螺栓受力影响的研究[25]。

3.2.1 有限元模型建立

3.2.1.1 管片构造几何参数

根据实际工程的盾构隧道管片的相关几何数据以及材料数据进行简化建模，采用的管片类型为两片相连的 A 型管片。实际盾构隧道中组成衬砌结构的管片是由 A 型管片、B 型管片、K 型管片组成的，纵向的拼装方式分通缝拼装和错缝拼装。K 型管片的封顶方式在不同的设计中也有所不同。

在建模过程中以普通混凝土管片为建模对象，为了对比也进行了复合管片的建模。

建立复合管片的过程中，由于本研究主要关注的是接头部分的力学行为，所以进行了相应的简化，混凝土管片与外部钢壳之间的抗剪键、剪力钉等细部都被省略，在建模过程中采用 ABAQUS 的 skin 功能在混凝土管片表面均匀地附上一层钢壳。如图 3.2.1-1、图 3.2.1-2 所示。管片及管片螺栓几何尺寸见表 3.2.1-1、表 3.2.1-2。

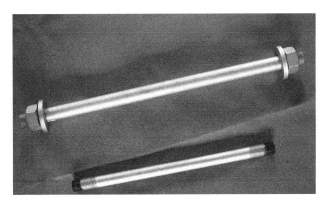

图 3.2.1-1 直螺栓

图 3.2.1-2 直螺栓模型

管片几何尺寸　　　　　　　　　　　　　　　表 3.2.1-1

外径(mm)	内径(mm)	管片宽度(mm)	面板厚度(mm)	接头板厚度(mm)
6200	5500	1200	10	10

管片螺栓几何尺寸　　　　　　　　　　　　　表 3.2.1-2

型号	螺栓长度(mm)	螺帽半径(mm)	螺帽厚度(mm)
M30 环向直螺栓	640	25	20

3.2.1.2 网格划分

盾构隧道管片环向直螺栓接头的三维模型以及网格划分如图 3.2.1-3 和图 3.2.1-4 所示。

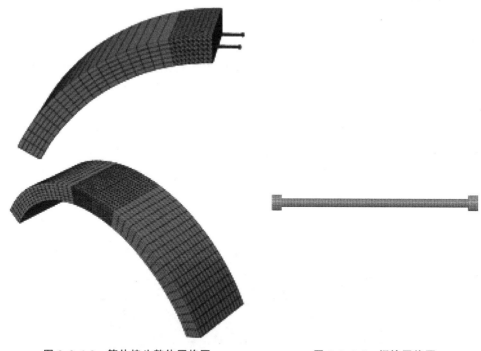

图 3.2.1-3　管片接头整体网格图　　　　图 3.2.1-4　螺栓网格图

3.2.1.3 接触设置

管片与管片之间的接触面采用无切向摩擦力的硬接触（hard contact），考虑到环向直螺栓与混凝土管片之间的连接方式，直螺栓表面除了连接螺母处，其他位置并没有螺纹存在，所以直螺栓外表面与混凝土管片螺栓孔内表面的连接方式采用没有切向摩擦力存在的硬接触。螺帽内表面与管片手孔表面，为了防止在分析中出现两个连接面脱离的情况，采取了在螺帽内表面与手孔表面设置 tie 约束的方法，这样可以防止分析过程中两个连接面分离导致模型计算结果不收敛的情况。

3.2.1.4 材料参数

混凝土和钢材均按照弹塑性材料考虑，混凝土采用 C50 等级混凝土，根据《混凝土结构设计规范》GB 50010—2010 中提供的混凝土应力应变曲线定义压缩曲线。本书采用双曲线 Drucker-Prager（DP）hardening 模型，摩擦角取 30°，剪胀角取 30°，弹性模量取 34.5GPa，泊松比取 0.2，螺栓接头采用 8.8、9.8、10.9 级高强螺栓进行对比分析，螺栓预应力值根据《钢结构设计标准》GB 50017—2017 确定。不同等级螺栓强度和预应力如表 3.2.1-3 所示。

不同等级螺栓强度和预应力　　　　表 3.2.1-3

螺栓等级	屈服强度（MPa）	抗拉强度（MPa）	预应力（kN）
8.8 级高强螺栓	640	800	280
9.8 级高强螺栓	720	900	305
10.9 级高强螺栓	900	1000	355

3.2.1.5 模型假设

为了确保计算结果的合理性,建模过程引入以下假定:

小变形假设——管片接头在外荷载作用下产生的变形量与转动与构件的几何尺寸相比属于微小量。

平截面假定——除了管片环向接触端面由于受螺栓拉力和混凝土挤压而形成非平面,管片其余断面变形前后假设均为平截面。

材料均匀性假定——管片的混凝土部分以及钢管片均认为是均质的,忽略材料几何制造的差异。

3.2.1.6 边界条件

边界条件采用管片左端固支约束,即在 ABAQUS 中约束管片三个方向自由度,管片右端约束隧道纵向以及管片环向的自由度。

3.2.1.7 加载方式

沿径向在管片两端面施加 210kN 的轴力,在管片上表面施加竖向压力,通过改变面荷载的大小实现在管片接头处加载不同弯矩的效果,加载采用分级加载的方式,施加顺序如下:$0.02N/mm^2 \to 0.025N/mm^2 \to 0.0375N/mm^2 \to 0.05N/mm^2 \to 0.0625N/mm^2 \to 0.075N/mm^2 \to 0.0875N/mm^2 \to 0.1N/mm^2 \to 0.125N/mm^2 \to 0.1375N/mm^2 \to 0.15/mm^2 \to 0.1625N/mm^2 \to 0.175N/mm^2 \to 0.1875N/mm^2 \to 0.2N/mm^2 \to 0.25N/mm^2 \to 0.3N/mm^2 \to 0.35N/mm^2 \to 0.4/mm^2 \to 0.5N/mm^2 \to 0.6N/mm^2 \to 0.7N/mm^2 \to 0.8N/mm^2 \to 0.9N/mm^2 \to 1.0N/mm^2$。模型加载方式如图 3.2.1-5 所示。

图 3.2.1-5 模型加载方式示意图

3.2.2 不同等级高强螺栓对管片接头受力影响分析

采用 8.8、9.8、10.9 级高强螺栓进行建模,并施加不同的荷载组合值。分别计算采用不同等级高强螺栓时管片接头在相应荷载条件下的张开量,并进行对比,同时对螺栓杆顶底部的应力应变进行统计分析。

施加面荷载 $0.35N/mm^2$ 时螺栓应变与施加面荷载 $0.25N/mm^2$ 时螺帽应力分布如图 3.2.2-1 所示。螺栓杆两端靠近螺母处应变较大,中截面处螺栓杆顶部应变小于底部应变。螺帽外缘为压应力,内缘为拉应力,且应力值较高,拉应力值最大为 500MPa,最大压应力为 650MPa,实际螺栓安装过程中会在螺帽处增加垫片使压力均匀分布,因此螺帽外缘实际压应力值低于模拟值。

施加面荷载 $0.25N/mm^2$ 及 $0.35N/mm^2$,8.8 级高强螺栓应力云图如图 3.2.2-2 所示,螺栓拉应力最大值出现在螺栓杆两端,分别为 613MPa 及 729MPa,压应力最大值出现在螺帽外缘，最大值分别为 649MPa 及 827MPa。在荷载增加过程中，螺栓两端先进入屈服阶段，逐渐向中截面传递。

(a) 8.8 级螺栓应变分布云图

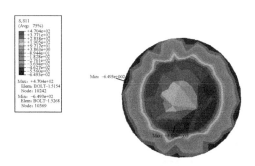

(b) 螺帽应力分布云图

图 3.2.2-1　8.8 级螺栓螺帽应力应变云图

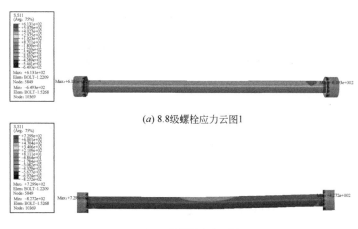

(a) 8.8 级螺栓应力云图1

(b) 8.8 级螺栓应力云图2

图 3.2.2-2　8.8 级螺栓应力分布云图

螺栓杆顶部应力曲线如图 3.2.2-3 所示，弯矩作用下管片在接头处下部张开，接头向下变形，螺栓接头向上弯曲变形，因此在螺栓杆中部存在两种变形形式的叠加作用：管片接头张开，接头螺栓杆由于管片接头张开受到拉伸作用，此外，螺栓向上弯曲，下部拉伸，上部压缩，导致管片接头部分区域在弯矩作用下产生的拉伸变形被抵消。螺帽在螺栓预紧力的作用下，受到挤压作用，螺栓杆两端的应力水平较低，从螺栓杆端部到中截面拉应力值增加较快，弯曲变形逐渐下降，在中间截面处拉应力值最低，螺栓杆顶部应力曲线呈两端大中间小的特点。相同的荷载组合作用下不同强度等级预紧力螺栓杆应力变化趋势基本一致。螺栓杆底部应力曲线如图 3.2.2-4 所示。由于螺栓向上弯曲，中间截面下部受拉与管片接头受荷载作用张开使螺栓受拉作用叠加，因此应力曲线呈现中间高两边低的趋势。

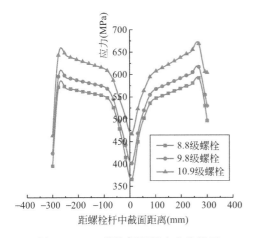

图 3.2.2-3　螺栓杆顶部应力曲线图　　　　图 3.2.2-4　螺栓杆底部应力曲线图

由图 3.2.2-5 可见，三组曲线各有两个交点，且交点的纵坐标非常接近，均分布在直线附近。应力值相同的点为螺栓杆弯曲曲线的拐点，此处的螺栓可认为只受纯拉作用，由此可以估算三种模型接头的张开量大小相对关系。

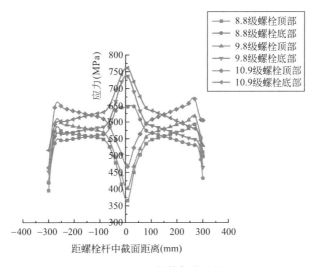

图 3.2.2-5　螺栓杆应力图

3.2.3　不同钢壳厚度对直螺栓接头的受力影响分析

对不同厚度钢壳相同弯矩轴力组合情况下的接头的抗弯性能进行研究，控制复合管片的钢壳厚度变化作为自变量，分别取钢壳厚度为 10mm、15mm、20mm。

取螺栓杆底部不同位置点的应力值绘制相应的应力图如图 3.2.3-1 所示。螺栓杆底部应力变化趋势关于中部截面对称，螺栓杆中部 50mm 段不同钢壳的直螺栓接头应力值相近，变化趋势也基本一致，螺栓杆两端应力曲线变化趋势相同，但是螺栓杆应力值有较为明显的差别，钢壳越厚，螺栓杆应力值越低，即管片强度较高时，直螺栓接头的平均应力较低。由应力应变关系可以估算，弹性模量相同螺栓应力值越高，其应变越大，螺栓的整体变形也较高，说明管片接头的张开量较大，抗弯刚度较低。不同厚度钢壳的应力分布规律如图 3.2.3-2 所示，由于钢壳三向应力值相近，按照 Mises 屈服准则进行分析，钢壳的应力值较小，且相同荷载条件下，10mm、15mm、20mm 钢壳的最大应力值分别为 103MPa、83MPa、69MPa，钢壳越厚，其应力值越低。

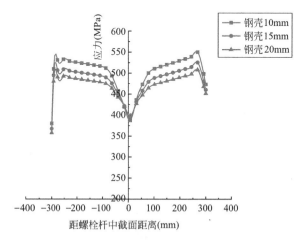

图 3.2.3-1　不同钢壳厚度接头螺栓杆应力图

(a) 10mm 厚钢壳应力分布云图

(b) 15mm 厚钢壳应力分布云图

图 3.2.3-2　管片钢壳应力分布云图（一）

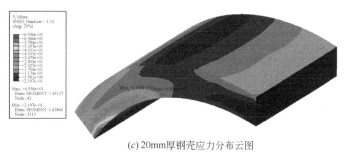

(c) 20mm厚钢壳应力分布云图

图 3.2.3-2 管片钢壳应力分布云图（二）

3.2.4 螺栓预紧力对管片接头张开量及抗弯刚度的影响分析

分别建立不同螺栓预紧力的三维管片数值模型，并施加相同的荷载组合，由于建立的模型为三维实体模型，因此荷载的具体施加效果与简化的结构力学模型相比有一定的区别，利用有限元软件 ABAQUS 可以对截面的弯矩轴力进行准确统计，分别记录不同荷载组合下复合管片接头的张开量以及弯矩，得到复合管片接头弯矩-张开量关系曲线如图 3.2.4-1 所示，在弯矩值小于 80kN·m 时，采用不同等级高强螺栓的三种复合管片模型接头张开量十分接近，但随着外荷载不断增加，三种模型的张开量差距变大，此时高强螺栓开始发挥明显的作用，采用更高级别的高强螺栓的复合管片接头的张开量更小，即接头抗弯性能更好。

接头弯矩-张开量曲线具有明显的拐点，在接头弯矩大于 130kN·m 时接头张开量的增加速度变快，接头抗弯刚度快速下降，此时螺栓杆由靠近螺帽的两端开始屈服，并向螺栓中截面逐渐过渡，当螺杆大部分区域进入屈服状态后，接头张开量已经超过限制值，达不到防水以及耐久性的要求。

根据管片接头张开量以及对应的接头弯矩，可以得到在不同荷载作用下接头的抗弯刚度。将接头抗弯刚度与相应弯矩值绘于图 3.2.4-2 中，可见复合管片的弯矩-抗弯刚度曲线呈现明显的非线性特征。不同强度等级的直螺栓接头的抗弯刚度表现出相似的变化趋势，接头弯矩大致为 0~50kN·m 时，接头抗弯刚度随着接头弯矩的增加而增加，此阶段复合管片接头处外端相互接触挤压，螺栓杆受拉应力逐渐变大，随着荷载作用截面弯矩进一步加大，螺栓逐渐屈服，螺栓外露，接触端混凝土被压碎，接头处抗弯刚度快速下降，曲线斜率先变大后变小，达到接头抗弯刚度最大值后逐渐降低。

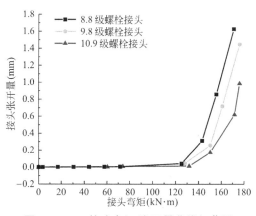

图 3.2.4-1 接头弯矩-张开量曲线细节图

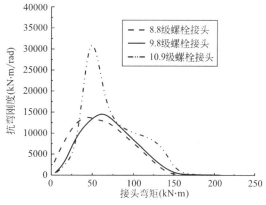

图 3.2.4-2 接头弯矩-抗弯刚度曲线

3.3 弯螺栓接头力学特性受预紧力影响的数值研究

本节以弯螺栓接头作为研究对象，建立盾构隧道管片模型和摩擦型高强度螺栓模型，研究预紧力对弯螺栓接头力学行为的影响[26]。

3.3.1 有限元模型建立

3.3.1.1 几何建模

弯螺栓接头轴线弯曲，管片螺孔内无螺纹，主要依靠螺帽施加在垫片上的预拉力紧固管片。为简化计算，忽略垫片的建模，螺栓模型几何参数见表3.3.1-1，构造见图3.3.1-1。

螺栓几何尺寸表　　　　　　　　　　　　　　表3.3.1-1

项目	螺杆直径(mm)	螺栓轴线弧长(mm)	螺栓轴线半径(mm)	螺母厚度(mm)	螺母直径(mm)
尺寸	30	550	360	24	52

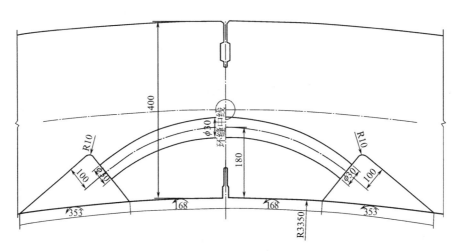

图3.3.1-1　螺栓及手孔示意图

为简化计算，以两块管片模拟整个衬砌环，管片几何参数见表3.3.1-2，构造见图3.3.1-2。

管片几何尺寸表　　　　　　　　　　　　　　表3.3.1-2

项目	内径(mm)	外径(mm)	厚度(mm)	宽度(mm)	圆心角(°)
数据	6700	7500	400	1200	55

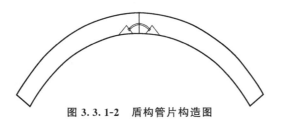

图3.3.1-2　盾构管片构造图

3.3.1.2 本构关系及材料属性

混凝土强度等级为C50，抗渗等级P12，材料属性见表3.3.1-3。由《混凝土结构设计规范》GB 50010—2010 中 C50 混凝土应力-应变曲线确定 DP 本构模型相关参数，取摩擦角为30°，剪胀角为30°。螺栓接头参数见表3.3.1-4。

管片材料参数表　　　　　　　　　　　　　表 3.3.1-3

材料	弹性模量(MPa)	泊松比	密度(kg/m³)
混凝土	3.45×10^4	0.20	2.40×10^{-3}

螺栓接头材料参数表　　　　　　　　　　　　表 3.3.1-4

螺栓等级	公称直径(mm)	抗拉强度(MPa)	屈服强度(MPa)	弹性模量(MPa)	泊松比
8.8级	30	800	640	2.1×10^5	0.3
10.9级	30	1000	900	2.1×10^5	0.3

3.3.1.3 接触关系和网格划分

管片螺孔内部无螺纹，螺栓和螺孔的接触采用 surface to surface 模拟，螺帽和手孔面的接触采用 Tie 模拟。管片和螺栓结构复杂，均采用自由网格划分，单元类型设置为 C3D10M，网格划分见图 3.3.1-3。

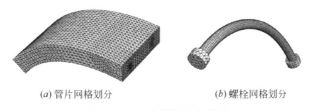

(a) 管片网格划分　　　　(b) 螺栓网格划分

图 3.3.1-3　模型网格划分图

3.3.1.4 边界条件和加载方式

边界条件：管片左端固定，右端允许产生水平方向位移。

加载方式：于管片两端面施加垂直集中力模拟轴力，分4步加载。并于管片上表面施加竖直面力模拟弯矩，分3步加载。

边界条件和模型受力情况见图 3.3.1-4。

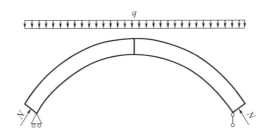

图 3.3.1-4　模型边界条件及受力图

3.3.1.5 计算工况

以天津地铁6号线相关工程为例，盾构隧道衬砌管环最大弯矩为297 kN·m，相应轴力为1044kN，最大轴力为1744kN，在上述荷载基础上取整作为结构内力，将模型视为简支梁，根据结构内力反算出荷载，不同荷载相应工况见表3.3.1-5。

高强螺栓主要包括8.8级和10.9级，由《钢结构设计标准》GB 50017—2017 确定8.8级高强螺栓预拉力为280kN，10.9级高强螺栓预拉力为355kN。

荷载工况表 表 3.3.1-5

螺栓等级	预紧力	工况	轴力(kN)	弯矩(kN·m)
8.8级高强螺栓	不施加	1	0	310
		2	1100	0
		3	1100	300
	280kN	4	0	310
		5	1100	0
		6	1100	300
10.9级高强螺栓	不施加	7	1750	0
		8	0	500
		9	1100	300
	355kN	10	1750	0
		11	0	500
		12	1100	300

3.3.2 预紧力作用结果分析

预紧力先于外力作用于螺栓上，通过拧紧螺帽拉伸螺杆，在管片之间产生压紧力约束其变形。螺栓接头在预紧力作用下受力特性如下所述。

3.3.2.1 8.8级高强螺栓

将螺栓分为螺帽和螺杆两部分，其应力见图 3.3.2-1。

螺栓应力关于中截面对称，最大值和最小值均出现在螺帽处。螺杆整体受拉，最大值位于中截面上轴线处，最小值位于螺杆左端靠近螺帽处。进一步取螺杆上、下轴线若干点的应力分析，结果见图 3.3.2-2。

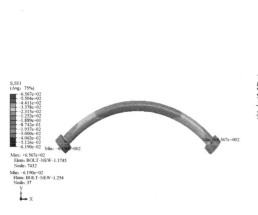

图 3.3.2-1 8.8级高强螺栓接头应力云图

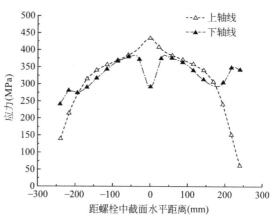

图 3.3.2-2 8.8级高强螺栓螺杆轴线应力图

螺杆应力关于中截面对称,上轴线处的应力由中截面向两端减小,这是由于螺栓轴线弯曲,螺帽端作用的预拉力对中截面产生了附加弯矩,中截面处预拉力产生弯矩的力臂最大,故附加弯矩最大;下轴线处应力变化趋势与上轴线相同,但中截面处应力小于周边应力,这是由于在管片左端固定的条件下,螺杆在预拉力下伸长,产生了向下、向右的位移,使螺杆下轴线与管片螺孔相互挤压,这种挤压作用在中截面处达到最大,减小了螺杆拉应力。

螺帽基本受压,最大压应力为 496.5MPa,部分区域受拉,最大拉应力出现在螺帽与螺杆过渡处,数值为 656.7MPa,也是整个螺栓的最大拉应力。最大拉、压应力均出现在螺帽处,体现了高强螺栓通过拧紧螺帽施加预紧力的作用机制。

3.3.2.2　10.9 级高强螺栓

同 8.8 级高强螺栓,将螺栓分为螺帽和螺杆研究,其应力见图 3.3.2-3。

10.9 级高强螺栓应力分布规律与 8.8 级高强螺栓相同,主要表现为应力关于中截面对称分布,螺杆整体受拉。较之前拉应力最值出现的部位没有改变,但数值提升为 550.3MPa 和 164.0MPa。取螺杆上、下轴线若干点应力分析,其结果见图 3.3.2-4。10.9 级和 8.8 级高强螺栓螺杆应力分布基本一致,但前者拉应力最大值较后者提升 26.4%,与预紧力提升幅度 26.7% 相接近,从侧面验证了数值模拟结果的准确性;螺帽基本受压,应力变化规律与 8.8 级高强螺栓基本相同,但最大压应力提升为 744.1MPa,最大拉应力提升为 851.1MPa。

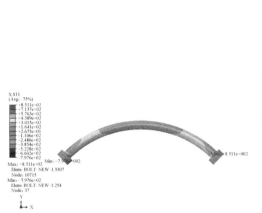

图 3.3.2-3　10.9 级高强螺栓整体应力云图

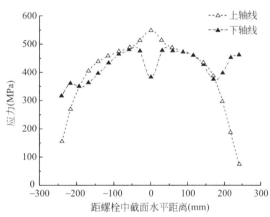

图 3.3.2-4　10.9 级高强螺栓螺杆轴线应力图

3.3.3　预紧力对螺栓受力的影响分析

考虑到 8.8 级高强螺栓和 10.9 级高强螺栓应力分布规律相似,故本节以 8.8 级高强螺栓为例,分六种工况进行分析,通过横向和纵向对比,研究预紧力对螺栓受力的影响。此外,考虑到螺栓破坏多发生在螺杆处,本节只分析螺杆。

3.3.3.1　弯矩作用

将模型等效为简支梁,通过均布荷载模拟弯矩。在模型上表面施加 0.068N/mm^2 竖直向下的面荷载,使螺栓中截面承受 310 kN·m 的弯矩。取螺杆上、中、下三条轴线上若干点进行分析,其应力见图 3.3.3-1。

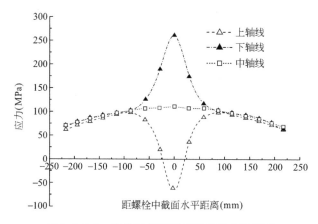

图 3.3.3-1 弯矩作用下螺杆轴线应力示意图

螺杆基本受拉,中轴线处应力变化幅度较小,基本分布在 50~100MPa。中截面处三条轴线应力有明显差距,越靠近螺帽,应力越接近。以上应力分布规律充分体现了弯矩作用的效果:在均布荷载作用下,跨中截面弯矩最大,产生最大应力,并由中间向两端减小。此外,在弯矩作用下,螺杆下部受拉、上部受压,致使中截面上轴线处受到螺孔挤压。取施加预紧力后的螺杆三条轴线上若干点应力分析,其结果见图 3.3.3-2。

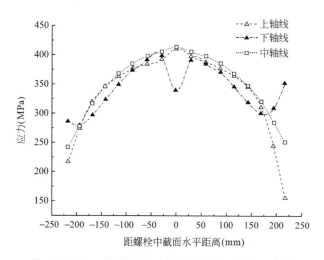

图 3.3.3-2 预紧后弯矩作用下螺杆轴线应力示意图

施加预紧力后螺杆整体受拉,应力明显提高,对管片的约束作用增强;三条轴线受力趋于一致,改善了螺杆受力性能。

3.3.3.2 轴力作用

分析轴力作用下螺杆应力见图 3.3.3-3。

与弯矩作用下类似,中轴线处应力变化较小,中截面处应力存在明显差异。但最大拉应力位于上轴线处,最大压应力位于下轴线处。这是由于管片受两端挤压,接缝面外侧张开内侧闭合,导致螺杆上部受拉下部受压。取施加预紧力后的螺杆三条轴线上若干点应力分析,其结果见图 3.3.3-4。

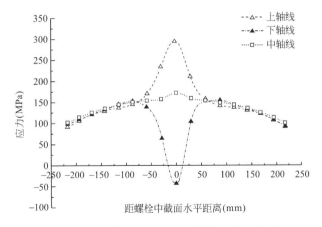

图 3.3.3-3 轴力作用下螺杆轴线应力示意图

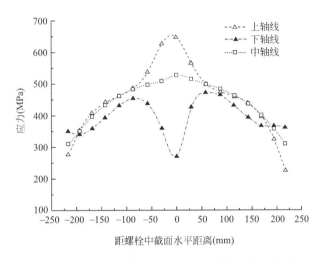

图 3.3.3-4 预紧后轴力作用下螺杆轴线应力示意图

施加预紧力后螺杆整体受拉，应力明显提高，对管片约束作用增强；相比施加预紧力后的弯矩作用，螺栓中截面处上下轴线应力差更明显。这是由于螺栓轴线弯曲，轴力在中截面处产生附加弯矩，使螺杆上部受拉下部受压，增大了应力差。

3.3.3.3 轴力弯矩组合作用

分析轴力弯矩组合作用下螺杆受力见图 3.3.3-5。

螺杆应力分布与轴力作用下类似，中截面上轴线处最大应力较之前大幅度减小，这是由于弯矩抵消了部分轴力产生的偏心弯矩。进一步分析施加预紧力后的应力，结果见图 3.3.3-6。

施加预紧力后螺杆整体受拉，应力明显提高；此外，螺栓应力基本呈抛物线分布，应力变化与预紧后轴力作用下的结果更吻合，说明在实际工程中，高强弯螺栓接头的应力主要由轴力控制。

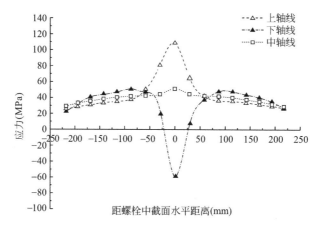

图 3.3.3-5 组合荷载作用下螺杆轴线应力示意图

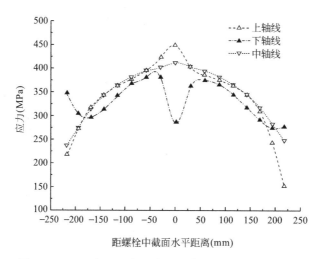

图 3.3.3-6 预紧后组合荷载作用下螺杆轴线应力示意图

3.3.4 预紧力对变形的影响

管片变形主要包括接缝面的张开量、错台量和整体最大位移。考虑模型结构和荷载关于接缝面对称，理论上不会产生错台量，故不加以研究。现将各工况下的变形值统计见表 3.3.4-1。

观察表中数据，对比分析工况 1～3：弯矩作用下，管片接缝面外侧闭合内侧张开，最大水平位移为正，最大竖向位移为负，与接缝面的变形相适应；轴力作用下，接缝面外侧张开内侧闭合，最大水平位移为负，最大竖向位移为正，与受力特性相协调；组合作用下，管片变形与轴力作用下更接近，但数值更小，体现了弯矩对于轴力的抵消作用。对比工况 1 和工况 4、工况 7 和工况 10，施加预紧力后管片接缝面张开量和位移显著减小；对比工况 2 和工况 5，工况 8 和工况 11，施加预紧力后，轴力作用下管片变形的减小幅度小于弯矩作用；对比工况 3 和工况 6，工况 9 和工况 12，施加预紧力后，组合作用下管片变形的减小幅度介于弯矩作用和轴力作用之间。上述现象说明预紧力约束管片变形、减小管片位移的效果十分明显,但这种效果对弯矩作用最显著,对轴力作用并不显著。

模型变形统计表　　　　　　　　　　　表 3.3.4-1

外荷载	工况	接缝面张开量(mm) 外侧	接缝面张开量(mm) 内侧	最大水平位移(mm)	最大竖直位移(mm)
弯矩	1	−0.0211	0.8067	2.628	−2.652
弯矩	4	−0.0204	0.158	1.84	−2.299
弯矩	7	−0.0402	1.4131	4.664	−4.671
弯矩	10	0.0684	0.5814	3.048	−4.16
轴力	2	1.5276	−0.0857	−5.03	6.036
轴力	5	0.9098	−0.0901	−4.431	4.783
轴力	8	2.708	−0.1613	−8.794	10.61
轴力	11	2.0133	−0.1689	−8.052	9.129
弯矩轴力组合	3	0.4995	−0.0029	−2.598	2.642
弯矩轴力组合	6	0.1274	−0.0388	−2.232	2.067
弯矩轴力组合	9	0.4911	−0.0523	−2.571	2.608
弯矩轴力组合	12	0.0832	−0.035	−2.684	2.154

注:1. 表中工况与表 3.3.1-5 同;
2. 接缝面张开量"+"表示张开,"−"表示闭合;水平位移"+"表示向右,竖向位移"+"表示向下。

综上所述,分析预紧力对结构变形的作用机理:螺栓预拉力使管片预先受力,荷载由螺栓向管片传递,由小尺寸部件向大尺寸部件传递,引起较小变形。外荷载作用后,荷载由管片向螺栓接头传递,由于螺栓本身的应力较高,故在外荷载作用下应力提高幅度较小,后期变形较小,充分发挥了螺栓接头对管片的约束作用;弯矩作用下螺栓承受弯曲正应力,轴力作用下螺栓除承受轴力产生的应力外,还需要承受附加弯矩产生的应力,因此应力和变形增大,导致施加预紧力后轴力作用下管片变形的减小幅度小于弯矩作用。

3.4 斜螺栓等级对盾构隧道接头受力和变形的影响

由于斜螺栓接头用钢少,手孔小,对截面削弱较小,并且只需对螺栓的一头进行防水和防腐蚀处理,因此可以加快施工进度,降低造价。目前大直径盾构隧道,如上海长江盾构隧道、南京长江盾构隧道、南京纬七路过江盾构隧道、广深港高速铁路狮子洋水下盾构隧道等都应用了斜螺栓[27]。

3.4.1 有限元模型建立

在参考了上海长江隧道、南京长江隧道和湛江湾跨海盾构隧道等盾构隧道管片和手孔尺寸及斜螺栓使用情况基础上,结合我国《地铁设计规范》GB 50157—2013,盾构隧道衬砌厚度宜为外轮廓直径的 0.05~0.06 倍,管片几何模型参数取值为外径 7.5 m,内径 6.7 m,管片宽 1.2 m,厚 400 mm,斜螺栓采用 M30 型,倾角 60°,模型参数如表 3.4.1-1 所示。采用钢板混凝土复合管片,取两块管片及其接头为研究对象建模,管片接头模型及尺寸如图 3.4.1-1 所示。混凝土采用 C50 等级混凝土,根据《混凝土结构设计规范》GB 50010—2010 中提供的混凝土应力应变关系曲线定义压缩曲线,考虑到混凝土材料的非线性,采用 Drucker-Prager（DP）双曲线 hardening 本构模型,摩擦角取 30°,剪胀角取 30°,弹性模量取 34.5 GPa,泊松比取 0.2,单元采用 C3D10M 实体单元。

管片模型几何参数表　　　　　　　　　　　　表 3.4.1-1

变量	外径(mm)	内径(mm)	管片厚度(mm)	管片宽度(mm)
数值	7500	6700	400	1200

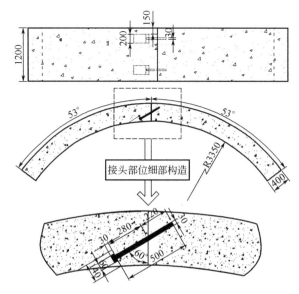

图 3.4.1-1　管片及接头尺寸图（单位：mm）

钢板采用 Q235 级钢,抗拉强度和屈服强度根据抗拉试验选取,屈服强度取 235 MPa,抗拉强度取 448 MPa,弹性模量取 210 GPa,泊松比取 0.3。采用壳单元模拟钢板,参考张稳军等[15] 盾构隧道钢混复合管片的力学性能试验,面板厚度取 5 mm,接头板厚度取 10 mm,钢板采用 S3 壳单元。

管片螺栓根据应用的环境和受力的不同情况,设计上分不同的强度等级,根据《紧固件机械性能螺栓、螺钉和螺柱》GB/T 3098.1—2010,大直径盾构隧道管片螺栓一般采用高强螺栓连接,在地质情况较好的国家,常有安装后拆除斜螺栓的情况。斜螺栓分别采用 4.6 级、4.8 级、5.6 级、6.8 级普通螺栓和 8.8 级、9.8 级、10.9 级、12.9 级高强螺栓进行对比计算分析,根据《钢结构设计标准》GB 50017—2017,各个等级高强螺栓的预应力值列于表 3.4.1-2,斜螺栓弹性模量取 210 GPa,泊松比取 0.3,螺栓采用 C3D8R 实体单元。

钢板和螺栓的本构关系均选用弹塑性双线性等向强化模型,塑性阶段强化弹性模量取初始弹性模量的 0.01 倍,以螺栓上应变最大点超过螺栓的极限拉应变认为斜螺栓开始局部损伤,根据《混凝土结构设计规范》GB 50010—2010,螺栓的极限拉应变为 0.01,以螺栓截面的平均应力超过螺栓的极限抗拉强度判定为破坏。

不同等级螺栓强度和预应力　　　　　　　　　　　表 3.4.1-2

螺栓等级	屈服强度(MPa)	抗拉强度(MPa)	预应力(kN)
4.6 级普通螺栓	240	400	—
4.8 级普通螺栓	280	400	—
5.6 级普通螺栓	300	500	—
6.8 级普通螺栓	480	600	—
8.8 级高强螺栓	640	800	280
9.8 级高强螺栓	720	900	305
10.9 级高强螺栓	900	1000	355
12.9 级高强螺栓	1080	1200	410

网格划分如图 3.4.1-2 所示。

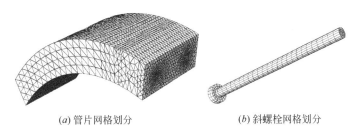

(a) 管片网格划分　　　　(b) 斜螺栓网格划分

图 3.4.1-2　管片及螺栓网格划分图

建立局部柱坐标系如图 3.4.1-3 所示，约束左侧管片左端 R、T、Z 三个方向的位移，允许发生转动。约束右侧管片右端 T、Z 两个方向的位移，即允许管片在径向发生位移，约束环向和隧道纵向的位移，允许发生转动。

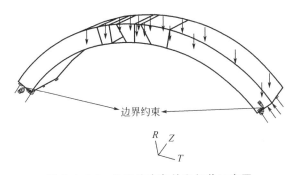

图 3.4.1-3　边界约束条件和加载示意图

弯矩以使管片接头内侧张开，管片内弧面受拉为正；以使管片接头外侧张开，管片外弧面受拉为负。无论采用容许应力设计法还是极限状态设计法，在通常的圆形隧道中，从产生应力的影响出发，弯矩比轴力显著，一般着眼于最大弯矩作用点。因此主要考虑弯矩的变化，在管片环向两端面施加 1000kN 的轴力，轴力垂直于两端面，等效为均布荷载，模拟管环结构中的环向轴力，根据管片的弧度，理论上轴力在接缝处为 1000kN×cos

(53°)＝601.8kN。在管片上表面施加竖向面板压力，通过改变面板荷载的大小分析正负弯矩的变化对不同等级螺栓应力应变、管片错台以及接头张开量的影响。采用分级加载，端面施加 1000kN 轴力不变，分别施加 $-0.35\text{N/mm}^2 \rightarrow -0.28\text{N/mm}^2 \rightarrow -0.21\text{N/mm}^2 \rightarrow -0.14\text{N/mm}^2 \rightarrow -0.07\text{N/mm}^2 \rightarrow 0\text{N/mm}^2 \rightarrow 0.07\text{N/mm}^2 \rightarrow 0.14\text{N/mm}^2 \rightarrow 0.21\text{N/mm}^2 \rightarrow 0.28\text{N/mm}^2 \rightarrow 0.35\text{N/mm}^2 \rightarrow 0.42\text{N/mm}^2 \rightarrow 0.49\text{N/mm}^2 \rightarrow 0.56\text{N/mm}^2 \rightarrow 0.63\text{N/mm}^2 \rightarrow 0.70\text{N/mm}^2$ 的竖向面板荷载。左右两侧管片荷载均为对称荷载。ABAQUS 有限元分析软件后处理部分可以直接给出各个断面各个分析步的弯矩，因此弯矩可以直接从软件自身后处理数据中提取。

螺栓与螺栓孔螺纹之间的咬合作用通过在螺栓杆顶部与复合管片之间的 Tie 约束以及螺母与混凝土之间的 Tie 约束实现，螺杆与螺栓孔之间以及管片与管片之间均为硬接触，只受压不受拉。

3.4.2 斜螺栓应力应变分布

以 5.6 级普通螺栓和 8.8 级高强螺栓为例，斜螺栓在正负弯矩作用下的轴向应力应变云图如图 3.4.2-1 和图 3.4.2-2 所示，应力云图变形放大系数为 10，应变云图变形放大系数为 1。由图可知，在接缝附近斜螺栓变形较大因而应力应变比较集中，并且近似呈反对称分布，在负弯矩作用下管片接头外侧张开，斜螺栓最大应力应变在螺栓上侧，在正弯矩作用下管片接头内侧张开，斜螺栓最大应力应变出现在螺栓下侧。

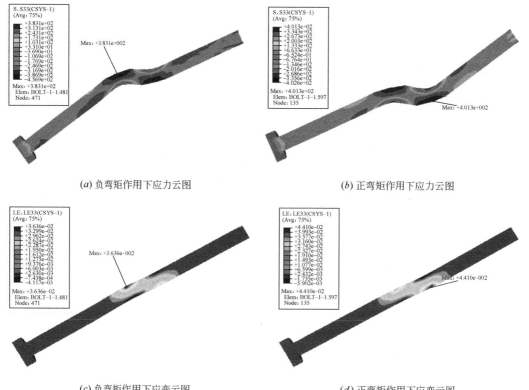

(a) 负弯矩作用下应力云图　　　　　(b) 正弯矩作用下应力云图

(c) 负弯矩作用下应变云图　　　　　(d) 正弯矩作用下应变云图

图 3.4.2-1　5.6 级普通螺栓应力应变云图

(应力云图变形放大系数：10，应变云图变形放大系数：1)

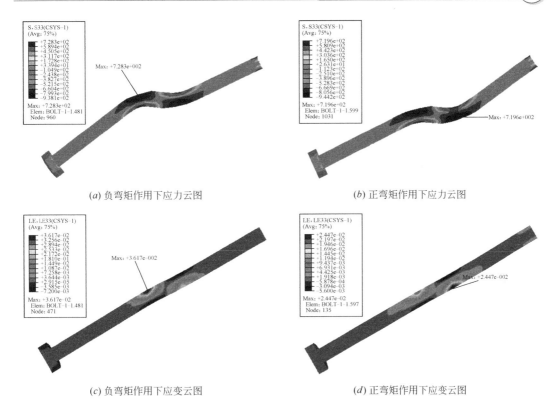

(a) 负弯矩作用下应力云图 (b) 正弯矩作用下应力云图

(c) 负弯矩作用下应变云图 (d) 正弯矩作用下应变云图

图 3.4.2-2 8.8 级高强螺栓应力应变云图

（应力云图变形放大系数：10，应变云图变形放大系数：1）

3.4.3 环向错台量变化规律

《盾构隧道施工与验收规范》GB 50446—2008 规定了地铁隧道的衬砌环直径椭圆度和管片间的错台允许值，见表 3.4.3-1。

《盾构隧道施工与验收规范》GB 50446—2008 错台允许值　　表 3.4.3-1

项目	允许偏差(mm)		
	地铁隧道	公路隧道	水工隧道
相邻管片	15	17	20

根据有限元分析计算结果，各个等级普通螺栓和高强螺栓错台量随接头弯矩变化规律如图 3.4.3-1 所示。由图可知，在弯矩绝对值小于 100 kN·m 时，弯矩的变化对错台量的影响很小，并且普通螺栓情况下错台量约等于零，而高强螺栓情况下会产生较明显的错台，并且螺栓等级越高错台量越大。当负弯矩绝对值小于 125 kN·m、正弯矩小于 140 kN·m 时，在弯矩相等情况下，高强螺栓的错台量大于普通螺栓。分析可知，此种现象与螺栓预紧力和斜螺栓的倾斜角度有关，由于斜螺栓的倾斜角度，施加预紧力的情况下接头两侧管片承受不对称的荷载，因此外荷载较小时，螺栓预紧力起控制作用，从而产生错台，螺栓预应力越大错台量也越大。但是，随着正负弯矩的增大，当负弯矩绝对值大于 125 kN·m、正弯矩大于 140 kN·m 时，高强螺栓错台量开始小于普通螺栓，并且弯矩越大，高强螺栓等级越高，错台量越小。此外，当弯矩较大时，在接头弯矩绝对值相同

时，负弯矩作用产生的错台量比正弯矩产生的错台量大。对于高强螺栓和普通螺栓，高强螺栓等级变化对错台量影响较普通螺栓等级变化影响大。

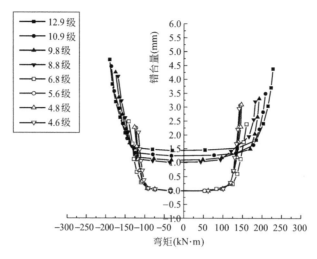

图 3.4.3-1　错台量变化图

3.4.4　管片接头张开量变化规律

各个等级普通螺栓和高强螺栓接头张开量与接头弯矩的关系如图 3.4.4-1 所示，以管片内侧张开为正。由图可知，在接头弯矩相等情况下，高强螺栓接头张开量明显小于普通螺栓，并且螺栓等级越高张开量越小，说明高强螺栓可以有效地减小接头张开量，从而增大接头刚度。在弯矩绝对值相同时，负弯矩作用下的张开量远远大于正弯矩作用下的张开量，负弯矩正弯矩作用下张开量之比可达到 2~8 倍，因此承受负弯矩对接头防水更为不利。在负弯矩绝对值小于 75 kN·m、正弯矩绝对值小于 100 kN·m 时，弯矩的变化对张开量的影响较小，当接头负弯矩绝对值大于 75 kN·m、正弯矩绝对值大于 100 kN·m 时，张开量变化速率迅速上升，当设计阶段弯矩设计值较大，普通螺栓可能无法满足要求时，可采用高强螺栓来控制接头张开量。

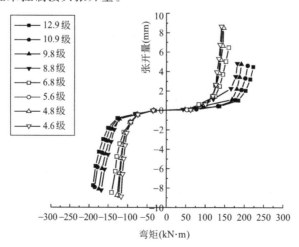

图 3.4.4-1　张开量变化图

3.4.5 斜螺栓最大轴力变化规律

各个等级普通螺栓和高强螺栓最大轴力与接头弯矩的关系如图3.4.5-1所示，以斜螺栓受拉为正。由图可知，普通螺栓等级变化对斜螺栓最大轴力几乎没有影响，高强螺栓等级变化对斜螺栓最大轴力影响较大，等级越高，斜螺栓最大轴力也越大，经分析可知此种现象与螺栓预应力有关，螺栓的轴力受螺栓预应力和外荷载的共同影响，螺栓等级越高预应力越大，因此外荷载较小时，高强螺栓最大轴力受螺栓等级影响较大。对于普通螺栓，当接头负弯矩绝对值大于75 kN·m、正弯矩大于100 kN·m时，斜螺栓最大轴力随接头弯矩近似呈线性增长。对于高强螺栓，斜螺栓最大轴力随接头弯矩变化较缓慢，弯矩越小，变化速率越缓慢。此外，当弯矩绝对值相同时，负弯矩作用下斜螺栓最大轴力比正弯矩作用下斜螺栓最大轴力大。

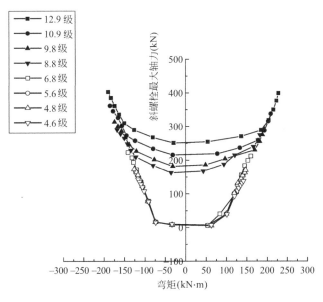

图 3.4.5-1 斜螺栓最大轴力变化图

3.4.6 斜螺栓轴力最大截面平均应力变化规律

不同等级普通螺栓和高强螺栓最大轴力截面平均应力与接头弯矩的关系如图3.4.6-1所示，以拉应力为正，轴力最大截面平均应力计算公式如下：

$$轴力最大截面平均应力 = \frac{斜螺栓最大轴力}{斜螺栓横截面面积} \quad (3.4.6-1)$$

因此斜螺栓轴力最大截面平均应力变化规律与斜螺栓最大轴力变化规律相同。此外，当弯矩绝对值相同时，斜螺栓轴力最大截面平均应力在负弯矩作用下比正弯矩作用下大。

3.4.7 斜螺栓最大应力变化规律

不同等级普通螺栓和高强螺栓最大应力与接头弯矩的关系如图3.4.7-1所示，以拉应力为正。

由图3.4.7-1可知，对于高强螺栓，螺栓等级变化对斜螺栓最大应力具有显著的影

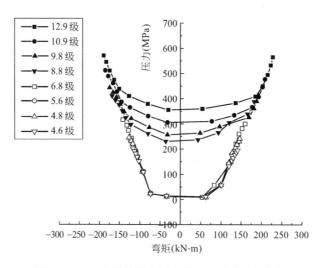

图 3.4.6-1　斜螺栓轴力最大截面平均应力变化图

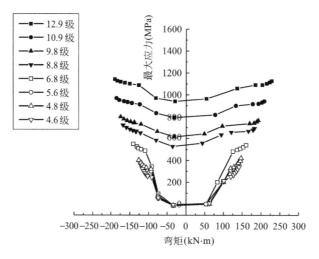

图 3.4.7-1　斜螺栓最大应力变化图

响，螺栓等级越高，斜螺栓最大应力越大，当弯矩绝对值相同时，负弯矩作用下的最大应力大于正弯矩作用下的最大应力，并且当负弯矩绝对值大于 125 kN·m、正弯矩大于 175 kN·m 时，最大应力基本接近屈服强度，最大应力增长速率变缓。对于普通螺栓，螺栓等级变化对最大应力影响较小，同高强螺栓变化规律相似，当弯矩绝对值相同时，负弯矩作用下的最大应力大于正弯矩作用下的最大应力，并且当负弯矩绝对值大于 100 kN·m、正弯矩大于 125 kN·m 时，最大应力基本达到屈服，最大应力增长速率变缓。

3.4.8　斜螺栓最大应变变化规律

不同等级普通螺栓和高强螺栓最大应变与接头弯矩的关系如图 3.4.8-1 所示，以拉应变为正。可知，弯矩较大时，螺栓等级越高，斜螺栓最大应变越小，且高强螺栓等级变化对斜螺栓最大应变影响较大，普通螺栓等级变化对斜螺栓最大应变影响较小。当弯矩绝对值相同时，负弯矩产生的最大应变大于正弯矩产生的最大应变，说明负弯矩相较于正弯矩，对接头受力和螺栓的变形影响更大。对于高强螺栓，当接头负弯矩绝对值大于 125 kN·m、正弯矩大于 175 kN·m 时，螺栓最大应变随弯矩变化速率较快。对于普通螺栓，当接头负弯矩绝对值大于 100 kN·m、正弯矩大于 125 kN·m 时，螺栓最大应变随弯矩变化速率较快，经分析可知，由于螺栓材料的弹塑性变化规律，此时因为斜螺栓局部应力达到屈服强度，因此弯矩增大时局部应变迅速增大。虽然外荷载较大时斜螺栓最大应变已超过螺栓的极限拉应变 0.01，但是由斜螺栓应力应变分布云图（图 3.4.2-1、图 3.4.2-2）可知，最大应变为局部应变，说明此时螺栓进入塑性阶段并开始出现局部损伤，整个螺栓并未达到破坏。此外，结合斜螺栓轴力最大截面平均应力变化图（图 3.4.6-1）可知，即使外荷载较大，局部应变已超过极限拉应变，但是截面轴力和平均应力均较小，不足以导致螺栓失效。

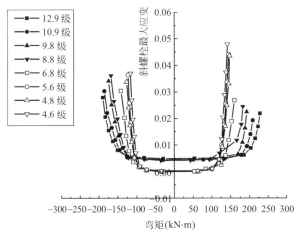

图 3.4.8-1　斜螺栓最大应变变化图

3.5　锚式接头力学性能的影响因素研究

盾构隧道环间锚式接头是一种自动锚固式接头，具有衬砌截面削弱小、接头刚度大、工程适应性好、抗渗性强且便于快捷拼装等特点。Shirato[28] 等人通过开展试验给出了该接头的基本力学性能。有关接头力学性能的试验结果显示：套环壁厚与插入间隙尺寸差对接头力学性能有显著影响。本节采用数值分析软件 ABAQUS 建立锚式接头的精细化模型对该接头的拼装、张拉过程试验进行验证，由此确定该模型的有效性及合理性。

3.5.1　锚式接头精细化数值模型

3.5.1.1　锚式接头构造及尺寸

如图 3.5.1-1 所示，复合管片用轴向锚式接头主体结构由套环、套杆和套筒三个部件组成，其中套杆和套环需各自与螺栓连接形成整体。实际施工时，套环和套筒、套杆分别预埋于两侧衬砌中，锚式接头在千斤顶推力的挤压作用下完成拼装。拼装完成后，接头结构依靠各部件间的机械咬合力及摩擦力保持整体状态。

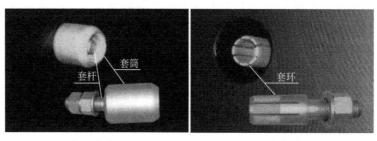

(a) 套杆、套筒　　　　　　(b) 套环

图 3.5.1-1　锚式接头

图 3.5.1-2 所示为三种不同形式锚式接头的构造示意图，各形式的锚式接头在结构尺寸上有差别。其中，黑色阴影区域为锚式接头的预埋底座；蓝色阴影区域为锚式接头在拉力、压力作用下沿轴向进行张拉或拼装组合过程中内部构件间发生接触进而产生摩擦力和机械咬合力的主要部位。此外，d_1 表示接头拼装组合过程中套环部件的插入间隙，d_2 表示套环壁厚。

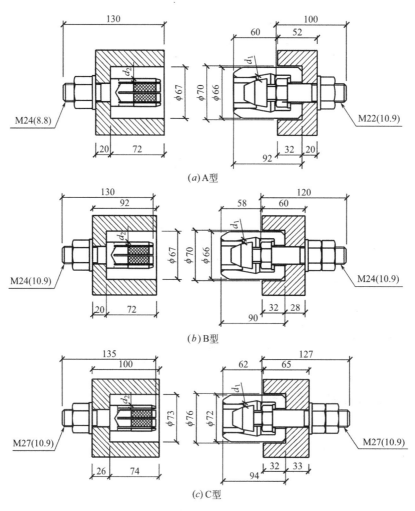

(a) A型

(b) B型

(c) C型

图 3.5.1-2　锚式接头尺寸（单位：mm）

3.5.1.2 锚式接头结构材料

锚式接头结构中各部件均为金属材料,其中套杆底座及套环底座的材料为普通钢材;A 型锚式接头的套杆、套环、套筒及配套螺栓使用材料为 FCD900A 球墨铸铁;B 型和 C 型锚式接头的套杆、套环、套筒及配套螺栓使用材料为 SCM435 合金钢,上述材料的弹性模量及泊松比如表 3.5.1-1 所示。

锚式接头结构材料参数取值　　　　表 3.5.1-1

材料类型	弹性模量(MPa)	泊松比
普通钢	2.10×10^5	0.30
FCD900A	1.81×10^5	0.27
SCM435	2.13×10^5	0.29

图 3.5.1-3 给出了数值分析计算中金属材料常用的应力-应变关系示意图。弹塑性本构模型中,金属材料在屈服前表现为完全弹性材料,其弹性模量和泊松比如表 3.5.1-1 所示。材料屈服后,金属材料出现应变硬化现象,硬化段的硬化模量取值为 $E_{st}=0.01E_s$。模型中使用的各金属材料的屈服强度及抗拉强度采用已有试验的结果,即普通钢材的屈服强度为 $f_y=325\text{N/mm}^2$,抗拉强度为 $f_s=448\text{N/mm}^2$;FCD900A 球墨铸铁的屈服强度为 $f_y=368\text{N/mm}^2$,抗拉强度为 $f_s=514\text{N/mm}^2$;SCM435 合金钢的屈服强度为 $f_y=446\text{N/mm}^2$,抗拉强度为 $f_s=612\text{N/mm}^2$,且各数值模型中的锚式接头结构均按上述参数取值。

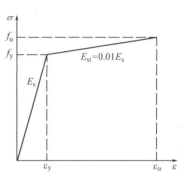

图 3.5.1-3 金属材料的应力-应变关系

3.5.1.3 数值模型

使用 ABAQUS 进行建模时选择允许体积变形的三维实体单元来模拟锚式接头结构中的套环、套杆、套筒等部件。在网格划分时,采用扫掠的方式,将套环、套杆、套筒等部件均划分为三维六面体八节点的实体单元。由于 A 型、B 型和 C 型锚式接头结构仅具体尺寸不同,故此处仅将 A 型锚式接头作为代表给出了其数值模型及网格划分结果,具体情况如图 3.5.1-4 所示。

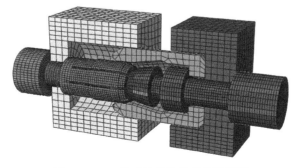

图 3.5.1-4 锚式接头结构的数值模型

3.5.1.4 模型验证

1. 接触属性

在使用 ABAQUS 建立轴向锚式接头的三维数值模型时,各部件间的接触关系通过设置接触对来表达。考虑到普通钢材、FCD900A 及 SCM435 三种金属材料的刚度大小关系,A 型锚式接头与底座间的解除对设置底座面为主控面;B 型和 C 型锚式接头的材料刚度虽然大于底座材料的刚度,但由于接头处网格较密,因此亦选择底座面作为主控面,与底座面相接触的接头部件的表面设置为从属面。接头内部由于各部件材料相同,均选择网格稀疏的接触面作为主控面。此外,接触对的切向属性设定为各向同性,摩擦系数由参数反演得到。在结构受力过程中套杆、套环和套筒等构件共同工作,且计算假定锚式接头在变形前后满足平截面条件,因此接触面法向属性设置为不允许节点穿越的硬接触。

2. 螺栓紧固力

为保证所建模型与试验和实际工程的高度一致性,在数值建模过程中对螺栓部位施加紧固扭矩。在 ABAQUS 中,螺栓扭矩通过螺栓力来实现,具体施加方法为:将其螺栓扭矩换算成等效面力施加在螺栓部件的中截面上。各强度指标下的螺栓紧固力如表 3.5.1-2 所示。

螺栓紧固力取值表 表 3.5.1-2

螺栓直径 d(mm)	螺栓的机械性能等级			
	8.8		10.9	
	紧固力 F_v(kN)	标准扭矩 M_a(N·m)	预紧力 F_v(kN)	标准扭矩 M_a(N·m)
M22	146	580	208	820
M24	168	730	240	1050
M27	222	1100	316	1550

3. 荷载及边界条件

分别设置如下边界条件及荷载情况:

荷载条件:为便于实现试验的加载结果且降低模型计算的收敛难度,在 ABAQUS 建模阶段采取施加位移荷载的方式。具体操作为分别在两个连续的分析步 step1、step2 中沿接头轴线方向对左侧底座施加+32mm、-5mm 的位移荷载(其中,"+"表示位移荷载作用后接头结构完成拼装,"-"表示位移荷载作用后接头结构完成张开)。接头结构在张开及拼装组合过程中所受的荷载数值可通过监测加载面的反力获得。模型的荷载条件如图 3.5.1-5 所示。此外,在进行模型验证的工作时,考虑到锚式接头关键部件(套环和套杆)接触面粗糙程度对接头受力性能的影响,为获取与既有试验一致性较高的参数指标,有限元分析过程中将摩擦系数设定为变量。锚式接头制造过程中对套杆和套环臂处的接触面实施了增加粗糙程度的处理技术,设摩擦系数为 μ,基于工程经验其取值为 0.3~0.7。因此,在模型验证的计算分析中分别取摩擦系数为 0.3,0.35,0.4,0.45,0.5,0.55,0.6,0.65,0.7 进行探讨。

边界条件:锚式接头结构拼装及张拉过程中,均需确保结构整体仅存在沿接头轴向的作用力,因此要求在边界条件上的表现为约束锚式接头右侧套杆底座 x、y、z 三个方向的自由度;约束左侧套环底座 y、z(竖向和垂直纸面方向)两个方向的自由度。此外,为了消除接触分析过程中刚体位移对模型计算收敛性的影响,尚需约束套筒等接头内部部件 y、z(竖向和垂直纸面方向)两个方向的自由度,具体边界条件如图 3.5.1-6 所示。

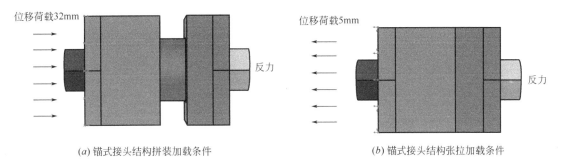

(a) 锚式接头结构拼装加载条件　　　(b) 锚式接头结构张拉加载条件

图 3.5.1-5　荷载条件

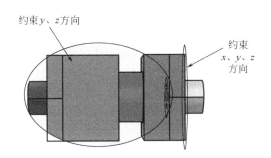

图 3.5.1-6　锚式接头结构边界条件

4. 结果分析

图 3.5.1-7 所示为 step1、step2 完成时的接头变形图。两个分析步完成时的荷载-位移关系曲线如图 3.5.1-8 所示。由图可知,不同摩擦系数条件下的计算结果曲线具有相同的变化趋势,随着摩擦系数的增大,接头结构在压入量增加至 17~18mm 处所需的最大压入力也逐渐提高。其中,摩擦系数取 0.50 时的数值计算结果与试验结果吻合较好。可采用该数值模型模拟锚式接头在其他工况条件下的受力情况,同时可把 0.50 作为摩擦系数的参考值展开进一步讨论。

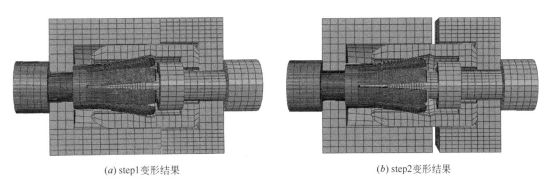

(a) step1 变形结果　　　(b) step2 变形结果

图 3.5.1-7　边界条件

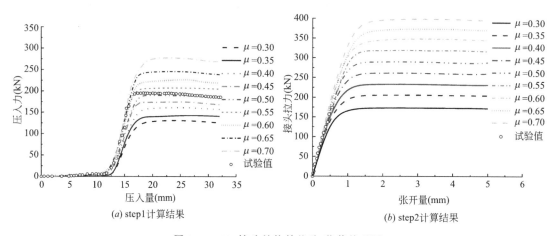

(a) step1计算结果　　　　　　　　(b) step2计算结果

图 3.5.1-8　接头结构的位移-荷载关系图

3.5.1.5　模型建立

1. 不同类型接头的构造形式

锚式接头中套筒内壁、套环臂和套杆头部是锚式接头拉力、压力作用下沿轴向进行张拉或拼装组合过程中内部构件间发生接触进而产生摩擦力和机械咬合力的主要部位。因此，在制造环节提高此区域的粗糙程度是增加锚式接头受力性能的一种可靠方法，如图 3.5.1-9 所示。

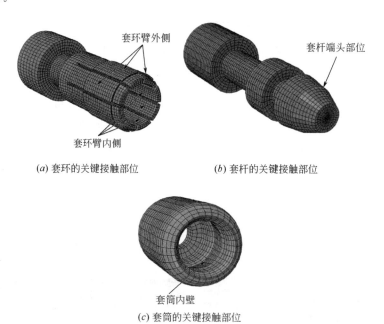

(a) 套环的关键接触部位　　　　(b) 套杆的关键接触部位

(c) 套筒的关键接触部位

图 3.5.1-9　锚式接头的关键接触部位

由图 3.5.1-9 可见，套环臂内侧及外侧、套杆端头及套筒内壁是接触的关键部位，尤其是套环臂外侧。在锚式接头的设计中，套环臂外侧增加了花纹构造以提高其与套筒内壁在相互作用时的摩擦性能。

针对粗糙程度展开其对锚式接头力学性能的影响研究时，采用的接头模型是以第 3 章已经验证的锚式接头的三维精细化数值模型为基础建立的。锚式接头的结构组成如图 3.5.1-10 所示，在此基础上按 A 型、B 型、C 型三种不同的类型建立新的接头模型，如图 3.5.1-11 所示。

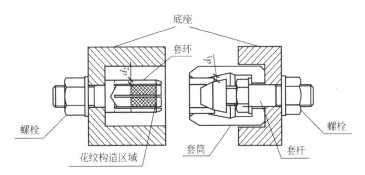

图 3.5.1-10　锚式接头的结构构造

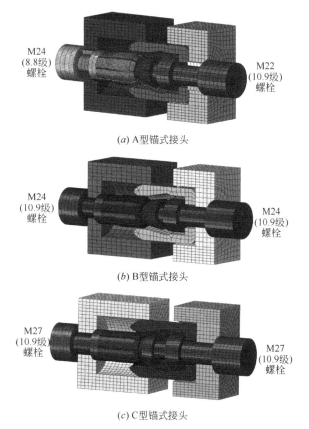

图 3.5.1-11　锚式接头的数值模型

2. 材料、荷载及边界条件

数值模型建立时，结构的边界条件、荷载加载方式和模型的单元类型等如图 3.5.1-12 所示。下面分别对 A 型、B 型和 C 型三种类型的锚式接头进行分析。

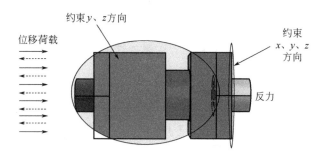

图 3.5.1-12 锚式接头的边界条件及荷载

3.5.1.6 工况介绍

1. 粗糙程度影响的研究模型

为研究粗糙程度（摩擦系数）对锚式接头拼装、张拉过程力学性能的影响情况，基于参数反演分析得出的摩擦系数参考值及工程经验，关键部位的摩擦系数取值范围设定为 0.45～0.55。针对粗糙程度对锚式接头受力特性的影响研究，以 0.01 为间隔，A 型、B 型、C 型锚式接头各建立 11 组模型进行计算分析。具体工况分别如表 3.5.1-3、表 3.5.1-4 和表 3.5.1-5 所示。

粗糙程度影响研究数值工况介绍（A 型锚式接头）　　表 3.5.1-3

工况	接头类型	套环螺栓	套杆螺栓	摩擦系数 f	关键部件尺寸间隙差 Δd (mm)
1	A 型	M24(8.8 级)	M22(10.9 级)	0.45	0
2	A 型	M24(8.8 级)	M22(10.9 级)	0.46	0
3	A 型	M24(8.8 级)	M22(10.9 级)	0.47	0
4	A 型	M24(8.8 级)	M22(10.9 级)	0.48	0
5	A 型	M24(8.8 级)	M22(10.9 级)	0.49	0
6	A 型	M24(8.8 级)	M22(10.9 级)	0.50	0
7	A 型	M24(8.8 级)	M22(10.9 级)	0.51	0
8	A 型	M24(8.8 级)	M22(10.9 级)	0.52	0
9	A 型	M24(8.8 级)	M22(10.9 级)	0.53	0
10	A 型	M24(8.8 级)	M22(10.9 级)	0.54	0
11	A 型	M24(8.8 级)	M22(10.9 级)	0.55	0

粗糙程度影响研究数值工况介绍（B 型锚式接头）　　表 3.5.1-4

工况	接头类型	套环螺栓	套杆螺栓	摩擦系数 f	关键部件尺寸间隙差 Δd (mm)
12	B 型	M24(10.9 级)	M24(10.9 级)	0.45	0
13	B 型	M24(10.9 级)	M24(10.9 级)	0.46	0
14	B 型	M24(10.9 级)	M24(10.9 级)	0.47	0

续表

工况	接头类型	套环螺栓	套杆螺栓	摩擦系数 f	关键部件尺寸间隙差 Δd(mm)
15	B型	M24(10.9级)	M24(10.9级)	0.48	0
16	B型	M24(10.9级)	M24(10.9级)	0.49	0
17	B型	M24(10.9级)	M24(10.9级)	0.50	0
18	B型	M24(10.9级)	M24(10.9级)	0.51	0
19	B型	M24(10.9级)	M24(10.9级)	0.52	0
20	B型	M24(10.9级)	M24(10.9级)	0.53	0
21	B型	M24(10.9级)	M24(10.9级)	0.54	0
22	B型	M24(10.9级)	M24(10.9级)	0.55	0

粗糙程度影响研究数值工况介绍（C型锚式接头） 表 3.5.1-5

工况	接头类型	套环螺栓	套杆螺栓	摩擦系数 f	关键部件尺寸间隙差 Δd(mm)
23	C型	M27(10.9级)	M27(10.9级)	0.45	0
24	C型	M27(10.9级)	M27(10.9级)	0.46	0
25	C型	M27(10.9级)	M27(10.9级)	0.47	0
26	C型	M27(10.9级)	M27(10.9级)	0.48	0
27	C型	M27(10.9级)	M27(10.9级)	0.49	0
28	C型	M27(10.9级)	M27(10.9级)	0.50	0
29	C型	M27(10.9级)	M27(10.9级)	0.51	0
30	C型	M27(10.9级)	M27(10.9级)	0.52	0
31	C型	M27(10.9级)	M27(10.9级)	0.53	0
32	C型	M27(10.9级)	M27(10.9级)	0.54	0
33	C型	M27(10.9级)	M27(10.9级)	0.55	0

2. 套环壁厚与插入间隙尺寸差影响的模型

锚式接头在千斤顶推力或拉力作用下，套环壁沿插入间隙滑动直至拼装或张拉完成。套环壁内侧、外侧是锚式接头各部件间产生摩擦力的主要部位，因此，套环壁厚与插入间隙的尺寸差将直接影响该接头拼装、张拉过程所需的拉压荷载。将插入间隙和套环壁厚分别定义为 d_1，d_2，则其尺寸差为：

$$\Delta d = d_2 - d_1 \quad (3.5.1-1)$$

由于管环结构防水和接头拼装精度的要求，接头加工引起的误差不能过大。基于工程经验尺寸差 Δd 的取值范围一般在 $-0.3 \sim 0.3$mm。为研究套环壁厚与插入间隙的尺寸差对锚式接头受力特性的影响，数值分析中初步拟以 0.1mm 为间隔，建立 7 组模型进行计算。改变尺寸差 Δd 的方式为：保持插入间隙 d_1 不变，增大或减小套环壁厚 d_2 的数值。具体工况如表 3.5.1-6、表 3.5.1-7 和表 3.5.1-8 所示。

套环壁厚与插入间隙尺寸差影响研究数值工况介绍（A 型锚式接头）　　表 3.5.1-6

工况	接头类型	套环螺栓	套杆螺栓	摩擦系数 f	关键部件尺寸间隙差 Δd（mm）
34	A 型	M24(8.8 级)	M22(10.9 级)	0.50	−0.3
35	A 型	M24(8.8 级)	M22(10.9 级)	0.50	−0.2
36	A 型	M24(8.8 级)	M22(10.9 级)	0.50	−0.1
37	A 型	M24(8.8 级)	M22(10.9 级)	0.50	0
38	A 型	M24(8.8 级)	M22(10.9 级)	0.50	0.1
39	A 型	M24(8.8 级)	M22(10.9 级)	0.50	0.2
40	A 型	M24(8.8 级)	M22(10.9 级)	0.50	0.3

套环壁厚与插入间隙尺寸差影响研究数值工况介绍（B 型锚式接头）　　表 3.5.1-7

工况	接头类型	套环螺栓	套杆螺栓	摩擦系数 f	关键部件尺寸间隙差 Δd（mm）
41	B 型	M24(10.9 级)	M24(10.9 级)	0.50	−0.3
42	B 型	M24(10.9 级)	M24(10.9 级)	0.50	−0.2
43	B 型	M24(10.9 级)	M24(10.9 级)	0.50	−0.1
44	B 型	M24(10.9 级)	M24(10.9 级)	0.50	0
45	B 型	M24(10.9 级)	M24(10.9 级)	0.50	0.1
46	B 型	M24(10.9 级)	M24(10.9 级)	0.50	0.2
47	B 型	M24(10.9 级)	M24(10.9 级)	0.50	0.3

套环壁厚与插入间隙尺寸差影响研究数值工况介绍（C 型锚式接头）　　表 3.5.1-8

工况	接头类型	套环螺栓	套杆螺栓	摩擦系数 f	关键部件尺寸间隙差 Δd（mm）
48	C 型	M27(10.9 级)	M27(10.9 级)	0.50	−0.3
49	C 型	M27(10.9 级)	M27(10.9 级)	0.50	−0.2
50	C 型	M27(10.9 级)	M27(10.9 级)	0.50	−0.1
51	C 型	M27(10.9 级)	M27(10.9 级)	0.50	0
52	C 型	M27(10.9 级)	M27(10.9 级)	0.50	0.1
53	C 型	M27(10.9 级)	M27(10.9 级)	0.50	0.2
54	C 型	M27(10.9 级)	M27(10.9 级)	0.50	0.3

3.5.2　锚式接头力学特性分析

3.5.2.1　拼装过程

图 3.5.2-1、图 3.5.2-2 和图 3.5.2-3 所示分别为工况 4、工况 45 和工况 51 拼装过程的数值计算结果。其余工况的计算结果在应力及塑性应变分布方面与上述三种工况具有相似的特征，故此处仅给出此三种工况的结果进行分析。

由图可知，对于不同类型的锚式接头，拼装完成时锚式接头的受力状态具有一致性。当锚式接头拼装完成时，套环构件及套杆构件所受应力较大，尤其在套环臂和套杆端头部位的应力值显著高于其他部件和同一部件的其他部位。套环臂共有 8 个环片，每一环片上的应力分布是不均匀的,而是呈中间高四周低的应力集中状态。从图 3.5.2-1～图 3.5.2-3 的 (b) 组图中也可以看到,套环臂处的塑性应变值在整体锚式接头中最大,套杆端部次之。此结果验证了套环臂与套杆端头的相互作用是锚式接头发挥紧固作用的关键部位。

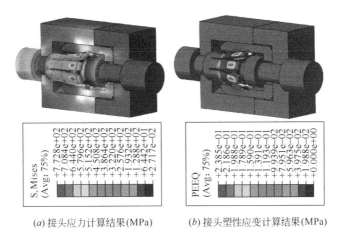

(a) 接头应力计算结果(MPa)　　(b) 接头塑性应变计算结果(MPa)

图 3.5.2-1　工况 4 的 A 型锚式接头 step1 (拼装完成) 计算结果

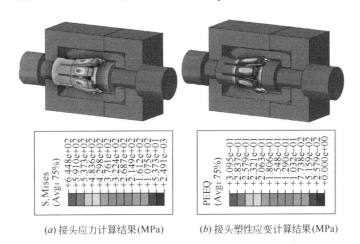

(a) 接头应力计算结果(MPa)　　(b) 接头塑性应变计算结果(MPa)

图 3.5.2-2　工况 45 的 B 型锚式接头 step1 (拼装完成) 计算结果

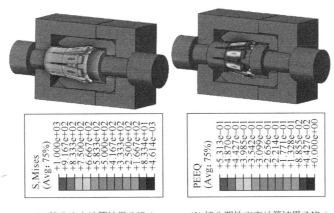

(a) 接头应力计算结果(MPa)　　(b) 接头塑性应变计算结果(MPa)

图 3.5.2-3　工况 51 的 C 型锚式接头 step1 (拼装完成) 计算结果

3.5.2.2 张拉过程

图 3.5.2-4～图 3.5.2-6 分别为工况 4、工况 45 和工况 51 在完成拼装的基础上进行拉力作用下张开过程的数值计算结果。工况 4 的计算结果显示，张开过程中接头的受力状态发生变化。拼装时所受应力较小的套环螺栓杆及套杆螺栓杆的中段均出现了较大的应力提升。此外，套筒内壁与套环臂外侧的接触部位处的应力值也出现了明显的提升。上述变化表明，锚式接头在拼装过程和拉伸过程中，内部各部件之间的相互作用情况是不同的。拼装时，各部件间的主要作用体现为套杆端头对套环臂的挤压及套环臂相应的张开变形；拉伸时，则体现为套环臂内侧和套杆端头的摩擦作用，以及套环臂外侧与套筒内壁间的挤压和摩擦共同作用。出现这种不同的原因在于，锚式接头拼装时，套环和套杆的螺栓杆受压力作用压缩变形，这种变形相当于增大了套杆端头部位和套筒内壁之间的间隙尺寸差 Δd；而锚式接头在拉力作用下张开时，上述过程正好相反，套环和套杆的螺栓杆在拉力作用伸长变形，套杆端头部位和套筒内壁之间的间隙尺寸差 Δd 相应缩小，因此使锚式接头在拼装过程所需的拼装动力小于其受拉时自身具备的承载能力。

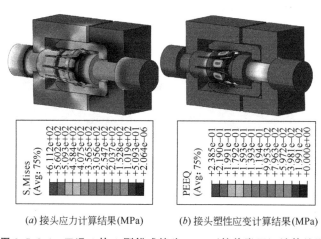

(a) 接头应力计算结果(MPa)　　(b) 接头塑性应变计算结果(MPa)

图 3.5.2-4　工况 4 的 A 型锚式接头 step2（拉伸张开）计算结果

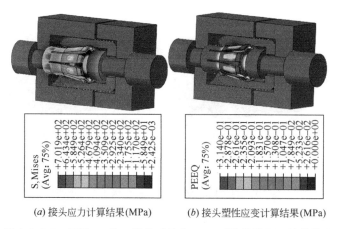

(a) 接头应力计算结果(MPa)　　(b) 接头塑性应变计算结果(MPa)

图 3.5.2-5　工况 45 的 B 型锚式接头 step2（拉伸张开）计算结果

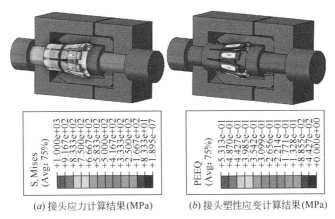

(a) 接头应力计算结果(MPa)　　(b) 接头塑性应变计算结果(MPa)

图 3.5.2-6　工况 51 的 C 型锚式接头 step2（拉伸张开）计算结果

3.5.3　锚式接头关键部位摩擦系数研究

锚式接头通过千斤顶挤压完成拼装组合，因此，接头拼装过程中所需的最大压荷载应小于千斤顶的最大推力。根据设计要求，锚式接头在张拉过程中达到接头破坏荷载时的张开量应小于 3mm。其中，A 型锚式接头的破坏荷载为 284kN；B 型锚式接头的破坏荷载为 376kN；C 型锚式接头的破坏荷载为 477kN。基于上述理论，以下分别对三种类型锚式接头的计算结果进行分析，并以能够达到正常工作的两个指标为根据确定各类型锚式接头摩擦系数的取值范围。

3.5.3.1　A 型接头

图 3.5.3-1 所示为 A 型锚式接头关于粗糙程度影响研究的计算结果。由图（a）可知，A 型接头在拼装开始时，结构所需的拼装荷载很小，这一阶段一直持续至压入量达到约 12mm 处。从压入 12mm 开始，套环和套杆之间的接触挤压和摩擦作用越发显著，锚式接头所需的拼装荷载快速增长，在 18mm 处达到压荷载最大值。此后，拼装荷载基本保持不变，直至压入达到 32mm 左右，拼装过程完成。

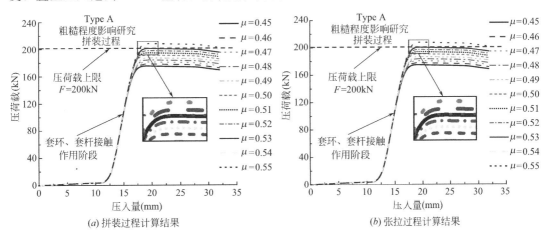

(a) 拼装过程计算结果　　(b) 张拉过程计算结果

图 3.5.3-1　A 型锚式接头荷载-位移曲线

与拼装过程相比，A 型锚式接头在张拉过程的荷载-位移曲线存在明显不同。可以看到，曲线从零点开始直接进入上升段，并于约 1.2mm 处达到最大值，此后接头提供的拉力值平缓发展。这说明锚式接头具有良好的紧固作用，在受到张拉荷载的条件下能够立刻产生抵抗作用以保证自身的紧固效果。此外，相同条件下 A 型锚式接头能够提供的紧固力大于其需要的拼装压入力，这是因为拼装过程中各部件之间的主要作用为套杆与套环之间的相互挤压，而张拉时套筒构件参与到机械咬合的作用之中，使锚式接头能够提供更高的反方向荷载。这样的受力特征也进一步表明锚式接头能够较好地适用于盾构隧道。

以拼装过程压入荷载的上限值和张拉过程达到接头破坏荷载时所需的张开量作为衡量标准，针对 A 型锚式接头的有效性将图 3.5.3-1 所示结果进一步整理并汇总至表 3.5.3-1 中（表中√表示"是"，×表示"否"，下同）。结合表 3.5.3-1 及图 3.5.3-1 可以清晰地看到，接头同时满足拼装过程荷载上限要求及张拉过程紧固力要求才能正常工作。对 A 型锚式接头而言，符合这一标准的关键部位的摩擦系数取值范围为 0.49～0.52。

A 型锚式接头粗糙程度研究计算结果汇总　　　　表 3.5.3-1

摩擦系数	接头类型	拼装过程是否满足要求	张拉过程是否满足要求	接头是否能够正常工作
$\mu=0.45$	A 型	√	×	×
$\mu=0.46$	A 型	√	×	×
$\mu=0.47$	A 型	√	×	×
$\mu=0.48$	A 型	√	×	×
$\mu=0.49$	A 型	√	√	√
$\mu=0.50$	A 型	√	√	√
$\mu=0.51$	A 型	√	√	√
$\mu=0.52$	A 型	√	√	√
$\mu=0.53$	A 型	×	√	×
$\mu=0.54$	A 型	×	√	×
$\mu=0.55$	A 型	×	√	×

3.5.3.2　B 型接头

图 3.5.3-2 所示为 B 型锚式接头关于粗糙程度影响研究的计算结果。通过对比图 3.5.3-1 (a) 与图 3.5.3-2 (a) 可知，B 型接头与 A 型接头在结构上存在差别，这一差别最终反映为荷载-位移曲线的不同。B 型接头在压入量达到 2.5mm 时所需的拼装荷载便快速增长，此阶段持续至 8mm 结束并于此处达到压荷载极值。此后，拼装荷载经历平缓的下降段，于压入量 22mm 处进入平缓阶段，直至压入达到约 32mm 处，拼装过程完成。

与 A 型锚式接头相似，B 型锚式接头在张拉过程的荷载-位移曲线的上升段也是从零点开始的。由图 3.5.3-2 (b) 可知，各 B 型接头的荷载-位移曲线从零点开始直接进入上升段，并于约 1mm 区间内达到最大值，其余特点与 A 型锚式接头基本一致，具有相似性。

以拼装过程压入荷载的上限值和张拉过程达到接头破坏荷载时所需的张开量作为衡量标准，针对 B 型锚式接头的有效性将图 3.5.3-2 所示结果进一步整理并汇总至表 3.5.3-2 中。由表可知，对 B 型锚式接头而言，符合正常工作标准的关键部位的摩擦系数取值范围为 0.46~0.53。

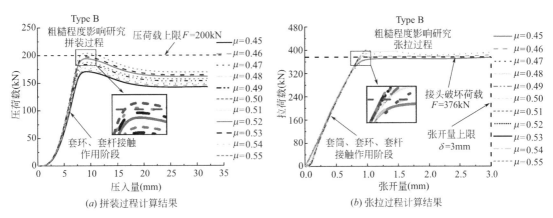

图 3.5.3-2 B 型锚式接头荷载-位移曲线

B 型锚式接头粗糙程度研究计算结果汇总　　　表 3.5.3-2

摩擦系数	接头类型	拼装过程是否满足要求	张拉过程是否满足要求	接头是否能够正常工作
$\mu=0.45$	B 型	√	×	×
$\mu=0.46$	B 型	√	√	√
$\mu=0.47$	B 型	√	√	√
$\mu=0.48$	B 型	√	√	√
$\mu=0.49$	B 型	√	√	√
$\mu=0.50$	B 型	√	√	√
$\mu=0.51$	B 型	√	√	√
$\mu=0.52$	B 型	√	√	√
$\mu=0.53$	B 型	√	√	√
$\mu=0.54$	B 型	×	√	×
$\mu=0.55$	B 型	×	√	×

3.5.3.3　C 型接头

图 3.5.3-3 所示为 C 型锚式接头关于粗糙程度影响研究的计算结果。C 型接头与 A 型、B 型接头在结构上亦存在差异。C 型接头在压入量达到 6mm 时所需的拼装荷载开始快速增长，此阶段持续至 11mm 结束。不同于 A 型接头与 B 型接头的是，C 型接头的拼装荷载此后继续缓慢增长，直至压入量达到约 28mm 处压荷载达到极值。最后，拼装荷载经历平缓的下降段，直至压入量达到约 35mm 处，拼装过程完成。C 型接头拼装所需的压入量大于 A 型接头和 B 型接头，其荷载-位移曲线也存在明显区别。

由图 3.5.3-3（b）可知，各 C 型锚式接头的荷载-位移曲线均的上升段均从零点开始，它们达到接头破坏荷载时的位移量几乎相同，约为 1mm。其余特点与 A 型锚式接头和 B 型锚式接头基本一致。

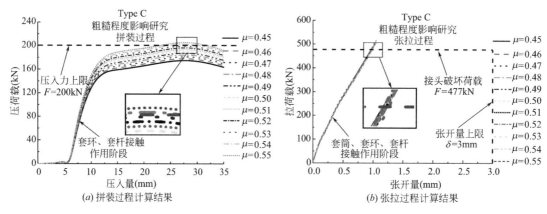

图 3.5.3-3 C 型锚式接头荷载-位移曲线

以拼装过程压入荷载的上限值和张拉过程达到接头破坏荷载时所需的张开量作为衡量标准，针对 C 型锚式接头的有效性将上图结果进一步整理并汇总至表 3.5.3-3 中。由表可知，对 C 型锚式接头而言，符合正常工作标准的关键部位的摩擦系数取值范围为 0.45～0.53。

C 型锚式接头粗糙程度研究计算结果汇总　　　　　　　表 3.5.3-3

摩擦系数	接头类型	拼装过程是否满足要求	张拉过程是否满足要求	接头是否能够正常工作
$\mu=0.45$	C 型	√	√	√
$\mu=0.46$	C 型	√	√	√
$\mu=0.47$	C 型	√	√	√
$\mu=0.48$	C 型	√	√	√
$\mu=0.49$	C 型	√	√	√
$\mu=0.50$	C 型	√	√	√
$\mu=0.51$	C 型	√	√	√
$\mu=0.52$	C 型	√	√	√
$\mu=0.53$	C 型	√	√	√
$\mu=0.54$	C 型	×	√	×
$\mu=0.55$	C 型	×	√	×

3.5.3.4 接头关键部位摩擦系数的比较

第 3.5.3.3 节中各类型接头的数值分析结果表明，三种类型锚式接头受力特性随摩擦系数的变化具有一致性：摩擦系数的增大将导致锚式接头拼装过程所需的压荷载增大、张拉过程达到接头破坏荷载时的张开量减小；摩擦系数的减小将导致该接头拼装过程所需的压荷载减小、张拉过程达到接头破坏荷载时的张开量增大甚至无法达到破坏荷载。因此，摩擦系数大于参考值时，决定该接头能否正常工作的因素为拼装所需的最大压荷载；摩擦系数小于参考值时，决定该接头能否正常工作的因素为达到接头破坏荷载时的最大张开量。

此外，三种类型的锚式接头在结构上存在区别，这一区别的直接反映即为荷载-位移曲线变化趋势的差异。针对锚式接头荷载-位移曲线的特点及其正常工作对应的关键部位的摩擦系数取值范围等内容，将 A 型、B 型和 C 型锚式接头的计算分析结果汇总于表 3.5.3-4 中。

不同类型接头关键部位摩擦系数研究结果　　　　表 3.5.3-4

比较项目	A 型	B 型	C 型
正常工作允许的摩擦系数范围	0.49~0.52	0.46~0.53	0.45~0.53
拼装压入量	32mm	32mm	35mm
压荷载快速增长对应的压入量	12mm	2.5mm	6mm
压荷载极值对应的压入量	18mm	8mm	28mm
到达破坏荷载对应的张开量	1.2mm	1mm	1mm

3.5.4　锚式接头部件间隙尺寸差研究

3.5.4.1　A 型接头

图 3.5.4-1 为 A 型锚式接头针对套环壁厚与插入间隙尺寸差对受力影响的计算结果。由图可知，插入间隙尺寸差对接头受力性能的影度非常显著：尺寸差增大时，接头所需的最大拼装荷载大幅提升且达到接头破坏荷载时所需的张开量有所下降；尺寸差减小时，接头所需的最大拼装荷载相应降低且在接头拼装后半段拼装荷载逐渐下降，尺寸差越小，下降的趋势越明显。同时，尺寸差降低后的锚式接头在张拉过程中能够提供的紧固力也有所降低。此外，图（a）显示，$\Delta d > 0$ 时的三种工况均不满足拼装荷载要求；图（b）显示，$\Delta d < 0$ 时的三种工况均不满足张拉作用下接头达到破坏荷载的要求。这说明 A 型锚式接头允许的套环壁厚与插入间隙尺寸差的误差应该处于以下范围：$-0.1\text{mm} < \Delta d < 0.1\text{mm}$。

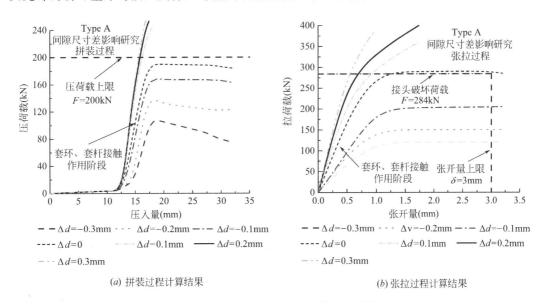

图 3.5.4-1　A 型锚式接头荷载-位移曲线

基于上述分析结果，以 0.01mm 为间隔针对缩小范围后的尺寸差变化区间重新设置 10 种工况进行研究，具体情况如表 3.5.4-1 所示。

套环壁厚与插入间隙尺寸差影响研究数值工况介绍（A 型锚式接头）　　表 3.5.4-1

工况	接头类型	套环螺栓	套杆螺栓	摩擦系数 f	关键部件尺寸间隙差 Δd(mm)
55	A 型	M24(8.8 级)	M22(10.9 级)	0.50	−0.05
56	A 型	M24(8.8 级)	M22(10.9 级)	0.50	−0.04
57	A 型	M24(8.8 级)	M22(10.9 级)	0.50	−0.03
58	A 型	M24(8.8 级)	M22(10.9 级)	0.50	−0.02
59	A 型	M24(8.8 级)	M22(10.9 级)	0.50	−0.01
60	A 型	M24(8.8 级)	M22(10.9 级)	0.50	0.01
61	A 型	M24(8.8 级)	M22(10.9 级)	0.50	0.02
62	A 型	M24(8.8 级)	M22(10.9 级)	0.50	0.03
63	A 型	M24(8.8 级)	M22(10.9 级)	0.50	0.04
64	A 型	M24(8.8 级)	M22(10.9 级)	0.50	0.05

图 3.5.4-2 为 A 型锚式接头针对变化范围更小的尺寸差对受力影响的计算结果。从图中可以看到，当尺寸差的变化数量级达到 10^{-2} mm 时，锚式接头在拼装和张拉过程的荷载-位移曲线变化趋势基本相同，仅在达到极值处和平滑发展阶段存在区别。以拼装过程压入荷载的上限值和张拉过程达到接头破坏荷载时所需的张开量作为衡量标准，针对 A 型锚式接头的有效性将图 3.5.4-2 所示结果进一步整理并汇总至表 3.5.4-2 中。由表可知，对 A 型锚式接头而言，符合正常工作标准的套环壁厚与插入间隙尺寸差取值范围为 −0.01～0.02mm。

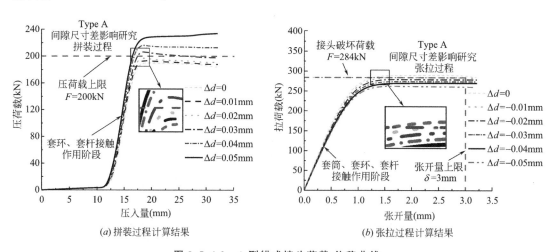

(a) 拼装过程计算结果　　(b) 张拉过程计算结果

图 3.5.4-2　A 型锚式接头荷载-位移曲线

A 型锚式接头部件间隙尺寸差研究计算结果汇总　　表 3.5.4-2

关键部件尺寸间隙差 Δd(mm)	接头类型	拼装过程是否满足要求	张拉过程是否满足要求	接头是否能够正常工作
−0.05	A 型	√	×	×
−0.04	A 型	√	×	×

续表

关键部件尺寸间隙差 Δd (mm)	接头类型	拼装过程是否满足要求	张拉过程是否满足要求	接头是否能够正常工作
-0.03	A 型	√	×	×
-0.02	A 型	√	×	×
-0.01	A 型	√	√	√
0.01	A 型	√	√	√
0.02	A 型	√	√	√
0.03	A 型	×	√	×
0.05	A 型	×	√	×

3.5.4.2 B 型接头

图 3.5.4-3 为 B 型锚式接头针对尺寸差对受力影响的计算结果。结果显示，与 A 型锚式接头相似，B 型接头的尺寸差允许范围应当减小至 -0.1~0.1mm 内。此外，通过图 (a)、(b) 的对比可以看到，在拼装过程中，控制锚式接头能否正常工作的尺寸差范围为 $\Delta d > 0$ 的模型计算结果；而在接头张拉的过程中，控制锚式接头能否正常工作的尺寸差范围为 $\Delta d < 0$ 的模型计算结果。因此，为便于清晰地对比不同尺寸差条件下锚式接头的工作有效性，在图 (b) 中仅给出了 $\Delta d < 0$ 时三种工况的计算结果。这一标准将继续应用于下文的关系曲线图中。根据试算结果，以 0.01mm 为间隔针对缩小范围后的尺寸差变化区间重新取 9 种工况进行研究，具体情况如表 3.5.4-3 所示。

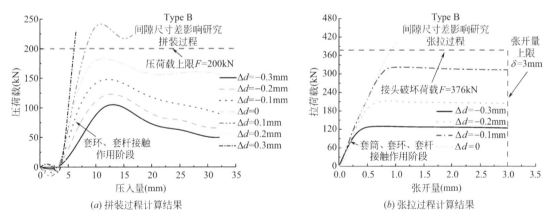

图 3.5.4-3 B 型锚式接头荷载-位移曲线

套环壁厚与插入间隙尺寸差影响研究数值工况介绍（B 型锚式接头） 表 3.5.4-3

工况	接头类型	套环螺栓	套杆螺栓	摩擦系数 f	关键部件尺寸间隙差 Δd (mm)
65	B 型	M24(10.9 级)	M24(10.9 级)	0.50	-0.07
66	B 型	M24(10.9 级)	M24(10.9 级)	0.50	-0.06
67	B 型	M24(10.9 级)	M24(10.9 级)	0.50	-0.05
68	B 型	M24(10.9 级)	M24(10.9 级)	0.50	-0.04

续表

工况	接头类型	套环螺栓	套杆螺栓	摩擦系数 f	关键部件尺寸间隙差 Δd (mm)
69	B 型	M24(10.9 级)	M24(10.9 级)	0.50	0.01
70	B 型	M24(10.9 级)	M24(10.9 级)	0.50	0.02
71	B 型	M24(10.9 级)	M24(10.9 级)	0.50	0.03
72	B 型	M24(10.9 级)	M24(10.9 级)	0.50	0.04
73	B 型	M24(10.9 级)	M24(10.9 级)	0.50	0.05

经过对尺寸差允许范围的进一步精确，可以得到 B 型锚式接头能够正常工作的尺寸差 Δd 的取值范围应为 $-0.05\sim0.03$ mm。这一变化范围大于 A 型锚式接头相应的分析结果。相比 A 型锚式接头，B 型锚式接头能够在加工过程中承受更大的尺寸误差。具体分析过程如表 3.5.4-4 和图 3.5.4-4 所示。

B 型锚式接头部件间隙尺寸差研究计算结果汇总　　表 3.5.4-4

关键部件尺寸间隙差 Δd (mm)	接头类型	拼装过程是否满足要求	张拉过程是否满足要求	接头是否能够正常工作
−0.07	B 型	√	×	×
−0.06	B 型	√	×	×
−0.05	B 型	√	√	√
−0.04	B 型	√	√	√
0.01	B 型	√	√	√
0.02	B 型	√	√	√
0.03	B 型	√	√	√
0.04	B 型	×	√	×
0.05	B 型	×	√	×

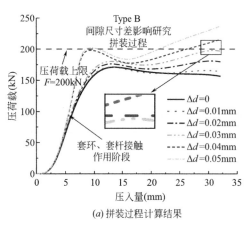

(a) 拼装过程计算结果

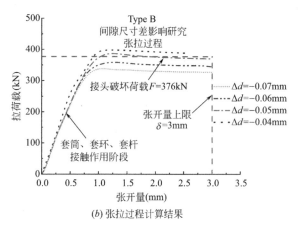

(b) 张拉过程计算结果

图 3.5.4-4　B 型锚式接头荷载-位移曲线

3.5.4.3 C 型接头

图 3.5.4-5 为 C 型锚式接头针对尺寸差对受力影响的计算结果。由图可知，C 型锚式接头在尺寸差降低时，拼装构成中达到拼装荷载极值逐渐减小，且对应的压入量相应增大。这一变化特点与 A 型接头及 B 型接头相同。此外，C 型锚式接头初步拟定的尺寸差范围较大，根据计算结果，将 C 型接头的尺寸差允许范围减小至 $-0.1 \sim 0.1$ mm 内。以 0.01mm 为间隔针对缩小范围后的尺寸差变化区间重新取 9 种工况进行研究，具体情况与表 3.5.4-3 所述的 Δd 的取值选择相同。进一步计算后的结果如图 3.5.4-6 所示，以上文所述的衡量标准为基础，针对 C 型锚式接头的有效性将计算结果进一步整理并汇总至表 3.5.4-5 中。由表可知，C 型锚式接头能够正常工作的尺寸差 Δd 的取值范围应为 $-0.06 \sim 0.01$ mm。

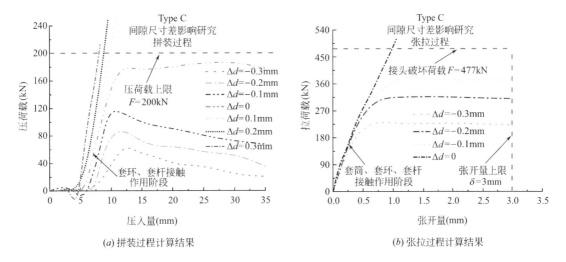

图 3.5.4-5　C 型锚式接头荷载-位移曲线

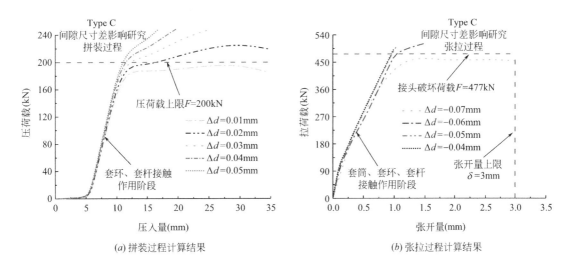

图 3.5.4-6　C 型锚式接头荷载-位移曲线

C 型锚式接头部件间隙尺寸差研究计算结果汇总　　　　表 3.5.4-5

关键部件尺寸间隙差 Δd(mm)	接头类型	拼装过程是否满足要求	张拉过程是否满足要求	接头是否能够正常工作
−0.07	C 型	√	×	×
−0.06	C 型	√	√	√
−0.05	C 型	√	√	√
−0.04	C 型	√	√	√
0.01	C 型	√	√	√
0.02	C 型	×	√	×
0.03	C 型	×	√	×
0.04	C 型	×	√	×
0.05	C 型	×	√	×

3.5.4.4　接头部件尺寸误差的比较

各类型接头的数值分析结果表明，尺寸差的变化对三种类型锚式接头受力特性的影响具有一致性：套环壁厚与插入间隙尺寸差的增大将导致锚式接头所需的压荷载增加及张拉过程所能达到的拉荷载增加，同时，达到拼装荷载极值的压入量及接头破坏荷载对应的张开量会相应降低。此外，尺寸差的变化能够显著改变锚式接头结构在拼装过程中荷载-位移曲线的变化趋势，这一主要区别存在于拼装的后半段：当尺寸差减小时，原本平缓发展的荷载-位移曲线会出现下降段；相对地，当尺寸差增大时，原本平缓发展的荷载-位移曲线会出现上升段或以先升后降的趋势达到最终拼装密实的状态。套环壁厚大于插入间隙时，决定该接头能否正常工作的因素为拼装所需的最大压荷载；套环壁厚小于插入间隙时，决定该接头能否正常工作的因素为张开量允许范围内所能达到的最大拉荷载。综合分析各类型锚式接头的计算结果可知，A 型锚式接头对尺寸误差的允许范围最小，B 型锚式接头对尺寸误差的允许范围最大。保证锚式接头正常工作的尺寸误差根据接头类型应分别取如下数值：

A 型锚式接头：−0.01～0.02mm；
B 型锚式接头：−0.05～0.03mm；
C 型锚式接头：−0.06～0.01mm。

3.6　FRP-Key 接头力学性能的影响因素研究

纤维增强复合材料预埋接头在耐火、抗腐蚀等方面具有突出的优势，在施工过程中可辅助衬砌管片定位，利于提高拼装精度，同时能够有效降低管片截面的损伤程度和工程造价。FRP-Key 接头尺寸较小，在衬砌管环结构受力过程中主要承受剪力作用，在横向截面和纵向截面处使用 FRP-Key 接头可有效减小接头截面的复杂程度。既有研究开展了有关 FRP-Key 接头力学性能的基本试验，在此基础上，本节采用数值分析软件 ABAQUS 建立 FRP-Key 接头的精细化模型，对该接头受剪性能进行验证，由此确定该模型的有效性及合理性，为后续研究内容确立基础。

FRP-Key 接头主要承受剪力作用，根据试验结果可知，单体接头的长度、接头截面处接头的总长度、接头结构的布置情况、衬砌管片的支撑条件、轴力大小及混凝土材料的强度等均对 FRP-Key 接头的承载能力有影响。此外，上述因素中部分条件能够改变管片-接头组合结构在剪力作用下的破坏形态。针对各项影响因素，分别建立具有代表性的 FRP-Key 接头及管片结构的数值模型，分析上述因素对 FRP-Key 接头受力性能的影响情况，总结不同加载条件和边界条件下的结构破坏形态并给出其中部分因素的影响范围，从而全面地揭示各项影响因素对 FRP-Key 接头受力性能的影响作用。

3.6.1 FRP-Key 接头精细化数值模型

3.6.1.1 FRP-Key 接头构造及尺寸

FRP-Key 接头实物及其细部尺寸分别如图 3.6.1-1 和图 3.6.1-2 所示。FRP-Key 接头在实际工程中应用时，需要将其预埋于管片内部，待衬砌管片拼装时，其弧形头部与另一侧衬砌管片相应位置处的榫槽对接，完成管片的拼装工作。需要注意的是，FRP-Key 接头本身不具备紧固效果，因此，为了确保使用 FRP-Key 接头的衬砌管环结构具有足够的抗拉承载力，该接头通常情况下应与具备紧固作用的其他形式接头共同使用。

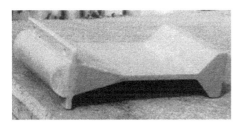

图 3.6.1-1 FRP-Key 接头实物图

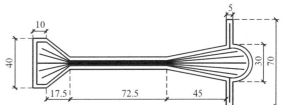

图 3.6.1-2 FRP-Key 接头细部尺寸图（单位：mm）

3.6.1.2 FRP-Key 接头结构材料

1. 混凝土材料

本节建立的 FRP-Key 接头结构三维精细化模型中包含混凝土材料，为得到与试验结果一致的 FRP-Key 接头和管片受剪引起的最终衬砌管片破坏的结果，需要在分析模型中对混凝土材料采用能够考虑其非线性特征的材料模型。采用混凝土塑性损伤本构模型：塑性损伤模型通过定义屈服函数、流动法则、黏性特性以及压缩和拉伸过程的塑性及损伤参数实现混凝土材料的非线性特征模拟，认为其破坏为拉伸开裂和压缩破碎两种方式。损伤因子取值范围为 0～1，分别代表混凝土无损伤和完全失效，在一次分析过程中损伤不能恢复。本书采用张劲公式法计算损伤因子，公式如下[29]：

$$d_k = \frac{(1-\beta)\varepsilon_k^{in} E_0}{\sigma_k + (1-\beta)\varepsilon_k^{in} E_0} \quad (k=t \text{ 或 } c) \tag{3.6.1-1}$$

式中　t、c——分别表示拉伸和压缩；

　　　d_k——拉压情况下的损伤因子；

　　　β——塑性应变与非弹性应变的比例系数，受压时取 0.35～0.7，受拉时取 0.5～0.95；

ε_k^{in}——混凝土拉压情况下的非弹性阶段应变；
E_0——初始（无损伤时）的弹性模量（GPa）；
σ_k——混凝土拉压情况下的应力值（MPa）。

根据规范，混凝土拉压应变关系可分为弹性和塑性两个阶段。混凝土等级选定后，需要定义的模型参数包括弹性模量、泊松比和应力-应变关系等。混凝土材料单轴拉伸和单轴压缩条件下不同受力阶段的应力-应变关系如图3.6.1-3所示，具体强度等级的混凝土材料的应力-应变曲线数值可通过《混凝土结构设计规范》GB 50010—2010中的相应公式进行计算。

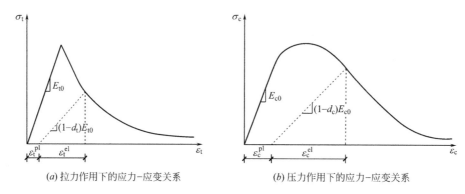

(a) 拉力作用下的应力-应变关系　　　(b) 压力作用下的应力-应变关系

图 3.6.1-3　混凝土材料应力-应变关系

2. 钢材

FRP-Key接头及管片组合结构中，边界条件通过在管片各方向上布置钢垫块完成设置，其中的钢材采用弹塑性本构模型，弹性模量 $E_s = 210\text{GPa}$，泊松比 $\upsilon_s = 0.3$，屈服强度为 $f_y = 325\text{N/mm}^2$，抗拉强度为 $f_s = 448\text{N/mm}^2$。

3. FRP材料

试验结果显示，FRP-Key接头在结构开始受到剪力作用到管片试件发生破坏结束的过程中没有出现损坏和破坏，结构的破坏是由两侧混凝土管片的拉伸开裂最终失效造成的。因此，数值分析模型中将FRP材料的属性设置为线弹性即可，其中弹性模量 $E_{FRP} = 14\text{GPa}$，泊松比 $\upsilon_{FRP} = 0.3$。

3.6.1.3　数值模型

1. 试验介绍

为验证建立数值模型的准确性及适用性，本书以文献[34]中开展的原位试验数据为基础，采用相同的试验模型尺寸与荷载边界条件进行计算。试验结构为对接在一起的三块平板型混凝土管片，管片试件的具体几何尺寸均为 $B \times L \times H = (900 \times 900 \times 200)$ mm，其中 B 为试件的宽度；L 为试件的长度；H 为试件的厚度。为便于安装，榫槽与FRP-Key接头弧形部分之间存在1～1.5mm的间隙尺寸差。榫槽底部到管片下表面的距离 $c = 88.7$mm。试验进行了不同轴力作用下的FRP-Key接头总长度分别为100mm（接头数量为1个，单体接头长度100mm），300mm（接头数量为2个，单体接头长度150mm），675mm（接头数量为3个，单体接头长度225mm）的三种结构形式的管片接头结构受剪试验。具体情况如表3.6.1-1所示。

试验工况介绍　　　　　　　　　　　　表 3.6.1-1

工况	FRP-Key 接头（长度×个数）	接头的布置情况	约束轴力（kN）
1	100mm×1		50
2	150mm×2		50
3	225mm×3		50
4	225mm×3		200

试验过程中，两侧管片底面部分区域直接支撑于承台上，其上部设置限制管片 y 方向（竖向）位移的约束装置，每块管片对应两片约束装置，约束装置宽 240mm。中间管片在两侧管片、轴力和千斤顶推力的作用下只能沿竖向运动。整体结构的轴力加载通过左右两侧带有可转动铰结构的一小一大两块方形钢板实现，两钢板间由 PC 钢棒连接，可控制轴力的加载数值。中间管片顶部设置千斤顶，通过推动管片向下运动实现两侧管片受剪。接头总长 675mm 的试验结构模型如图 3.6.1-4 所示，其余试验结构与之相似。

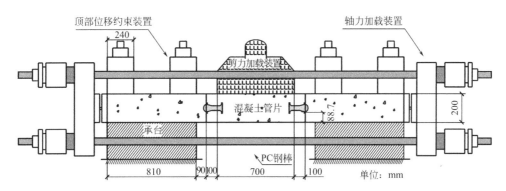

(a) 接头总长 675mm 试验结构正视图

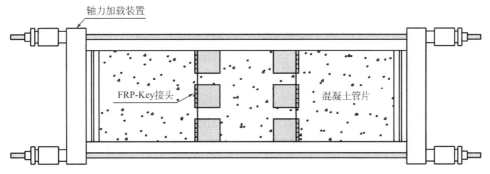

(b) 接头总长 675mm 试验结构俯视图

图 3.6.1-4　FRP-Key 接头试验结构示意图

2. 模型简化方法

为了充分模拟试验模型和试验装置以获取理想的分析结果，并减小所需的计算成本，本书在建模过程中进行了合理的简化处理。管片和接头结构采用与试验模型1:1的三维精细化建模处理。通常情况下，为提高接头的传力性能，接缝面处均设置传力衬垫。此外，接头外侧存在防水构造，这导致管片衬砌结构在接头部位的构造较为复杂。在试验过程中，混凝土管片设置了防水材料用凹槽，但并未设置防水条和传力衬垫。管片在剪切作用下主要沿接触面切线方向产生滑移，且破坏时滑移量较小。在不存在防水条的情况下，上部凹槽对结构受剪性能的影响较小，因此在建模过程中对凹槽的存在进行了合理的简化处理。考虑到管片在剪力作用下部分区域可能与承台、约束装置发生分离，不适合采用在管片表面直接设置位移约束的方式，为确保与试验条件保持一致性，分别建立了承台和约束装置的三维实体模型，可以在施加荷载时通过各约束装置完成模型边界条件的设置。此外，中间管片顶部千斤顶加载装置的刚度较大，建模过程中将此加载设施简化为钢壳；两侧轴力加载装置结构形式复杂，其作用可通过 load 模块的面力加载模拟，有利于降低模型复杂程度并减少单元数量，从而加快分析速度，提高计算效率。

3. 模型建立

混凝土管片、FRP-Key 接头、承台及位移约束装置均采用实体单元（C3D8）模拟，位移加载所用的刚壳部件则采用刚体单元模拟，并与中间混凝土管片的上表面相应区域进行 tie 处理。此外，为满足管片拼装的几何尺寸要求，建模时取接头与榫槽间距为 1.3mm。在上文描述的基础上，建立分别对应试验结构的三种数值模型，其中，接头总长 675mm 的数值模型如图 3.6.1-5 所示，模型的接头与管片接触部分的网格进行了加密处理。

(a) 接头总长675mm数值模型网格图

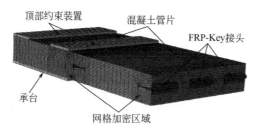

(b) 接头总长675mm数值模型网格局部放大图

图 3.6.1-5　接头总长 675mm 的数值模型示意图

3.6.1.4　模型验证

1. 接触属性

接触面属性是影响结构中各部件相互接触性能的主要因素。根据接头的连接方式，接头与管片结构之间的接触设定也各不相同。本节研究的 FRP-Key 接头为复合纤维材料，通常情况下，数值模拟中 FRP 材料与混凝土材料在接触面处采用粘结单元处理。试验结果表明，剪切过程中、结构破坏后预埋于混凝土中的 FRP-Key 接头部分和管片之间没有发生明显的分离或错动。因此，在确保数值计算精确性的基础上，为了降低模型收敛难度，此部分接头与管片之间的连接面处可采用绑定约束。此外，接头弧形区域与两侧管片的榫槽部分在承受剪力后发生接触，这部分接触需要考虑滑移，应分别设置法向和切向接触属性。其法向接触属性应设定为硬接触模型（hard contact）：

$$p(h)=0, h<0$$
$$p(h)>0, h=0$$
(3.6.1-2)

式中，$p(h)$ 为接触面上的压应力；h 为相邻接触面之间的嵌入量。

即接触面之间可以传递压力且不限制压力传递的大小，当压力小于或等于零时，允许接触面分离。切向接触应考虑接头与管片之间的摩擦作用，此外，由于研究过程中所建立的数值模型考虑了几何非线性与材料非线性且单元数量较多，模型计算收敛难度较高，因此，选择有利于降低计算代价的罚函数摩擦模型作为切向接触属性，接头与管片间的摩擦系数取 0.36。接头与管片接触的处理方式如图 3.6.1-6 所示。

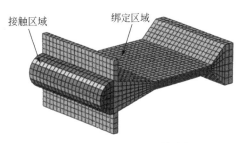

图 3.6.1-6 FRP-Key 接头与管片接触处理方式

2. 荷载及边界条件

荷载条件：根据试验加载条件，FRP-Key 接头-管片组合结构承受剪力作用的数值模型需要分两步完成加载。首先于左右管片侧表面加载面力形成轴力作用效果。基于试验过程中铰支面板的加载结果，面力采取均布的加载形式，具体数值由下式求得：

$$\sigma_{均} = \frac{F_N}{S}$$
(3.6.1-3)

式中，$\sigma_{均}$ 为均布面力（MPa）；F_N 为轴力（kN）；S 为管片侧面积，大小为 180000mm^2。轴力为 50kN 时，由上式求得均布面力的大小等于 0.28MPa。

完成轴力加载后，模型通过对中间管片施加竖直向下的位移来实现剪力加载效果，具体操作为在刚壳结构的几何中心设置一耦合点，并通过该耦合点控制整个刚体面的位移变化，以达到均匀加载的目的。结构在刚体推动下各阶段承受的具体剪力数值可以通过求解反力获得。FRP-Key 接头及管片结构的荷载条件具体如图 3.6.1-7 所示。

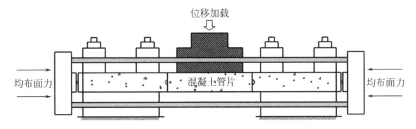

图 3.6.1-7 FRP-Key 接头与管片结构的荷载条件

边界条件：FRP-Key 接头及管片组合结构在剪力作用下运动的过程中，需确保结构整体除中间管片及其内部预埋的接头结构外其余部件不发生刚体位移。该条件在边界条件方面通过限制两侧承台部件和顶部约束部件外表面 x、y、z（水平方向、竖直方向及垂直于纸面方向）三个方向的自由度实现；用于完成剪力加载的刚壳结构需要限制承受剪力方向以外其余两个方向（x、z）的自由度及转动位移。此外，为模拟顶部位移约束装置在试验过程中的重力约束作用，尚需在其上表面施加均布面力。具体边界条件如图 3.6.1-8 所示。

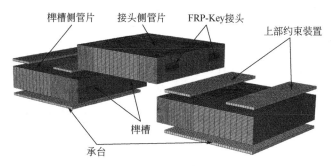

图 3.6.1-8　FRP-Key 接头与管片结构的边界条件

3. 混凝土材料具体参数

由试验数据可知，表 3.6.1-1 所示的三种 FRP-Key 接头-管片结构中衬砌所用的混凝土材料的抗压强度分别为 82MPa、84MPa、84MPa。在此基础上，计算数值模型所需的具体参数，混凝土的抗拉强度可由下式计算得到：

$$f_t = 0.23 f_c^{2/3} \qquad (3.6.1-4)$$

当混凝土的抗压强度为 84MPa 时，其基本材料参数包括：弹性模量 $E_c = 39.4\text{GPa}$，泊松比 $\gamma_c = 0.2$，而混凝土材料的应力-应变曲线可由《混凝土结构设计规范》GB 50010—2010 相应公式进行计算。此外，ABAQUS 软件内置的混凝土塑性损伤模型需要的其他参数采用下述数值：剪胀角 $\varphi = 35°$，流动势偏移量 $\kappa = 0.1$，双轴受压与单轴受压极限强度比 $\sigma_{b0}/\sigma_{c0} = 1.16$，不变量应力比 $k_c = 0.667$，黏滞系数 $\mu = 1 \times 10^{-5}$。表 3.6.1-2 为管片混凝土单轴拉压应力与应变及损伤因子参数，表中的混凝土抗压强度为 82MPa，具体参数计算方法与选择同 3.6.1.2 节中所述内容一致，其他不同强度混凝土的材料参数亦按此方法计算。

混凝土单轴拉压应力与应变及损伤因子　　　　表 3.6.1-2

单轴压应力 (MPa)	单轴非弹性压应变	受压损伤因子 d_c	单轴拉应力 (MPa)	单轴开裂拉应变	受拉损伤因子 d_t
67.219	0	0	4.410	0	0
78.221	1.79E-05	0.004	4.036	5.55E-05	0.026
84	1.44E-04	0.026	3.515	8.03E-05	0.043
80.923	4.50E-04	0.081	2.803	1.16E-04	0.075
76.903	6.89E-04	0.124	2.123	1.56E-04	0.127
71.622	9.71E-04	0.176	1.702	1.89E-04	0.179

续表

单轴压应力 (MPa)	单轴非弹性压应变	受压损伤因子 d_c	单轴拉应力 (MPa)	单轴开裂拉应变	受拉损伤因子 d_t
59.243	1.62E-03	0.301	1.394	2.20E-04	0.237
45.635	2.39E-03	0.452	0.657	3.82E-04	0.534
35.407	3.11E-03	0.580	0.257	8.92E-04	0.872
20.286	4.77E-03	0.787	0.160	1.52E-03	0.949
10.150	7.60E-03	0.922	0.062	5.07E-03	0.994

4. 结果分析

表 3.6.1-1 中工况 4 的 FRP-Key 接头-管片结构的试验与数值计算结果如图 3.6.1-9 所示。由图可知，结构在荷载作用下的剪力-位移曲线主要包括三个阶段。其中，AB 段表示结构开始滑移前的受力状态，此阶段的位移值很小。在轴力作用下，顶部剪力作用装置荷载逐渐增大，B 点为该阶段的终点，结构在 B 点达到最大静摩擦力。此后，接头及管片结构的受力状态进入第二阶段，中间管片开始滑动，开始滑动后管片受动摩擦力作用，力的数值较 B 点略有降低，数值模型中由于摩擦系数未按动、静状态分别设定，故与试验结果略有差异，在第二阶段的剪力数值保持不变。可以看到，BC 段的持续长度约 1.3mm，该数值反映的是 FRP-Key 接头与榫槽间的尺寸间隙差。在 C 点处，接头及管片结构的受力状态进入第三阶段，接头结构与榫槽发生接触，管片结构在受到摩擦力作用的同时开始承受剪力作用，这一状态一直持续到衬砌管片的破坏。数值计算曲线与试验曲线在变化趋势和具体数值等方面基本一致。

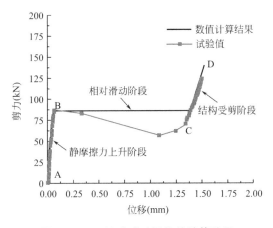

图 3.6.1-9 接头试验及数值计算结果

表 3.6.1-1 所示工况 3 的试验结构破坏情况与数值模拟结果如图 3.6.1-10 所示。由图 (a) 可知，试验结果中衬砌结构的破坏是由榫槽侧混凝土管片在剪力作用下的拉伸开裂引起的，裂纹产生后在剪力作用下不断扩展延伸，最终结构失去承载能力。此外，试验结果表明结构破坏时，FRP-Key 接头基本没有损坏。组合结构从接头与榫槽接触开始到破坏所经历的管片相对滑移距离较小，导致结构破坏的裂缝是沿约 45° 方向发展的。图 (b) 的数值计算结果显示，结构破坏时管片的拉伸损伤情况与试验

中管片的裂缝分布区域基本一致，这说明本节所建的模型是合理的，能够充分、有效的模拟试验情况。

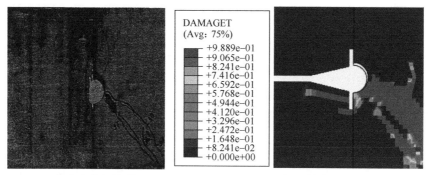

(a) 工况3接头试验破坏情况　　　　(b) 工况3数值模拟拉伸损伤结果

图 3.6.1-10　接头试验及数值计算结果

表 3.6.1-1 所示的试验工况 1~3 的结构极限承载力与相应的数值计算结果如表 3.6.1-3 所示。由表可知，数值计算结果与试验结果较为接近。其中，工况 2 的计算结果与试验值相差最大，为 6.54%，符合计算误差范围的要求，这进一步验证了所建模型的合理性。综上所述，本节所建立的三维精细化数值模型可以较好地模拟试验结构的受力情况，所选参数满足数值计算精确条件的要求，该模型可以作为进一步研究 FRP-Key 接头力学性能的有效依据。

接头极限承载力试验值与数值计算值　　　　　　　　　　表 3.6.1-3

工况	试验值(kN)	数值计算结果(kN)	差值
1	73	77	5.48%
2	107	114	6.54%
3	187	196	4.81%

3.6.2　材料强度对 FRP-Key 接头力学性能的影响

3.6.2.1　材料强度影响研究的模型介绍

图 3.6.2-1 和图 3.6.2-2 所示分别为仅布置一个 FRP-Key 接头和布置两个 FRP-Key 接头时榫槽侧管片各部件的几何尺寸。d 为承台距离接头平面的距离；d_1 代表榫槽外缘至管片侧表面的距离，d_2 表示两榫槽内缘的距离；α 为管片损伤路径在接头平面内与竖直方向形成的夹角，根据试验情况 $\alpha=45°$；c 为榫槽边缘距离管片下表面的距离；l 为榫槽的宽度（其值与 FRP-Key 接头长度相等）。此外，图中蓝色区域表示榫槽部位，黄色区域表示受剪破坏区域，黑色网格表示承台。

为研究混凝土材料强度对 FRP-Key 接头受力性能的影响情况，选用 C30、C40、C50、C60、C70 共 5 种混凝土强度等级，每种强度等级的混凝土衬砌模型中设置 FRP-Key 接头数量为 1 和 2 两种情况，具体工况设置情况如表 3.6.2-1 所示。

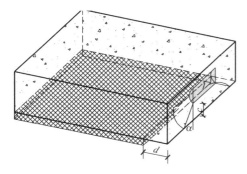

图 3.6.2-1 接头数量为 1 个

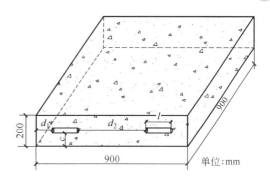

图 3.6.2-2 接头数量为 2 个

混凝土强度影响研究数值模型工况介绍　　　　表 3.6.2-1

工况	混凝土抗压强度(MPa)	l(mm)	接头数量	d(mm)	轴力 N(kN)	c(mm)
1	30	100	1	90	50	80
2	40	100	1	90	50	80
3	50	100	1	90	50	80
4	60	100	1	90	50	80
5	70	100	1	90	50	80
6	30	100	2	90	50	80
7	40	100	2	90	50	80
8	50	100	2	90	50	80
9	60	100	2	90	50	80
10	70	100	2	90	50	80

3.6.2.2 材料强度影响研究的结果分析

图 3.6.2-3～图 3.6.2-7 所示分别为工况 1、工况 2、工况 6 及工况 7 的数值计算结果云图。

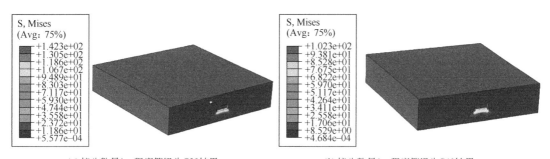

(a) 接头数量1、强度等级为C30结果　　　(b) 接头数量1、强度等级为C40结果

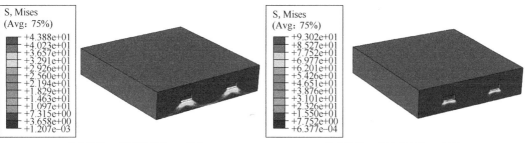

(c) 接头数量2、强度等级为C30结果　　　(d) 接头数量2、强度等级为C40结果

图 3.6.2-3　工况 1、工况 2、工况 6、工况 7 榫槽侧管片应力云图（单位：MPa）

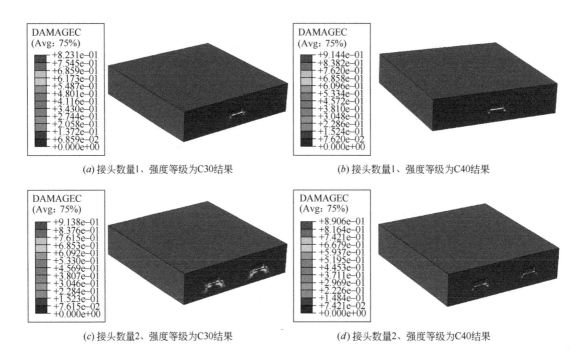

图 3.6.2-4　工况 1、工况 2、工况 6、工况 7 榫槽侧管片受压损伤分布情况

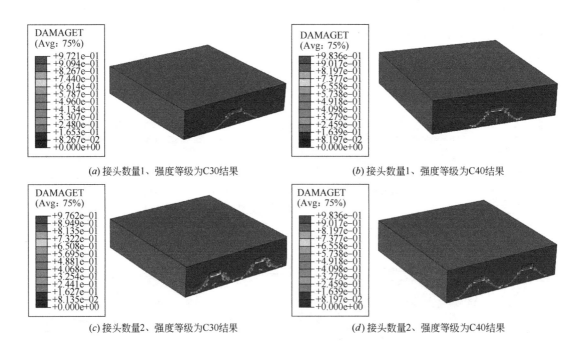

图 3.6.2-5　工况 1、工况 2、工况 6、工况 7 榫槽侧管片拉伸损伤分布情况

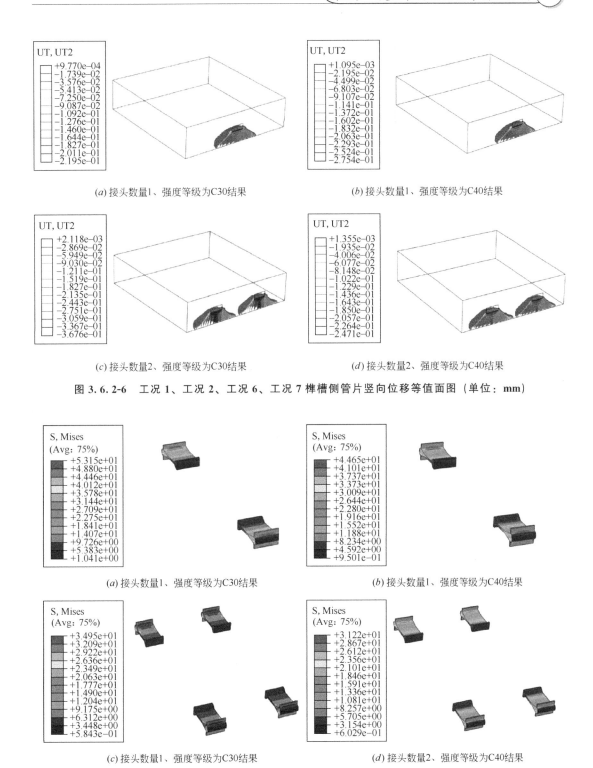

图 3.6.2-6　工况1、工况2、工况6、工况7榫槽侧管片竖向位移等值面图（单位：mm）

图 3.6.2-7　工况1、工况2、工况6、工况7 FRP-Key 接头应力云图（单位：MPa）

由图可知，榫槽侧管片在剪力作用下仅榫槽下缘部位出现了应力集中现象。对比图 3.6.2-3、图 3.6.2-4 两组结果可以看到，超过抗压强度极值的混凝土材料的受压损伤值已超过0.9，说明该部位混凝土在剪力的作用下已经被压缩。

此外，上述数值计算云图中图 3.6.2-5 和图 3.6.2-6 分别为榫槽侧混凝土拉伸损伤分布及其在竖直方向的位移等值面图。其中，图 3.6.2-5 中四组结果说明在平面上混凝土管片的损伤路径是沿着 45°方向发展的，即裂纹沿该方向逐渐延伸，这与试验结果是一致的。衬砌管片最终破坏表现为拉伸开裂，图 3.6.2-6 中四组结果中等值面图可以显示出剪力作用方向衬砌管片位移变化的层次性。其中，可以认为最外侧位移开始出现变化的截面即为由于拉伸导致的开裂面，被该截面所包围的下侧空间区域即为榫槽侧管片在剪力作用下发生破坏时从管片整体上掉落的部分。由图 3.6.2-6 中四组结果可以看出，榫槽侧管片在空间上的损伤也是沿 45°方向发展的。在衬砌管片所用的混凝土材料强度等级相同的条件下，数量为 2 个的接头应力计算结果小于数量为 1 个的接头应力计算结果。这说明，在混凝土强度相同的条件下，增加 FRP-Key 接头的使用数量会降低接头材料的使用效率。

图 3.6.2-8 所示为各强度等级混凝土对应的 FRP-Key 接头结构位移-剪力值关系曲线。由图可知，混凝土强度等级相同时，接头数量对接头抗剪刚度存在影响。FRP-Key 接头的抗剪刚度随接头数量的增加而提高。此外，接头数量增加一倍后，承载能力极限值并没有增加一倍，这是因为 FRP-Key 接头数量的改变并未改变衬砌结构所受摩擦力的数值，各工况下接头-管片组合结构的摩擦力数值是相同的，这个数值约为 20kN，即图 3.6.2-8 中曲线平稳延伸段对应的剪力值。

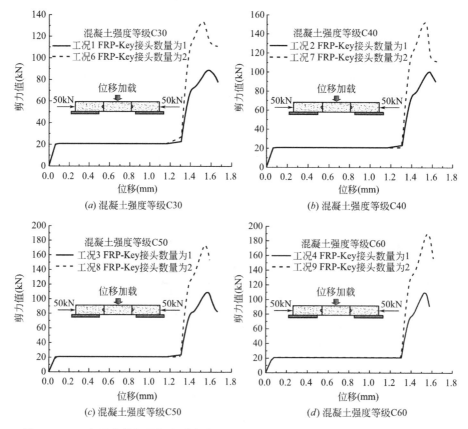

(a) 混凝土强度等级C30

(b) 混凝土强度等级C40

(c) 混凝土强度等级C50

(d) 混凝土强度等级C60

图 3.6.2-8　各强度等级混凝土对应的 FRP-Key 接头结构位移-剪力值关系曲线（一）

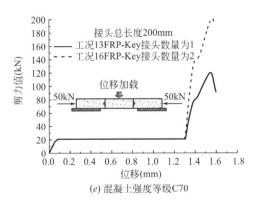

(e) 混凝土强度等级C70

图 3.6.2-8　各强度等级混凝土对应的 FRP-Key 接头结构位移-剪力值关系曲线（二）

图 3.6.2-9 所示为不同接头数量对应的 FRP-Key 接头结构位移-剪力值关系曲线。其中，图（a）、（b）两组曲线呈现出一致的变化趋势。由图可知，随着混凝土强度的升高，FRP-Key 接头-管片组合结构的抗剪强度及抗剪刚度均有提升。同时，结构达到最大承载力需要的位移减小。在曲线的静摩擦力上升段、相对滑动阶段两个阶段内，各工况的受力情况基本相同。混凝土强度引起的变化主要表现在接头和榫槽发生接触后的相互作用阶段。

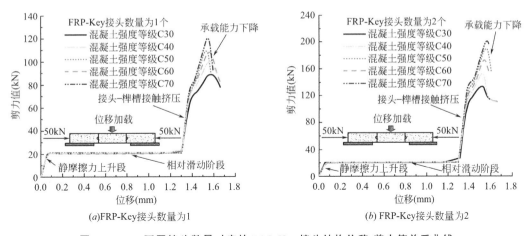

(a) FRP-Key 接头数量为1　　　　(b) FRP-Key 接头数量为2

图 3.6.2-9　不同接头数量对应的 FRP-Key 接头结构位移-剪力值关系曲线

3.6.3　接头尺寸对 FRP-Key 接头力学性能的影响

3.6.3.1　接头尺寸影响研究的模型介绍

接头尺寸对 FRP-Key 接头受力性能的影响因素主要体现在 FRP-Key 接头的长度方面。FRP-Key 接头的长度与榫槽长度相同，如图 3.6.3-1 所示。因此，本节选用 FRP-Key 接头数量为 1，单体接头长度分别为 100mm、150mm、200mm、250mm、300mm 5 种工况，及 FRP-Key 接头数量为 2，单体接头长度分别为 100mm、125mm、150mm 3 种工况，最终设立共 8 种工况进行分析与讨论。具体工况设置情况如表 3.6.3-1 所示。

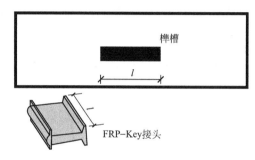

图 3.6.3-1　FRP-Key 接头长度示意图

接头长度影响研究数值模型工况介绍　　　　　　　　表 3.6.3-1

工况	混凝土抗压强度(MPa)	l(mm)	接头数量	d(mm)	轴力 N(kN)	c(mm)
11	30	100	1	90	50	80
12	30	150	1	90	50	80
13	30	200	1	90	50	80
14	30	250	1	90	50	80
15	30	300	1	90	50	80
16	30	100	2	90	50	80
17	30	125	2	90	50	80
18	30	150	2	90	50	80

3.6.3.2　接头尺寸影响研究的结果分析

图 3.6.3-2～图 3.6.3-4 分别为工况 11～工况 18 榫槽侧管片应力云图、榫槽侧管片拉伸损伤分布情况以及 FRP-Key 接头的应力分布云图。图 3.6.3-2（a）～（e）显示，榫槽处下缘应力分布并不是均匀的，而是两侧有应力集中现象，应力值较大，而中间应力值较小。随着接头长度的增加，这一特征越发明显。

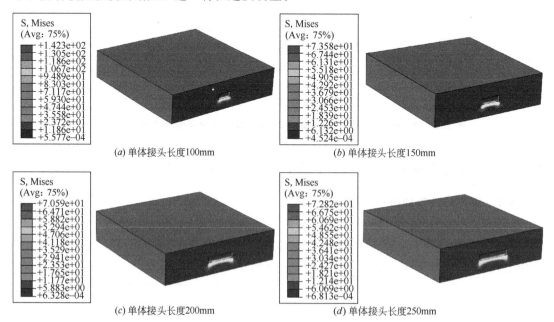

图 3.6.3-2　工况 11～工况 18 榫槽侧管片应力云图（单位：MPa）（一）

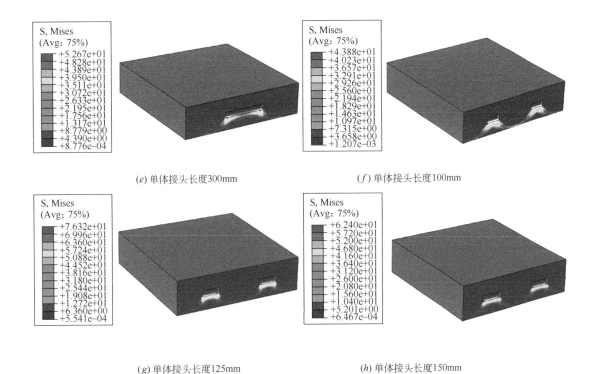

(e) 单体接头长度300mm　　　　　　(f) 单体接头长度100mm

(g) 单体接头长度125mm　　　　　　(h) 单体接头长度150mm

图 3.6.3-2　工况 11～工况 18 榫槽侧管片应力云图（单位：MPa）（二）

图 3.6.3-3 显示，单体接头长度的增加并不会改变 FRP-Key 接头-管片组合结构在剪力作用下的最终破坏形态。由图 (a)～(h) 可以看出，在不同长度单体接头的条件下，榫槽侧管片的拉伸损伤均在平面内沿 45°方向延伸发展。相应地，由于拉伸开裂导致的脱落区域会随着单体接头的长度增加而变大。此外，结合图 3.6.3-2 可知，榫槽下边缘两侧角处是结构破坏的开始部位。提高侧角处的管片强度并增强衬砌管片 45°空间开裂截面处的抗拉强度是提高 FRP-Key 接头衬砌管片受剪承载力的关键措施。需要注意的是，为保证 FRP-Key 接头数量大于 1 时，数值分析结果不受其他因素影响，图 (f)～(h) 中接头的布置方式为对称布置，即 $d_2=2d_1$。

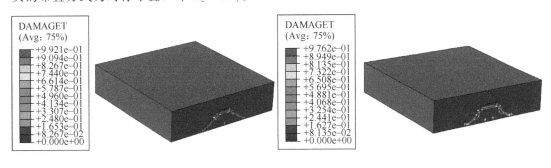

(a) 单体接头长度100mm　　　　　　(b) 单体接头长度150mm

图 3.6.3-3　工况 11～工况 18 榫槽侧管片拉伸损伤分布情况（一）

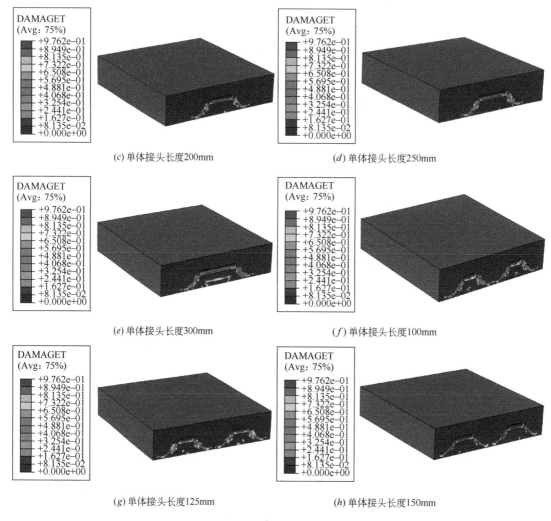

图 3.6.3-3　工况 11~工况 18 榫槽侧管片拉伸损伤分布情况（二）

图 3.6.3-4 表明，随着单体接头长度的增加，FRP-Key 接头在结构发生破坏后的应力数值逐渐增大，这说明在一定范围内增加接头的长度有利于提高 FRP-Key 接头的使用效率。其中，图（a）的计算结果值不满足这一变化规律，这是由于该模型的计算时间较长导致的。在工况 11 的计算过程中，结构发生破坏后位移荷载继续并未及时停止，因此，图（a）中给出的应力结果大于结构在到达承载力极值时对应的接头应力数值，该结果不应用于上述规律的比较。此外，通过对于总长度相等而接头数量不同的计算结果进行比较，可以发现接头数量为 2 个时，FRP-Key 与接头的应力计算结果较小。由于模型中使用的是混凝土衬砌，结构的破坏基本与 FRP-Key 接头的受力情况无关。然而，当控制 FRP-Key 接头结构破坏的关键因素由管片破坏变为接头破坏时，如衬砌结构由承载能力较小的混凝土管片变换为承载能力较大的复合管片，在总长度相同的情况下，选择多个接头的应用形式可以有效地降低 FRP-Key 接头所受的应力大小，从而增加整体结构的承载能力，并提高 FRP-Key 接头的使用效率。

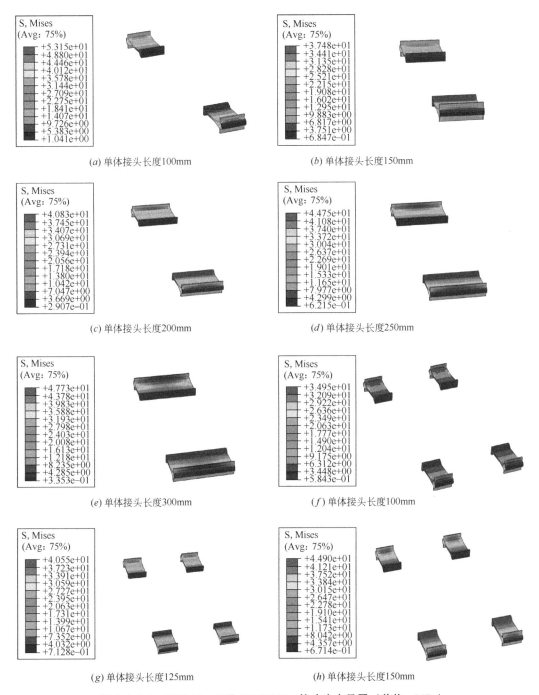

图 3.6.3-4 工况 11～工况 18FRP-Key 接头应力云图（单位：MPa）

图 3.6.3-5 所示为不同接头长度对应的 FRP-Key 接头结构位移-剪力值关系曲线。由图可知，当接头总长度相同时，不同接头数量的结构在剪力作用下其位移-荷载曲线是基本平行的。这说明，接头总长度一致时，变化接头数量、改变其布置形式并不会改变FRP-Key 接头的抗剪刚度，仅能改变其剪力作用下的承载力极限值。图（a）～（c）表明 FRP-Key 的承载能力随接头数量的增加而提高。

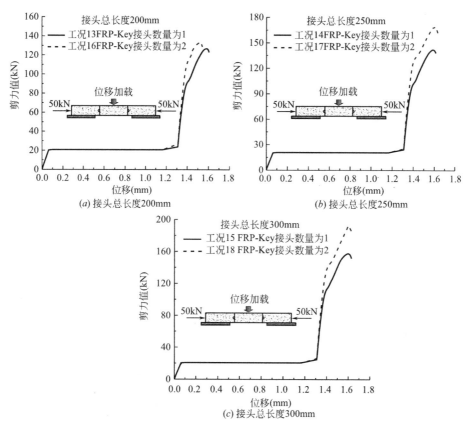

图 3.6.3-5　不同接头长度对应的 FRP-Key 接头结构位移-剪力值关系曲线

图 3.6.3-6 所示为不同接头数量对应的 FRP-Key 接头结构位移-剪力值关系曲线。其中，图（a）、（b）两组曲线呈现出一致的变化趋势。由图可知，随着 FRP-Key 接头总长度的增加，FRP-Key 接头-管片组合结构的抗剪强度及抗剪刚度均有提升。结构进入接头和榫槽相互挤压的阶段后，首先经历弹性增长段，其次经历塑性增长段，最后在承载能力达到极值后逐渐下降。对于接头总长度发生变化的 FRP-Key 接头结构，其荷载-位移曲线从弹性段就已经有明显的不同。

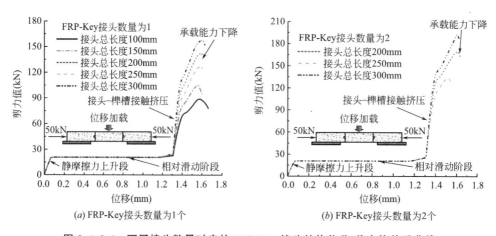

图 3.6.3-6　不同接头数量对应的 FRP-Key 接头结构位移-剪力值关系曲线

3.6.4 轴力对 FRP-Key 接头力学性能的影响

3.6.4.1 轴力约束影响研究的模型介绍

FRP-Key 接头结构的受剪试验是在轴力约束的作用下完成的。实际工程中，管片环与环之间、环内管片之间均存在一定的轴力作用。轴力的存在对于衬砌之间的摩擦力有显著影响，摩擦力作为 FRP-Key 接头受剪承载力的一部分占有相当的比例。因此，轴力约束对 FRP-Key 接头受力性能的影响情况应该进一步展开研究。本节选用 FRP-Key 接头数量为 1、单体接头长度为 100mm 时，两侧衬砌管片轴力加载数值为 50kN、100kN、150kN、200kN、250kN、300kN 和 350kN 7 种工况，及 FRP-Key 接头数量为 2，单体接头长度为 100mm 时，两侧衬砌管片轴力加载数值为 50kN、100kN、150kN、200kN、250kN、300kN 和 350kN 7 种工况，最终设立共 14 种工况进行分析与讨论。具体工况设置情况如表 3.6.4-1 所示。

轴力影响研究数值模型工况介绍　　　　表 3.6.4-1

工况	混凝土抗压强度(MPa)	l(mm)	接头数量	d(mm)	轴力 N(kN)	c(mm)
19	30	100	1	90	50	80
20	30	100	1	90	100	80
21	30	100	1	90	150	80
22	30	100	1	90	200	80
23	30	100	1	90	250	80
24	30	100	1	90	300	80
25	30	100	1	90	350	80
26	30	100	2	90	50	80
27	30	100	2	90	100	80
28	30	100	2	90	150	80
29	30	100	2	90	200	80
30	30	100	2	90	250	80
31	30	100	2	90	300	80
32	30	100	2	90	350	80

3.6.4.2 轴力约束影响研究的结果分析

图 3.6.4-1～图 3.6.4-3 分别为工况 22 与工况 29 两种工况的榫槽侧管片应力云图、榫槽侧管片拉伸损伤分布情况以及榫槽侧管片竖向位移等值面图。其余工况计算结果与之相似，故仅给出两种工况分别作为不同接头数量工况的代表进行分析。由图可知，轴力数值的变化不会改变 FRP-Key 接头-管片结构在剪力作用下的破坏形态。此外，轴力变化时，榫槽侧管片及 FRP-Key 接头的应力分布特点与前文工况计算结果具有相似性。

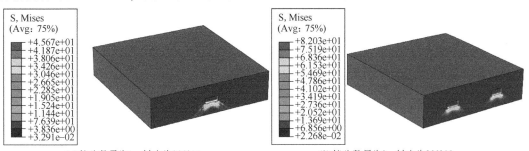

(a) 接头数量为1、轴力为200kN　　　　(b) 接头数量为2、轴力为200kN

图 3.6.4-1　工况 22 和工况 29 榫槽侧管片应力云图（单位：MPa）

(a) 接头数量为1、轴力为200kN (b) 接头数量为2、轴力为200kN

图 3.6.4-2 工况 22 和工况 29 榫槽侧管片拉伸损伤分布情况

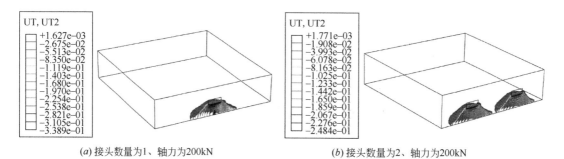

(a) 接头数量为1、轴力为200kN (b) 接头数量为2、轴力为200kN

图 3.6.4-3 工况 22 和工况 29 榫槽侧管片竖向位移等值面图（单位：mm）

图 3.6.4-4 及图 3.6.4-5 分别为工况 21～工况 32 数值计算结果，其中图 3.6.4-4 为按照轴力划分的荷载-位移曲线，图 3.6.4-5 为按照 FRP-Key 接头数量划分的荷载-位移曲线。可以看到，当轴力数值相同时，接头数量（接头长度）的变化并不会引起曲线达到滑移段时剪力值的变化，这是因为此数值主要反映摩擦力大小，与侧向轴力直接相关，而与接头数量无关。当轴力发生变化时，滑移段对应的剪力值随之改变，其数值随轴力的增加而增大，等于轴力值与摩擦系数的乘积。

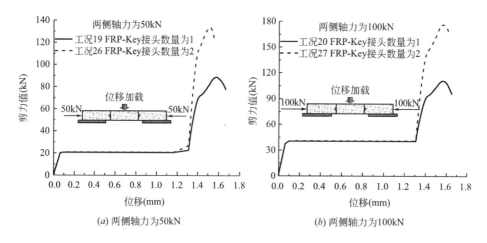

(a) 两侧轴力为50kN (b) 两侧轴力为100kN

图 3.6.4-4 不同轴力对应的 FRP-Key 接头结构位移-剪力值关系曲线（一）

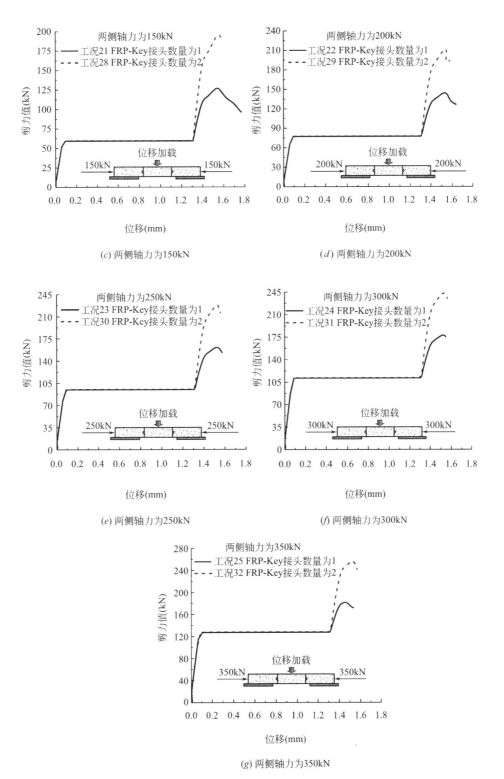

图 3.6.4-4 不同轴力对应的 FRP-Key 接头结构位移-剪力值关系曲线（二）

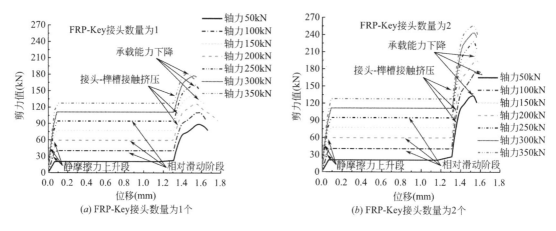

图 3.6.4-5 不同接头数量对应的 FRP-Key 接头结构位移-剪力值关系曲线

轴力增大后，FRP-Key 接头在剪力作用下的承载能力相应提高，提高的数值与滑移段对应的剪力值变化基本一致，即由于两侧轴力改变引起的承载力极值的变化主要源自摩擦力。结合图 3.6.4-2 与图 3.6.4-3 可知，其他条件相同时，轴力发生变化后结构的破坏形态并未发生改变，这说明单方向轴力作为外荷载并不会影响结构的破坏模式。

由图 3.6.4-5 可以更直接地观察到，轴力不同时，相同条件下 FRP-Key 接头承载力极值的改变与滑移段对应摩擦力的变化数值基本相同。接头数量保持不变时，FRP-Key 接头的抗剪刚度也基本一致，荷载-位移曲线仅相当于自滑移段开始整体沿竖轴方向进行了平移。这也再次表明单一方向轴力的变化并未改变接头的破坏形式。然而，实际工作状态下衬砌管片不仅承受两侧的轴力作用，在垂直于接头轴线的方向上也存在轴力的作用。因此，仅通过本节的计算结果尚不能定论轴力对 FRP-Key 接头结构的破坏模式没有影响，仍需针对轴力围压作用下 FRP-Key 接头的受力性能展开进一步的研究与讨论。此外，图 (a)、(b) 均显示，各工况下结构极限承载力对应的位移值不同。轴力提高后 FRP-Key 接头结构达到承载力极值对应的位移减小，即轴力增加会引起 FRP-Key 接头抵抗变形能力的降低。因此，在实际工程中，对应用 FRP-Key 接头的衬砌结构位移的监测需与内力监测同步进行，以保证对结构变形能力及其极限值的精确判断。

3.6.5 榫槽下缘边距对 FRP-Key 接头力学性能的影响

3.6.5.1 榫槽下缘边距影响研究的模型介绍

FRP-Key 接头结构在剪力作用下的破坏是由榫槽侧衬砌管片的拉伸开裂引起的，而拉伸开裂的开始源自榫槽下缘的损伤，榫槽下缘边距（图 3.6.5-1）会影响衬砌损伤后裂纹的发展路径，从而对 FRP-Key 接头结构的承载能力造成影响。因此，研究榫槽下缘边距对 FRP-Key 接头受力性能的影响是十分必要的。选用 FRP-Key 接头数量为 1、单体接头长度为 100mm 时，两侧衬砌榫槽下缘边距分别为 70mm、75mm、80mm、85mm、90mm 5 种工况；FRP-Key 接头数量为 2，单体接头长度为 100mm 时，两侧衬砌榫槽下缘边距分别为

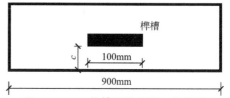

图 3.6.5-1 榫槽下缘边距 c 示意图

70mm、75mm、80mm、85mm、90mm 5种工况。具体工况设置情况如表3.6.5-1所示。

榫槽下缘边距影响研究数值模型工况介绍　　　　　　　　表3.6.5-1

工况	混凝土抗压强度(MPa)	l(mm)	接头数量	d(mm)	轴力 N(kN)	c(mm)
33	30	100	1	90	50	70
34	30	100	1	90	50	75
35	30	100	1	90	50	80
36	30	100	1	90	50	85
37	30	100	1	90	50	90
38	30	100	2	90	50	70
39	30	100	2	90	50	75
40	30	100	2	90	50	80
41	30	100	2	90	50	85
42	30	100	2	90	50	90

3.6.5.2 榫槽下缘边距影响研究的结果分析

图 3.6.5-2 所示为工况 38、工况 39、工况 41、工况 42 榫槽侧管片竖向位移等值面图。由图可知，当接头数量为 2 时，随着榫槽下缘边距 c 的增加，FRP-Key 接头-管片组合结构的破坏形式逐渐发生改变。榫槽下缘边距较小时，两个榫槽产生的开裂路径各自独立发展，没有互相影响。而图 (c)、(d) 中两榫槽的破坏区域已经有部分发生重叠交汇。这说明，在榫槽下缘边距达到某一数值后，相邻榫槽在剪力作用下的开裂是互相影响的，这种影响发生在管片损伤程度较大、裂纹发展一段距离的阶段。FRP-Key 接头-管片结构的破坏形式也随之改变，由两榫槽分别拉伸开裂形成两个单独的破坏区域，变化为一个较大的整体破坏区域。这种变化情况也与 FRP-Key 的布置情况存在关系。此外，FRP-Key 接头数量为 1 时，由于仅存在一个榫槽，故未出现破坏形式的改变，榫槽侧管片的破坏仅表现破坏区域范围的增加。其他工况的计算结果表现出与上文所述内容具有相似的规律，因此只选择代表性的工况 38、工况 39、工况 41、工况 42 的数值计算结果进行分析。

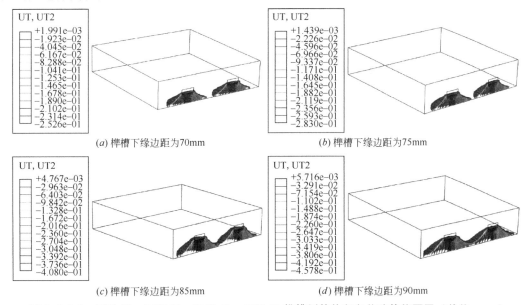

(a) 榫槽下缘边距为70mm　　　　　　(b) 榫槽下缘边距为75mm

(c) 榫槽下缘边距为85mm　　　　　　(d) 榫槽下缘边距为90mm

图 3.6.5-2　工况 38、工况 39、工况 41、工况 42 榫槽侧管片竖向位移等值面图（单位：mm）

图 3.6.5-3、图 3.6.5-4、图 3.6.5-5 分别为工况 33、工况 34、工况 38、工况 39FRP-Key 接头应力云图、工况 33~工况 42 按榫槽下缘边距为指标划分对应的 FRP-Key 接头结构位移-剪力值关系曲线及工况 33~工况 42 按接头数量划分对应的 FRP-Key 接头结构位移-剪力值关系曲线。结合上述三图可知，榫槽下缘边距相同时，接头数量（接头长度）的增加会降低 FRP-Key 接头在结构达到破坏时的应力值。这是因为 FRP-Key 接头数量（接头长度）增加后，达到结构承载力极值所需的位移变化减小导致的，即榫槽下缘边距不变时，接头数量（接头长度）会降低 FRP-Key 接头-管片结构的变形能力。同时，当接头数量（接头长度）保持不变时，随着榫槽下缘边距的增加，FRP-Key 接头的应力值也相应提高。由图 3.6.5-5 可知，榫槽下缘边距增加时，达到结构承载力极值对应的位移也相应提高，因此 FRP-Key 接头在结构达到承载力极值时的变形程度更大，这与其应力值的变化情况是一致的。此外，由于榫槽下缘边距变化引起的承载力极值对应位移量的变化并不明显，其数量级为 10^{-1}mm。

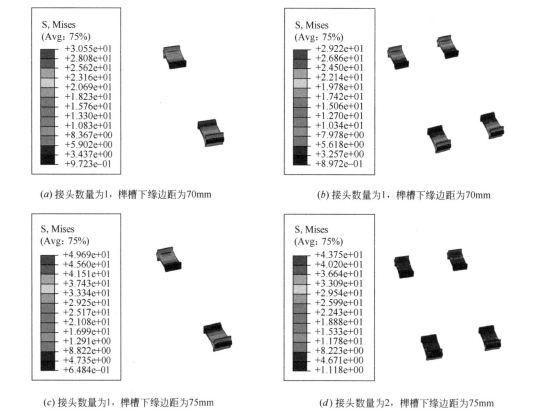

图 3.6.5-3 工况 33、工况 34、工况 38、工况 39FRP-Key 接头应力云图（单位：MPa）

此外，榫槽下缘边距提高后，FRP-Key 接头-管片结构在剪力作用下的承载力极值也随之提高。图 3.6.5-5（a）、(b) 均显示，承载力的提高与榫槽下缘边距的增加并不呈线性相关。对于增加相同的数值，榫槽下缘边距较小时提高的承载能力小于榫槽下缘边距较大时提高的承载能力。即榫槽下缘边距数值越大，变化后 FRP-Key 接头-管片在剪力作用下的承载力极值变化越大。

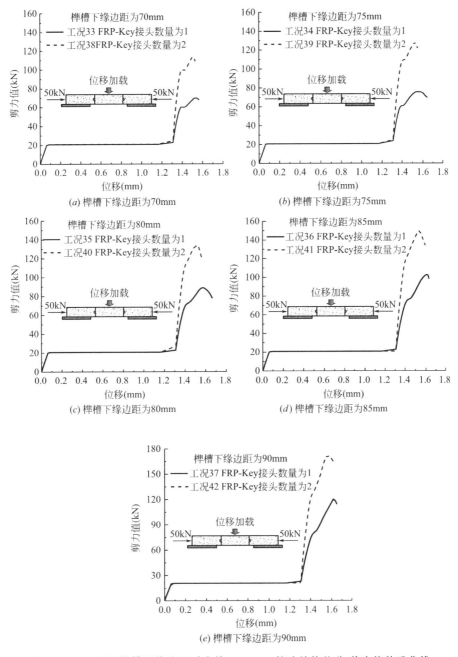

图 3.6.5-4 不同榫槽下缘边距对应的 FRP-Key 接头结构位移-剪力值关系曲线

需要注意的是，本节讨论的榫槽下缘边距改变对 FRP-Key 接头结构受力性能的影响仅针对管片榫槽下侧一个方向受剪力作用的情况。实际工程中，衬砌管片在复杂条件和外荷载的作用下，接头面处的相互错动位置是可以发生改变的，FRP-Key 接头和榫槽之间的剪力既可作用于榫槽下缘，亦可作用于榫槽上缘。因此，在管片厚度一定的条件下，尚需结合衬砌管环接头的具体部位和外部荷载条件确定 FRP-Key 接头榫槽下缘边距的具体数值。

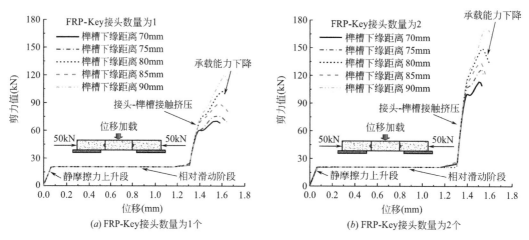

图 3.6.5-5　不同接头数量对应的 FRP-Key 接头结构位移-剪力值关系曲线

3.6.6　支撑条件对 FRP-Key 接头力学性能的影响

3.6.6.1　支撑条件影响研究的模型介绍

如图 3.6.6-1 所示，试验时承台距离接头平面距离 d 为 90mm。实际工程中，相邻管片间仅靠接头实现连接，下侧并无承台结构。根据文献中给出的受剪极限承载力计算公式可知，只需满足 $d>c$ 即可保证受剪结构的极限承载力相同。但是，计算中发现 d 在满足理论公式要求范围内发生变化时，结构的极限承载力会随之发生改变，这说明支撑条件对 FRP-Key 接头结构的受力性能是有影响的。为揭示该因素对 FRP-Key 接头受剪极限承载力的具体影响情况，本节分仅布置一个 FRP-Key 接头和布置两个 FRP-Key 接头两种情况，每种情况各取满足理论公式范围内的 5 种工况，共 10 种工况进行分析，具体情况如表 3.6.6-1 所示。

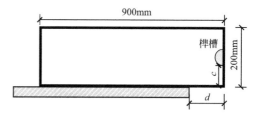

图 3.6.6-1　承台距接头平面距离 d 示意图

数值模拟工况介绍　　　　　　　　　表 3.6.6-1

工况	混凝土抗压强度(MPa)	l(mm)	接头数量	d(mm)	轴力 N(kN)	c(mm)
43	30	100	1	80	50	80
44	30	100	1	90	50	80
45	30	100	1	100	50	80
46	30	100	1	110	50	80
47	30	100	1	120	50	80
48	30	100	2	80	50	80
49	30	100	2	90	50	80
50	30	100	2	100	50	80
51	30	100	2	110	50	80
52	30	100	2	120	50	80

3.6.6.2 支撑条件影响研究的结果分析

图 3.6.6-2～图 3.6.6-4 分别为承台距接头平面距离 d 变化时针对接头数量划分对应的 FRP-Key 接头结构位移-剪力值关系曲线、极限承载力对应的变形值与距离 d 的关系曲线及极限承载力与距离 d 关系曲线。由图可知,距离 d 较小时的极限承载力大于距离 d 较大时的极限承载力。根据文献提出的理论分析结果,工况 43～工况 47 和工况 48～工况 52 的极限承载力的数值计算结果应分别相同,试验因此未考虑支撑条件对结果的影响。然而,本节的计算结果说明支撑条件对 FRP-Key 接头的受剪极限承载力存在影响,且布置不同数量 FRP-Key 接头时,其影响规律一致,这说明文献给出的计算理论存在不足。需要注意的是,尽管建立的五组模型的计算结果显示,极限承载力与承台距接头面距离 d 基本呈线性反比关系,但此关系并不能直接用于实际工程中 FRP-Key 接头-管片结构在剪力作用下承载力的计算。根据理论分析可以推测,当距离 d 达到某一数值时(此数值可能与管片长度成固定比例),FRP-Key 接头-管片结构在剪力作用下的极限承载力与距离 d 的关系曲线将趋于平缓。

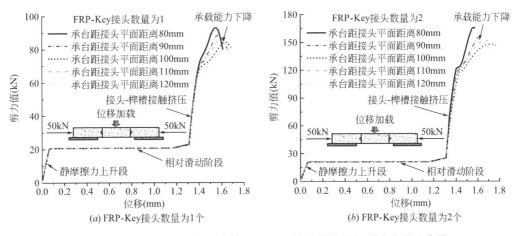

图 3.6.6-2 不同接头数量对应的 FRP-Key 接头结构位移-剪力值关系曲线

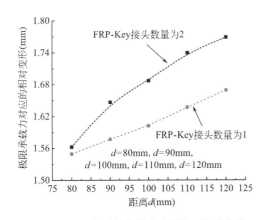

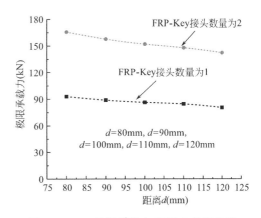

图 3.6.6-3 变形抵抗能力-距离 d 关系曲线　　图 3.6.6-4 极限承载力-距离 d 关系曲线

此外,由图 3.6.6-3 可知,支撑条件发生变化时,结构达到极限承载力所对应的竖向相对位移也相应改变。极限承载力对应的竖向位移随承台布置距离 d 的增大而增大,且在布置不同数量 FRP-Key 接头的情况下表现出一致的特性。

3.6.7 接头布置方式对 FRP-Key 接头力学性能的影响

3.6.7.1 布置方式影响研究的模型介绍

FRP-Key 接头布置情况如图 3.6.7-1 所示。根据理论分析结果，在同时满足以下两式时，接头结构的受剪极限承载力不发生变化。

$$d_1 > c \quad (3.6.7\text{-}1)$$
$$d_2 > 2c \quad (3.6.7\text{-}2)$$

式中，d_1 为榫槽外缘至管片侧表面的距离（mm）；d_2 为两榫槽内缘的距离（mm）；c 为榫槽边缘距离管片下表面的距离（mm）。

试验因此只设置了少数工况，没有充分考虑布置方式对 FRP-Key 接头受剪极限承载力的影响情况。然而，在数值分析过程中发现，满足上述条件的部分模型的计算结果不符合理论分析结果。因此，本节在保证式（3.6.7-1）、式（3.6.7-2）同时成立的基础上，建立了布置方式有区别的不同工况，以揭示 FRP-Key 接头

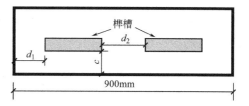

图 3.6.7-1　FRP-Key 接头布置情况示意图

在不同布置方式下管片混凝土的破坏规律和结构极限承载力的变化情况。

为满足管片宽度范围内 FRP-Key 接头受剪时式（3.6.7-1）、式（3.6.7-2）同时成立，且存在较多布置方式用于分析研究内容，本节以长度为 100mm 的 2 个 FRP-Key 接头为基础，共建立了 7 种不同的布置方式工况依次进行分析。考虑到工程实际情况，本书只设置对称形式的布置方式，对于非对称形式的布置方式本节暂不研究，具体情况如表 3.6.7-1 所示。

数值模拟工况介绍　　　　　　　　　　　　　　　　　　表 3.6.7-1

工况	混凝土抗压强度(MPa)	l(mm)	d_1(mm)	d_2(mm)	轴力 N(kN)	c(mm)
53	30	100	100	500	50	80
54	30	100	125	450	50	80
55	30	100	150	400	50	80
56	30	100	175	350	50	80
57	30	100	200	300	50	80
58	30	100	225	250	50	80
59	30	100	250	200	50	80

3.6.7.2 布置方式影响研究的结果分析

通过对计算结果的分析，发现榫槽侧管片的受压损伤情况与应力分布特征与前文工况基本一致，故这里不再详细讨论。图 3.6.7-2 和图 3.6.7-3 分别为工况 53～工况 59 的榫槽侧管片拉伸损伤分布情况和榫槽侧管片竖向位移等值面图。不同于受压损伤分布特点，当 FRP-Key 接头布置情况发生改变时，榫槽侧管片拉伸损伤的分布情况与前文模型的计算结果存在较大区别［见图 3.6.7-2（a）、(b)、(f)、(g)］。结果表明，榫槽在接头的剪

力作用下，自两侧边缘分别发生拉伸损伤，但各工况中的损伤发展路径差别较大。

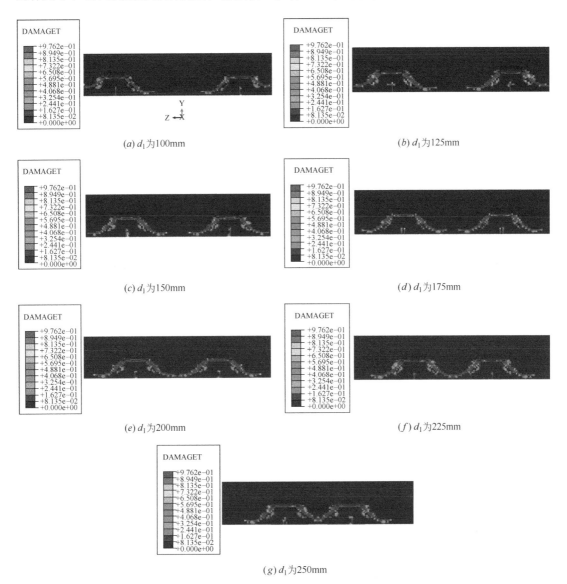

图 3.6.7-2 工况 53～工况 59 榫槽侧管片拉伸损伤分布图

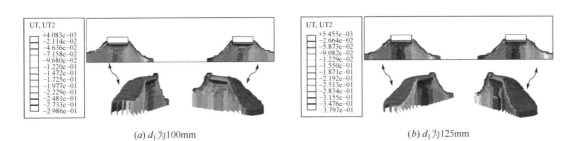

图 3.6.7-3 工况 53～工况 59 榫槽侧管片竖向位移等值面图（单位：mm）（一）

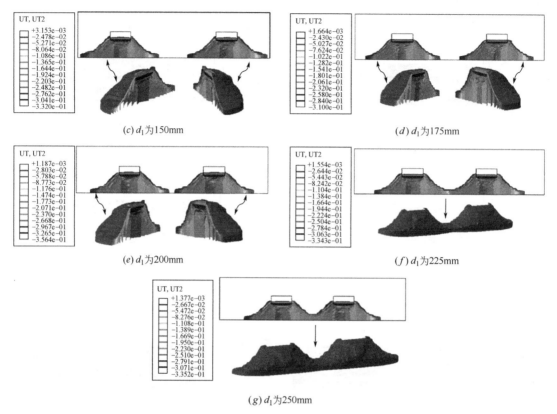

图 3.6.7-3 工况 53～工况 59 榫槽侧管片竖向位移等值面图（单位：mm）（二）

工况 53、工况 54 中在平面内的内侧（取两榫槽间为内侧，榫槽与管片边缘间为外侧）损伤发展路径与理论分析给出的破坏路径一致（以下称该路径为理论路径），与水平方向呈 45°，并沿直线发展；外侧损伤发展路径在前期与理论路径相符合，随着损伤的扩大，后期偏离理论路径，表现为向管片边缘的偏移。由竖向的等值面位移可以看出，最终结构因拉伸开裂而破坏时，空间上内侧损伤的主要发展平面与理论分析判断的破坏平面基本重合，而外侧损伤的主要发展平面则发生了向管片边缘的偏离。

工况 55、工况 56 和工况 57 中榫槽侧管片的损伤平面发展路径与理论路径基本一致，其空间中的损伤发展平面也相应符合理论分析。

工况 58、工况 59 中榫槽在外侧平面上的损伤发展路径和空间中的发展平面符合理论分析，但内侧发展路径在两榫槽中间部位发生交汇重叠，竖向位移等值面显示相应条件下的榫槽在内侧空间上的损伤发展平面也出现了重合区域。这表明工况 58、工况 59 中结构的破坏形式发生改变，工况 53～工况 57 结构破坏时两榫槽分别产生不同的单独破坏区域，而工况 58 和工况 59 的结构则表现为破坏区域重叠，最终形成一个较大的破坏区。

综上所述，可以初步判断，FRP-Key 接头结构中榫槽侧管片损伤破坏形式与理论分析情况相符的布置方式应满足下式条件：

$$3.125c < d_2 < 5.625c \quad (3.6.7-3)$$

式中，c 为榫槽底部至混凝土管片下边缘的距离（mm）；d_2 为两榫槽内缘之间的距离（mm）。

工况53～工况59中结构在剪力作用下的荷载-位移曲线如图3.6.7-4所示，各工况下结构的剪力理论极限值由理论分析给出的计算公式得到，同数值计算结果汇总于表3.6.7-2中。

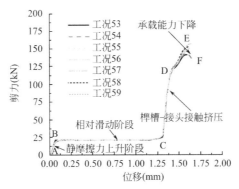

图3.6.7-4 各工况荷载-位移曲线

极限剪力理论值及计算值　　　　　　　　　表3.6.7-2

工况	理论极限值(kN)	数值计算值(kN)	差值
53		142.1	10.52%
54		143.8	9.45%
55		149.1	6.11%
56	158.8	152.0	4.23%
57		157.6	0.76%
58		152.9	3.72%
59		146.6	7.68%

由图3.6.7-4可知，结构在剪力作用下的荷载-位移曲线的变化主要包括4个阶段，其中的榫槽-接头接触挤压阶段又可以分为承载力弹性上升段（CD段）和塑性上升段（DE段）。其中，在FRP-Key接头与榫槽接触前，管片间静摩擦力首先增大到极值，管片发生相对滑动；接头与榫槽接触后，在混凝土材料的弹性范围内荷载呈直线上升趋势，其后进入塑性段，在E点处达到剪力极值，最后混凝土材料局部损伤失效，曲线进入下降段。此外，各工况中结构在材料塑性阶段前受力情况基本一致，进入塑性阶段后出现差异。

表3.6.7-2显示，不同工况下的结构受剪极限承载力存在区别。其中，工况53的结构承载力最小，为142.1kN，与理论值相差10.52%；工况57的结构承载力最大，为157.6kN，与理论值相差0.76%。7种工况中，结构在保证FRP-Key接头的布置形式满足承载力理论计算值相同的条件下，由靠近管片边缘开始逐渐缩小两接头间的距离，在此过程中结构的受剪承载力呈先升后降式变化，由此可判断接头存在最佳布置范围，在该范围内布置接头可保证其受剪承载力高于其他布置方式。根据数值计算结果，初步判断接头的最佳布置范围应满足如下条件：

$$3.125c < d_2 < 4.375c \qquad (3.6.7-4)$$

综合表3.6.7-2和图3.6.7-3可知，结构的损伤发展平面对其受剪情况下的承载力极值有重要影响。接头靠近管片边缘或两接头间距过小时，其损伤破坏形式发生明显改变，且最终均表现为结构承载力的下降。值得注意的是，上述两种情况下榫槽侧管片投影在底面上的有效面积均大于其理论计算值。此时，按照理论分析得到的方法计算所得的承载力理论极限值是增大的，这与数值计算结果相反，说明理论分析按有效投影面积大小来判断和计算承载力极值的思路不适用于部分特殊布置情况下损伤破坏形式发生变化的结构中。

3.7 环间凹凸榫接头抗剪性能研究

近年来，部分地铁盾构隧道中采用了以混凝土管片为基础，内弧面、外弧面外包钢板的新型复合管片形式。与本书第2章介绍的复合管片相比，上述复合管片取消了接头板和主桁梁，环缝和纵缝处仍可采用凹凸榫槽接头。

凹凸榫接头一般设置在衬砌接头的四个环面上，既能保证在管片在施工拼装过程中起到正确的定位作用，又可以提高管片的施工拼装进度，更重要的是环间接头中凹凸榫剪力键的设置对于处在软土地层中的地铁区间隧道可能出现的隧道沿轴向出现的不均匀沉降提供了更可靠的剪切抵抗能力；另外在衬砌管片环面设有榫槽时，其凸端（榫头部位）迎向千斤顶，有助于减轻环面混凝土在施工过程中被盾构机千斤顶压碎的情况。

按照国内的设计经验，在含水量丰富的软流塑地层中，盾构隧道管片衬砌一般都设有榫槽，例如天津和上海地区的地铁盾构区间隧道管片设计中，基本上是管片环、纵缝接触面皆设置凹凸榫，用以提高衬砌接头处的抗剪能力，在南京地铁区间盾构隧道管片只是在纵缝接头间接触面部位设置凹凸榫，而杭州地铁1号线盾构区间隧道管片设计中，只是在环间接头间接触面设置凹凸榫。在设计中，管片若采用通缝拼装，则管片环、纵缝接触面处皆设置凹凸榫。

工程中管片若采用错缝拼装，凹凸榫一般只是设置在管片纵缝接触面处。在不同时期、不同区域、不同地区的工程实际中，对衬砌榫槽的设置有着不同的理解。混凝土衬砌的凹凸榫设置有助于提高环间和管片间的接缝刚度、控制纵向不均匀沉降，同时也有利于管片在施工过程中拼装就位，但与此同时增加了管片制作的难度和制作成本，也是施工拼装过程中和盾构隧道后期沉降过程中管片开裂的因素之一，客观上管片的损坏又削弱了管片防水性能。平面式的管片接头构造简单，加工制作过程方便，拼装过程准确快捷，接头抗剪能力主要靠连接螺栓进行承担，但是主要适用于接缝承受较小剪力的情形。凹凸榫式接头刚度较好，各个管片间剪力传递可靠，整环和环间管片抵抗变形能力强，适用于强度较低、灵敏度高的地层。

本节主要分析环间接头的抗剪性能，了解环间接头的抗剪机理，并分析了环间接头各部分构造对其抗剪能力的影响。采用数值模拟和理论分析的方法，定量研究管片凹凸榫剪切键部位的混凝土演变规律、凹凸榫尺寸等因素对管片环间接头极限受剪承载力、抗剪刚度以及管片受剪破坏时的损伤区域大小的影响，从而确定凹凸榫剪切键尺寸、形状等设计参数，揭示混凝土管片环间接头力学行为的变化规律，为管片环间接头凹凸榫剪切键的设计提供理论依据。

3.7.1 通用楔形管片凹凸榫接头数值模型

本节主要分析环间凹凸榫接头的抗剪性能，探讨该接头的抗剪机理，并研究各部分构造对其抗剪能力的影响。以 3 块管片作为研究对象，建立通用楔形管片及凹凸榫接头三维模型如图 3.7.1-1 所示。考虑到凹凸榫接头工作性能主要受混凝土损伤控制，故忽略了复合管片的钢板部分。管片内径 5800mm，外径 6500mm，厚 350mm。左、右侧管片宽度为 600mm，中间管片宽度为 1200mm。

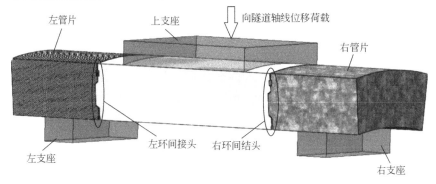

图 3.7.1-1　通用楔形管片及凹凸榫接头模型图

接头凹凸榫剪切键细节如图 3.7.1-2、图 3.7.1-3 所示，建立模型时，凸榫高度或凹榫深度为 20mm，凸榫角度为 53°，凸榫顶部宽度为 127mm，凹榫底部宽度为 135mm，为了更加合理地进行数值分析，凸、凹榫上下之间的间隙为 4mm。采用 SolidWorks 批量建模，导入到 ABAQUS 中，然后进行数值计算。

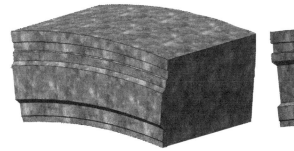

图 3.7.1-2　凸榫细部构造图

图 3.7.1-3　凹榫细部构造图

3.7.1.1 混凝土参数及本构关系

采用 Concrete Damage Plasticity 模型，混凝土强度等级为 C50。根据《混凝土结构设计规范》GB 50010—2010 中提供的 C50 混凝土应力-应变关系曲线定义压缩曲线，混凝土单轴受压的应力应变曲线可按式（3.7.1-1）～式（3.7.1-5）确定，C50 混凝土压缩、拉伸应力-应变曲线如图 3.7.1-4 和图 3.7.1-5 所示。

$$\sigma = (1-d_c)E_c\varepsilon \tag{3.7.1-1}$$

$$d_c = \begin{cases} 1-\dfrac{\rho_c n}{n-1+x^n} & x \leqslant 1 \\ 1-\dfrac{\rho_c}{\alpha_c(x-1)^2+x} & x > 1 \end{cases} \tag{3.7.1-2}$$

$$\rho_c = \frac{f_{c,r}}{E_c \varepsilon_{c,r}} \tag{3.7.1-3}$$

$$n = \frac{E_c \varepsilon_{c,r}}{E_c \varepsilon_{c,r} - f_{c,r}} \tag{3.7.1-4}$$

$$x = \frac{\varepsilon}{\varepsilon_{c,r}} \tag{3.7.1-5}$$

式中 α_c——混凝土单轴受压应力应变曲线下降段参数值,按表3.7.1-1取用;

$f_{c,r}$——混凝土单轴抗压强度代表值,在此取用f_{ck};

$\varepsilon_{c,r}$——与单轴抗压强度$f_{c,r}$相对应的混凝土峰值应变,按表3.7.1-1取用;

d_c——混凝土单轴受压损伤演化参数。

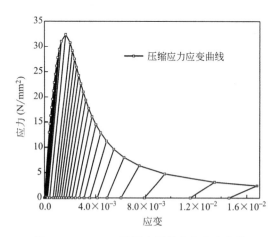

图3.7.1-4 C50混凝土压缩应力应变曲线　　图3.7.1-5 C50混凝土拉伸应力应变曲线

混凝土损伤模型剪胀角取38°,偏心率取0.1,双轴极限抗压强度与单轴极限抗压强度之比取1.16,K值取0.66667,黏聚系数取0.00001。

混凝土弹性模量、泊松比和密度见表3.7.1-2。

混凝土单轴受压应力-应变曲线的参数取值　　表3.7.1-1

$f_{c,r}$(MPa)	20	25	30	35	40	45	50	55	60	65	70	75	80
$\varepsilon_{c,r}(10^{-6})$	147	156	164	172	179	185	192	198	203	208	213	219	224
α_c	0.74	1.06	1.36	1.65	1.94	2.21	2.48	2.74	3.00	3.25	3.50	3.75	3.39
$\varepsilon_{cu}/\varepsilon_{cr}$	3.0	2.6	2.3	2.1	2.0	1.9	1.9	1.8	1.8	1.7	1.7	1.7	1.6

注:为应力-应变曲线下降段应力等于0.5时的混凝土压应变。

常温下材料参数　　表3.7.1-2

材料	弹性模量(MPa)	泊松比	密度(g/mm³)
钢筋	2.1×10^5	0.3	7.80×10^{-3}
混凝土	3.45×10^4	0.2	2.42×10^{-3}

3.7.1.2 钢筋参数及本构关系

考虑到材料的非线性，钢筋的本构关系均选用理想弹塑性模型，钢筋屈服强度取 360MPa，弹性模量取 210GPa，泊松比取 0.3。

3.7.1.3 接触设置

将钢筋通过 embedded 方式嵌入到混凝土管片中。设置左管片、右管片和中管片凹凸榫之间的面面接触属性，法线方向为硬接触，只受压不受拉，切线方向无滑移。

3.7.1.4 边界条件和加载方式

本节主要分析环间接头的抗剪性能，因此模型装配件在运营过程中的受力情况包括沿隧道纵向的环间作用力和沿管环径向的环间剪力。

施工过程中千斤顶对管片的推力范围为 8000～10000kN，采用力加载的方式模拟沿隧道纵向的环间作用力，根据工程实际经验结合本模型尺寸，经计算得均布面压力荷载大小为 0.4N/mm^2。

采用位移加载的方式模拟沿管环径向的环间剪力。管片下方左右对称支座用以约束左管片和右管片的位移，管片上方刚体用以推动中管片向下移动，与左管片和右管片产生相对位移，从而研究环间接头的抗剪性能。

设置三个刚体 1～3 用以模拟左支座、上支座和右支座，建立参考点用以后期提取反力。刚体 1（左支座）与左管片绑定接触，刚体 2（上支座）与中管片绑定接触，刚体 3（右支座）与右管片绑定接触，刚体 1～3 用以控制三个管片的位移和转动。建立参考点 RF_1 和 RF_5 与左管片和右管片左右两端面耦合，用以控制左管片和右管片两端面的位移和转动。通用楔形管片边界及加载示意如图 3.7.1-6 所示。建立左支座刚体参考点 RF_2、上支座刚体参考点 RF_3、右支座刚体参考点 RF_4 用以提取反力。

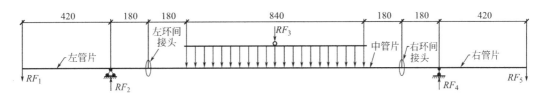

图 3.7.1-6　通用楔形管片边界及加载示意图

加载过程具体可以划分为三个分析步，STEP1 为力加载，在这一过程中施加轴力，并且约束左管片和右管片左右两端面和刚体 1、3 的转动和 Y、Z 方向的位移，允许管片在轴力作用下 X 轴方向发生位移。STEP2 为位移加载，这一过程中凹凸榫还没有相互接触，固定左管片和右管片左右两端面和刚体 1、3 的位移和转动，然后位移加载使刚体 2 向下移动 3.8mm，使左管片和右管片和中管片接头凹凸榫产生初始接触。STEP3 同样也为位移加载，这一过程中约束左管片和右管片左右两端面和刚体 1、3 的位移，允许左管片和右管片左右两端面和刚体 1、3 绕 Z 轴转动，然后位移加载使刚体 2 继续向下移动直至管片破坏。

两个环间接头抗剪共包括四种工况：左环间接头包括凸榫外剪（向隧道内侧方向认为是向内）和凹榫内剪两个工况，右环间接头包括凸榫内剪和凹榫外剪两个工况。

数值模拟过程中，左侧环间接头凹榫处于内剪状态，凸榫处于外剪状态，右侧环间接头凹榫处于外剪状态（凸榫处于内剪状态），分析中提取左管片边界耦合点 RF_1、左支座刚体参考点 RF_2、上支座刚体参考点 RF_3、右支座刚体参考点 RF_4 以及右边界耦合点 RF_5 沿 Y 坐标轴方向反力。加载示意图和各反力方向如图 3.7.1-6 所示。

根据图 3.7.1-6 可知左侧环间接头承受剪力 SL 为：

$$SL = RF_2 - RF_1 \quad (3.7.1\text{-}6)$$

右侧环间接头承受剪力 SR 为：

$$SR = RF_4 - RF_5 \quad (3.7.1\text{-}7)$$

通用楔形管片环间接头抗剪受力示意如图 3.7.1-7 所示。

图 3.7.1-7　通用楔形管片环间接头抗剪受力示意图

3.7.1.5　网格划分

整体模型网格划分如图 3.7.1-8 所示，混凝土采用 C3D8 八节点六面体线性完全积分实体单元，钢筋采用 T3D2 桁架单元，刚体采用 R3D4 离散刚体单元。

图 3.7.1-8　网格划分图

3.7.2　模型分析与验证

3.7.2.1　整体模型抗剪分析

图 3.7.2-1 为各反力随错台量变化曲线，由图 3.7.2-1 可知，在凹、凸榫结构接触前期随着错台量的增加，当错台量达到 4mm 时，凹榫和凸榫相互接触并逐渐咬合，凹、凸榫接触面积不断增大，各反力也相应增加，抵抗位移荷载的能力增强。可以看出右支座反力大于左支座反力，并且当右支座反力到达峰值并下降时，上支座反力同样到达了峰值并下降，由于右环间接头抗剪能力逐渐丧失，整体结构抗剪能力也开始下降，说明整体结构剪力主要由右环间接头承担，右环间接头相对左环间接头有更强的承载能力，左环间接头抗剪能力是盾构隧道环间接头受剪的薄弱环节。左右两处在加载末期，各反力趋于平缓，整体结构随之退出工作。

3.7.2.2　左环间接头抗剪性能研究

1. 左环间接头剪力研究

由图 3.7.2-2 可以得到，左环间接头剪力等于左支座反力和左管片耦合点反力之差，图 3.7.2-2 与公式（3.7.1-6）相吻合，证明了模型左环间接头剪力提取的正确性。

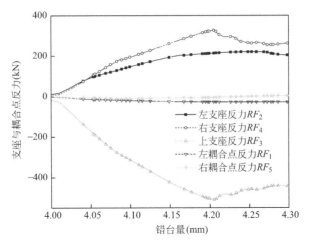

图 3.7.2-1 错台量与各反力关系曲线

图 3.7.2-3 为左环间接头剪力随错台量变化关系曲线。由左环间接头剪力随错台量关系曲线可以看出，左环间接头受剪过程在加载过程中大概可分为如下四个阶段。

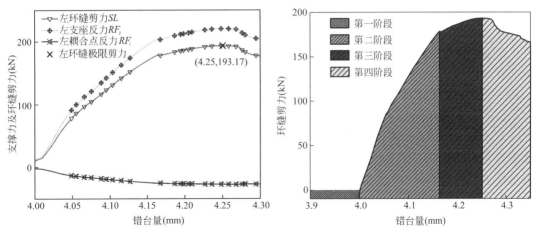

图 3.7.2-2 各支座反力及环间接头剪力随错台量变化关系

图 3.7.2-3 左环间接头剪力随错台量变化分阶段关系曲线

第一阶段凹榫和凸榫在径向并没有接触，凹凸榫结构部分没有直接承受剪力，所以此阶段环间接头剪力为 0，但错台量不断增大，环间接头剪力随错台量变化曲线为一水平直线。

第二阶段初凹榫和凸榫开始接触，由环间接头剪力随错台量变化曲线可以看出，在此阶段环间接头剪力随错台量的变化增长较快，凹榫和凸榫相互咬合，剪力增量与错台量增量基本呈线性关系。在第二阶段中期管片局部混凝土应力达到混凝土极限抗拉强度致使混凝土出现微小缝隙，随着错台量的不断加大，凹榫内弧面根部出现细长裂缝，如图 3.7.2-4 所示。随着错台量的增大，裂缝继续扩展，局部混凝土退出工作，环间接头剪力完全由箍筋承受，第二阶段结束。

第三阶段箍筋承受剪力，裂缝继续开展，出现了类似悬臂梁结构，此时悬臂梁结构上部受拉下部受压，但当悬臂梁根部裂缝延伸到纵向受拉钢筋部位时，停止了继续扩展，同时管片内侧纵向受拉钢筋成为悬臂梁结构受拉钢筋，同时底部混凝土受压区压应力逐渐达到混凝土的极限受压强度，当底部混凝土被"压坏"时，斜裂缝突然扩大，凹榫内弧面应力集中三角区脱落，如图 3.7.2-5 所示，整个加载过程进入第四阶段。第三阶段结束达到极限受剪承载力，由图 3.7.2-2 可知此时错台量为 4.25mm，左环间接头凸榫接头极限受剪承载力为 193.17kN。

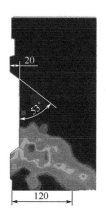

图 3.7.2-4　裂缝扩展图　　　　图 3.7.2-5　凹榫脱落区

第四阶段开始时左管片和中管片错台量达到了 4.25mm 左右，凹榫内弧面抵抗剪力的能力逐渐丧失，直至加载结束。由此将图 3.7.2-3 左环间接头剪力随错台量变化关系划分为四个加载阶段的依据。

2. 左环间接头抗剪刚度研究

取出左环间接头受剪过程剪力上升段（即受剪过程第二阶段和第三阶段）单独研究，提取出错台量和环间接头剪力，并利用 Origin 进行曲线拟合，拟合后左环间接头剪力随错台量的关系变化曲线如图 3.7.2-6 所示。

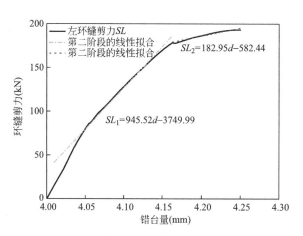

图 3.7.2-6　左环间接头剪力随错台量的关系变化曲线

第二阶段线性拟合函数关系为：

$$SL_1 = 945.52d - 3749.99 \tag{3.7.2-1}$$

第三阶段线性拟合函数关系为：
$$SL_2 = 182.95d - 582.44 \quad (3.7.2\text{-}2)$$

可根据下式计算环间接头抗剪刚度：
$$K = \frac{SL}{d} \quad (3.7.2\text{-}3)$$

其中，K 为环间接头抗剪刚度，单位为 kN/mm；SL 为环间接头剪力，单位为 kN；d 为环间接头错台量，单位为 mm。

从公式（3.7.2-3）和图 3.7.2-6 可以得出，第二阶段环间接头受剪刚度为 945.52kN/mm，第三阶段抗剪刚度为 182.95kN/mm，第二阶段左环间接头的抗剪刚度明显大于第三阶段，第二阶段是左环间接头抗剪的主要阶段。

3. 左环间接头凹榫、凸榫损伤对比研究

左环间接头的抗剪性能研究包括凹榫外剪和凸榫内剪两种工况。当加载到极限受剪承载力时，左环间接头凹榫和凸榫的刚度损伤云图如图 3.7.2-7 所示，凹榫和凸榫的强度损伤云图如图 3.7.2-8 所示。

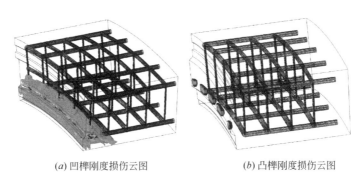

(a) 凹榫刚度损伤云图　　　　(b) 凸榫刚度损伤云图

图 3.7.2-7　左环间接头刚度损伤云图

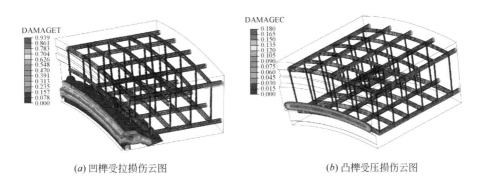

(a) 凹榫受拉损伤云图　　　　(b) 凸榫受压损伤云图

图 3.7.2-8　左环间接头强度损伤云图

根据数值模拟和理论分析结果可知，接头凹榫部位发生受拉损伤而凸榫部位发生受压损伤，由图 3.7.2-7 和图 3.7.2-8 可以看出，接头凹榫部位损伤区域明显大于凸榫损伤区域。这是因为在凹榫内弧面凸起处首先开始受拉损伤，裂缝逐渐发展呈"悬臂梁"形式在根部破坏，而凹榫与凸榫接触部位只发生了轻微的压缩损伤（最大压缩损伤系数不到 0.2），由于混凝土的抗压强度大于抗拉强度，因此左环间接头凸榫凹榫损伤破坏区域大于凸榫损伤破坏区域。由此可知，内剪情况下凹榫内弧面损伤破坏是左环间接头失去抗剪能力的主要原因。

4. 左环间接头凹榫损伤高度研究

左环间接头凹榫、凸榫损伤对比研究说明内剪情况下凹榫是左环间接头受剪时的薄弱部位，凹榫的损伤高度直接反映了环间凹凸榫接头的破坏程度，因此在进行盾构隧道管片设计时接头凸榫结构是重要的影响因素。

图 3.7.2-9 为左环间接头凹榫损伤云图。根据 ABAQUS 计算结果，内剪凹榫损伤高度为 80mm。

图 3.7.2-9　左环间接头凹榫损伤云图

3.7.2.3　右环间接头抗剪性能研究

1. 右环间接头剪力研究

由图 3.7.2-10 可以得到，右环间接头剪力等于右支座反力和右管片耦合点反力之差，从而验证了公式（3.7.1-7）的正确性。图 3.7.2-11 与左环间接头剪力随错台量变化关系曲线相同，右环间接头受剪过程在加载中也可以分为四个阶段，阶段划分如下：第一阶段错台量为 0~4mm，在这一过程中凹榫和凸榫在径向并没有接触，凹凸榫结构部分没有直接承受剪力，此时右环间接头剪力随错台量变化曲线为一水平直线。第二阶段为凹榫凸榫开始接触，到凹榫结构出现细长贯穿裂缝为止。由右环间接头剪力随错台量变化关系曲线可以看出，在此阶段环间接头剪力随错台量的增加变化较快，与左环间接头不同的是，右环间接头在此阶段，曲线的切线更加陡峭，凹榫和凸榫相互咬合，剪力增量与错台量增量基本呈线性关系。在第二阶中期管片局部混凝土应力达到混凝土极限抗拉强度致使混凝土出现微小缝隙，同左环间接头相同，随着错台量的不断加大，凹榫内弧面根部出现细长裂缝。随着错台量的增大，裂缝继续扩展，局部混凝土退出工作，环间接头剪力完全由箍筋承受，第二阶段结束。第三阶段箍筋承受剪力，裂缝继续开展，悬臂梁结构上部受拉下部受压，凹榫根部应力集中作用明显，但当悬臂梁根部裂缝延伸到纵向受拉钢筋部位时，停止了继续扩展，同时管片内侧纵向受拉钢筋成为悬臂梁结构受拉钢筋，同时底部混凝土受压区压应力逐渐达到混凝土的极限抗压强度，当底部混凝土被"压坏"时，斜裂缝突然扩大，凹榫内弧面应力集中三角区脱落，如图 3.7.2-11 所示，整个加载过程进入第四阶段。第三阶段结束达到极限受剪承载力，由图 3.7.2-10 可知此时错台量为 4.21mm，左环间接头凸榫接头极限受剪承载力为 322.93kN。第四阶段开始时中管片和右管片错台量达到了 4.21mm 左右，凹榫内弧面抵抗剪力能力逐渐丧失，直至加载结束。

2. 右环间接头抗剪刚度研究

取出右环间接头受剪过程剪力上升段（即受剪过程第二阶段和第三阶段）单独研究，提取出错台量和环间接头剪力，拟合后右环间接头剪力随错台量的关系变化曲线如图 3.7.2-12 所示。

第二阶段线性拟合函数关系为：

$$SR_1 = 2172.67d - 8705.03 \quad (3.7.2\text{-}4)$$

第三阶段线性拟合函数关系为：

$$SR_2 = 1353.77d - 5364.33 \quad (3.7.2\text{-}5)$$

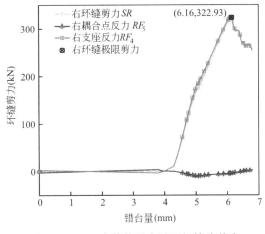

图 3.7.2-10 右管片反力及环间接头剪力随错台量变化图

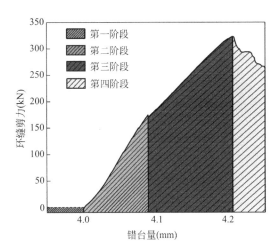

图 3.7.2-11 右环间接头剪力随错台量变化关系曲线

根据公式（3.7.2-3）计算环间接头抗剪刚度，从公式（3.7.2-3）和图 3.7.2-12 可以得出，第二阶段环间接头抗剪刚度为 2172.67kN/mm，第三阶段抗剪刚度为 1353.77kN/mm，第二阶段右环间接头的抗剪刚度明显大于第三阶段，第二阶段是右环间接头抗剪的主要阶段。

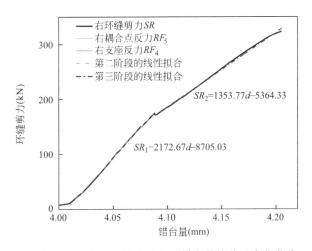

图 3.7.2-12 右环间接头剪力随错台量的关系变化曲线

3. 右环间接头凹榫、凸榫损伤对比研究

右环间接头的抗剪性能研究不同于左环间接头，包括凹榫内剪和凸榫外剪两个工况。当加载到极限受剪承载力时，右环间接头凹榫和凸榫的刚度损伤云图如图 3.7.2-13 所示，凹榫和凸榫的强度损伤云图如图 3.7.2-14 所示。

同左环间接头凹凸榫接头受剪性能，根据数值模拟和理论分析结果可知，接头凹榫部位发生受拉损伤而凸榫部位发生受压损伤，由图 3.7.2-13 和图 3.7.2-14 可以看出，接头凹榫部位损伤区域明显大于凸榫损伤区域。这是因为在凹榫内弧面凸起处首先开始受拉损伤，裂缝逐渐发展呈"悬臂梁"形式在根部破坏，而凸榫与凹榫接触部位只发生了轻微的压缩损伤（最大压缩损伤系数不到 0.2），由于混凝土的抗压强度大于抗拉强度，因此右环间接头凸榫凹榫损伤破坏区域大于凸榫损伤破坏区域，与左环间接头相同凹榫内弧面损伤破坏也是右环间接头失去抗剪能力的主要原因。

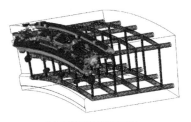 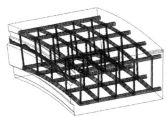

(a) 凹榫刚度损伤云图　　(b) 凸榫刚度损伤云图

图 3.7.2-13　右环间接头刚度损伤云图

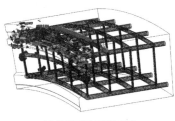 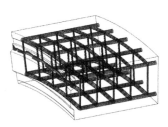

(a) 凹榫受拉损伤云图　　(b) 凸榫受压损伤云图

图 3.7.2-14　右环间接头强度损伤云图

4. 右环间接头凹榫损伤高度研究

左环间接头凹榫、凸榫损伤对比研究说明，右环间接头凹榫外剪情况下与左环间接头凹榫内剪相同的是凹榫仍然是环间接头受剪时的薄弱部位，但右环间接头受剪破坏时，损伤区明显大于左环间接头损伤区，右环间接头凹榫的损伤高度反映了凹榫外剪和凸榫内剪工况组合时环间接头的抗剪能力，因此在进行盾构隧道管片设计时，同样是接头凹凸榫结构设计重要的影响因素。

图 3.7.2-15 为右环间接头凹榫损伤云图。根据 ABAQUS 计算结果，外剪凹榫损伤高度为 110mm。

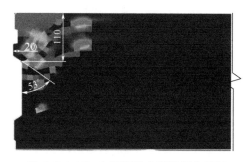

图 3.7.2-15　右环间接头凹榫损伤云图

3.7.2.4　管片环间接头受剪的过程分析

左环间接头和右环间接头的受剪过程都可以分为四个阶段。

第一阶段，左右环间接头错台量都为 0～4mm，凸榫和凹榫在径向并没有接触，凹凸榫结构部分没有直接承受剪力，所以此阶段环间接头剪力随错台量变化曲线为一水平直线。

第二阶段，左环间接头的错台量范围为 4～4.175mm，右环间接头的错台量范围为 4～4.085mm，在此阶段，环间接头剪力随错台量的增加变化较快，凸榫和凹榫相互咬合，剪力增长与错台量增量基本呈线性关系，根据数据曲线公式拟合和抗剪刚度公式可得第二阶段为凹凸榫结构抗剪的主要阶段。在第二阶中期管片局部混凝土应力达到混凝土极限抗拉强度致使混凝土出现微小缝隙，并且随着错台量的不断加大，凹榫根部出现细长裂缝，形成类似悬臂梁结构。

第三阶段，左环间接头的错台量范围为 4.175～4.25mm，右环间接头的错台量范围为 4.085～4.21mm，在此阶段，箍筋分担了全部剪力，裂缝继续开展，悬臂梁根部应力集中作用明显，但根部裂缝延伸到纵向拉筋部位时，停止了继续扩展，管片纵向受拉钢筋成为悬臂梁结构受拉钢筋，同时凹榫部位受压区混凝土压应力逐渐达到混凝土的极限抗压强度，当混凝土被"压坏"时，斜裂缝突然扩大，凹榫局部应力集中三角形受压区脱落，整个加载过程进入第四阶段。第三阶段结束达到极限受剪承载力。

第四阶段，随着位移荷载的不断增加，凹榫混凝土逐渐被压碎，凹榫抵抗剪力的能力逐渐丧失，出现三角形脱落区，加载结束。

3.7.2.5 管片环间接头的抗剪刚度分析

盾构隧道衬砌管片在受到地层不均匀沉降等原因时，相邻管片之间会产生较大的剪力，抗剪刚度直接反映了管片环间接头承受剪力时，管片接头抵抗剪切变形的能力。

管片环间接头的抗剪强度是由管片受剪时环间接头剪力和错台量共同考量的结果，环间接头的抗剪刚度并不是越大越好，因为在盾构隧道施工完成后难免会受到地层不均匀沉降等原因，从而导致产生环间接头剪力。多项研究表明，当管片接头为柔性接头时，能够有效地避免衬砌接缝部位发生突然的脆性破坏，能够有效减轻应力集中现象，在一定程度上保护衬砌结构不受损坏。而且，管片环间接头刚度越大有时就意味着参与抗剪工作的混凝土体积就越大，当接头发生破坏时，管片的损伤区域相应也比较大。

但是，管片环间接头抗剪刚度也不是越小越好，环间接头抗剪刚度太小，导致接头部位易发生较大变形，对衬砌结构的整体性和防水性能造成很大影响。在《盾构隧道工程设计规范》（征求意见稿）中规定盾构隧道管片设计时应按施工阶段以及正常使用阶段两阶段分别进行结构刚度、稳定性和强度计算。特别对于钢筋混凝土衬砌结构，应对正常使用过程进行裂缝的宽度验算，构件的最大裂缝计算宽度允许值应符合表 3.7.2-1。

一般环境中钢筋混凝土构件的最大计算裂缝宽度允许值（mm）　　　表 3.7.2-1

结构类型		允许值
管片		0.2
二次衬砌	干湿交替环境	0.2
	与污水、蒸汽等介质接触环境	0.2
	其他	0.3
其他	迎土面	0.2
	背土面	0.3

在《混凝土结构设计规范》GB 50010—2010 中考虑长期作用影响，通过控制混凝土构件的最大裂缝宽度不超过最大裂缝宽度限值，来满足正常使用过程中的功能要求，如表 3.7.2-2 所示。

结构构件的裂缝控制等级及最大裂缝宽度的限值（mm）　　　表 3.7.2-2

环境类别	钢筋混凝土结构		预应力混凝土结构	
	裂缝控制等级	$\omega_{\lim}$	裂缝控制等级	$\omega_{\lim}$
一	三级	0.30(0.40)	三级	0.20
二 a		0.20		0.10
二 b			二级	—
三 a、三 b			一级	—

第 3.7.2.2 节和 3.7.2.3 节已经论述了管片环间接头在第二阶段、第三阶段的抗剪刚度，第二阶段为弹性阶段，第三阶段为带裂缝工作阶段。管片的正常使用阶段包括第二阶段全部和部分第三阶段，研究管片在正常使用阶段的抗剪刚度极为重要。

图 3.7.2-16 为正常使用阶段裂缝宽度与环间接头剪力的关系曲线，并利用 Origin 拟合曲线。

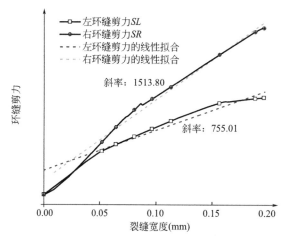

图 3.7.2-16　环间接头剪力随裂缝宽度变化关系曲线图

可以看出，无论是左环间接头还是右环间接头，正常使用阶段抗剪刚度都是介于第二阶段抗剪刚度和第三阶段抗剪刚度之间，左环间接头正常使用阶段的抗剪刚度明显小于右环间接头的抗剪刚度，由凹凸榫接头模型细部构造和尺寸图可知，这是因为凹榫内剪的剪切面积小于凹榫外剪的剪切面积。

3.7.2.6　管片环间接头错台量的理论分析

取与数值分析模型凹榫内剪剪切面积相同的素混凝土构件进行分析。C50 混凝土弹性模量 $E=3.45\times10^4\mathrm{N/mm^2}$，泊松比 $\mu=0.2$，则该构件的剪切模量 $G=E/[2\times(1+0.2)]=1.44\times10^4\mathrm{N/mm^2}$。对于左环间接头，所取素混凝土构件的剪切面积为 $A=81010\mathrm{mm^2}$，构件的剪切长度取 $l=180\mathrm{mm}$，故在理论上凹榫构件在弹性阶段的剪切刚度为 $K=GA/l=6.47\times10^6\mathrm{N/mm}$，现以数值分析中构件第二阶段初期纯弹性阶段进行对比计算，此时数值分析中的剪力大小为 $Q=85.35\mathrm{kN}$，构件在纯弹性期的剪切变形为 $B=Q/$

$K=0.013$mm 而数值分析中此时的剪切变形为 $B'=0.053$mm,理论错台量 $d=4.013$mm 实际错台量为 $d'=4.053$mm,很明显 $d<d'$,这说明在数值分析中拱形管片拱顶首先损伤对管片抗剪能力有较大的影响。

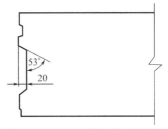

图 3.7.2-17 标准构件凹榫深度（凸榫高度）和夹角示意图

3.7.2.7 标准模型参数

本节主要对基础设计构件（如图）中凹榫深度（凸榫高度）为 20mm 和夹角为 53°的管片抗剪性能进行数值分析与理论验证。如图 3.7.2-17 所示。

标准模型下的主要计算参数和结果汇总如表 3.7.2-3 所示。

标准构件主要计算参数和结果表　　　　表 3.7.2-3

计算项目	左环间接头	右环间接头
极限剪力(kN)	193.17	322.93
达到极限剪力时的错台量(mm)	4.25	4.21
正常使用抗剪刚度(kN/m)	$1.51×10^6$	$0.76×10^6$
凹榫损伤高度(mm)	90	127

3.7.3 凹凸榫角度和高度对接头力学性能的影响研究

根据凹凸榫角度和高度（深度）组合情况，进行了 4 种工况 30 组模型的计算分析，基础模型如图 3.7.3-1 所示，具体组合如表 3.7.3-1 所示。

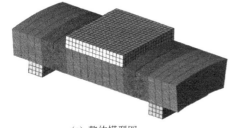

(a) 整体模型图　　　　　　　　(b) 钢筋模型图

图 3.7.3-1　基础模型图

凹凸榫角度和高度（深度）设计分组和标号　　　　表 3.7.3-1

尺寸	30°	45°	53°	60°	75°
20mm	30-20	45-20	53-20	60-20	75-20
25mm	30-25	45-25	53-25	60-25	75-25
30mm	30-30	45-30	53-30	60-30	75-30
35mm	30-35	45-35	53-35	60-35	75-35
40mm	30-40	45-40	53-40	60-40	75-40

3.7.3.1 凸榫角度30°时凹凸榫剪切键的力学性能研究

1. 环间接头受剪承载力分析

（1）左环间接头极限受剪承载力分析

图 3.7.3-2 所示为凸榫角度30°时凹凸榫各个高度（深度）下左环间接头剪力与错台量关系曲线图。由图 3.7.3-2 知，在一定范围内，右环间接头剪力随着错台量的增大而近似呈线性增长，达到峰值后逐渐下降，峰值点即为极限受剪承载力。凸榫高度为 20mm 时，峰值点错台量为 4.35mm，剪力 341.31kN；凸榫高度为 25mm 时，峰值点错台量为 4.32mm，剪力 368.22kN；凸榫高度为 30mm 时，峰值点错台量为 4.38mm，剪力 376.51kN；凸榫高度为 35mm 时，峰值点错台量为 4.4mm，剪力 458.75kN；凸榫高度为 40mm 时，峰值点错台量为 4.39mm，剪力为 506.63kN。

随着凸榫高度由 20mm 逐渐增加到 40mm，左环间接头剪力也随之不断增大，当凸榫高度为 20mm 时，极限受剪承载力为 341.31kN，当凸榫高度为 40mm 时，极限受剪承载力为 506.63kN，极限受剪承载力提高了 48%，可见对于凸榫角度为 30°时，加大凹凸榫咬合深度可以有效提高环间接头的抗剪能力。

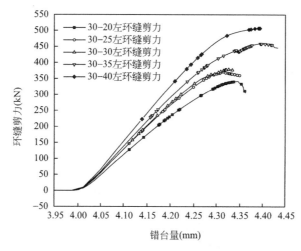

图 3.7.3-2　凸榫角度30°时左环间接头剪力与错台量关系曲线图

（2）右环间接头极限受剪承载力分析

图 3.7.3-3 所示为凸榫角度30°时凸榫各个高度下右环间接头剪力与错台量关系曲线图。同左环间接头类似，在一定范围内，右环间接头剪力随着错台量的增大而近似呈线性增长，达到峰值后逐渐下降，峰值点即为极限受剪承载力。凸榫高度为 20mm 时，峰值点错台量为 4.3mm，剪力 385.97kN；凸榫高度为 25mm 时，峰值点错台量为 4.32mm，剪力 491.57kN；凸榫高度为 30mm 时，峰值点错台量为 4.31mm，剪力为 517.04kN；凸榫高度为 35mm 时，峰值点错台量为 4.34mm，剪力 584.1kN；凸榫高度为 40mm 时，峰值点错台量为 4.37mm，剪力 670.41kN。

随着凸榫高度由 20mm 逐渐增加到 40mm，右环间接头极限受剪承载力也随之不断增大，当凸榫高度为 20mm 时，极限受剪承载力为 385.97kN，当凸榫高度为 40mm 时，极限受剪承载力为 670.41kN，受剪承载力提高了 73.6%。

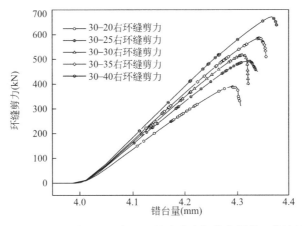

图 3.7.3-3　凸榫 30°时右环间接头剪力与错台量关系曲线图

2. 环间接头抗剪刚度分析

(1) 左环间接头抗剪刚度分析

图 3.7.3-4 所示为正常使用阶段左环间接头剪力随裂缝宽度变化图，正常使用阶段如前节所述包括第二阶段和第三阶段初期。由前述抗剪刚度计算公式可知，抗剪刚度即为线性段斜率，由此得到当凸榫高度为 20mm 时，抗剪刚度为 1206.4kN/mm；当凸榫高度为 25mm 时，抗剪刚度为 1380.2kN/mm；当凸榫高度为 30mm 时，抗剪刚度为 1417.27kN/mm；当凸榫高度为 35mm 时，抗剪刚度为 1541.69kN/mm；当凸榫高度为 40mm 时，抗剪刚度为 1718.08kN/m。图 3.7.3-5 所示为正常使用阶段左环间接头左环间接头抗剪刚度随凸榫高度变化图，如图所示，抗剪刚度随凸榫高度的增大不断增大。

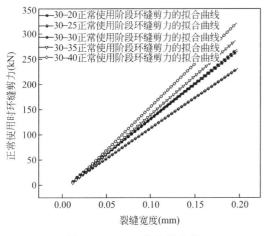

图 3.7.3-4　正常使用阶段

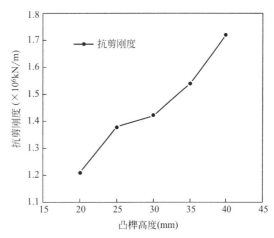

图 3.7.3-5　左抗剪刚度随榫高度变化图

(2) 右环间接头抗剪刚度分析

图 3.7.3-6 所示为正常使用阶段右环间接头剪力随裂缝宽度变化图，正常使用阶段如前节所述包括第二阶段和第三阶段初期。当凸榫高度为 20mm 时，抗剪刚度为 1504.36kN/mm；当凸榫为 25mm 时，抗剪刚度为 1714.35kN/mm；当凸榫高度为 30mm 时，抗剪刚度为 1836.38kN/m；当凸榫高度为 35mm 时，抗剪刚度为 1915.5kN/mm；当凸榫高度为 40mm 时，抗剪刚度为 2051.92kN/mm。图 3.7.3-7 所示为正常使用阶段右环

间接头抗剪刚度随凸榫高度变化图,如图所示,与左环间接头抗剪刚度变化规律类似,抗剪刚度随凸榫高度的增大不断增大。

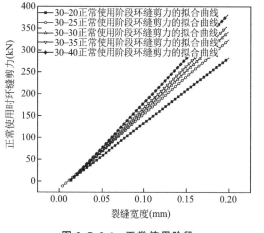

图 3.7.3-6　正常使用阶段　　　　　图 3.7.3-7　抗剪刚度随凸榫高度变化图

3. 环间接头损伤高度分析

(1) 左环间接头损伤高度分析

图 3.7.3-8 所示为凸榫角度 30°时左环间接头不同凸榫高度下凹榫的损伤云图。从图中可以看出,随着凸榫高度的增大,损伤区域也在逐渐增大,脱落三角区损伤高度也随之不断增大。当凸榫高度为 20mm 时,凹榫损伤高度为 120mm;当凸榫高度为 25mm 时,凹榫损伤高度为 125mm;当凸榫高度为 30mm 时,凹榫损伤高度为 130mm;当凸榫高度为 35mm 时,凹榫损伤高度为 144mm;当凸榫高度为 40mm 时,凹榫损伤高度为 160mm。

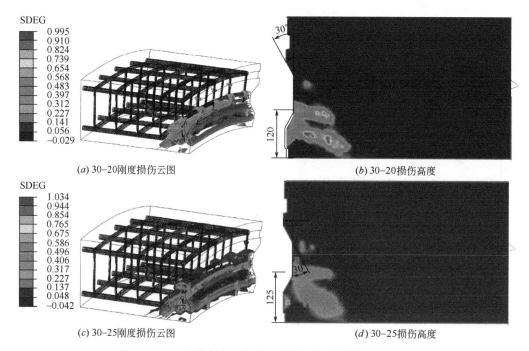

(a) 30-20刚度损伤云图　　　　　　　(b) 30-20损伤高度

(c) 30-25刚度损伤云图　　　　　　　(d) 30-25损伤高度

图 3.7.3-8　凸榫角度 30°时左环间接头凹榫损伤云图 (一)

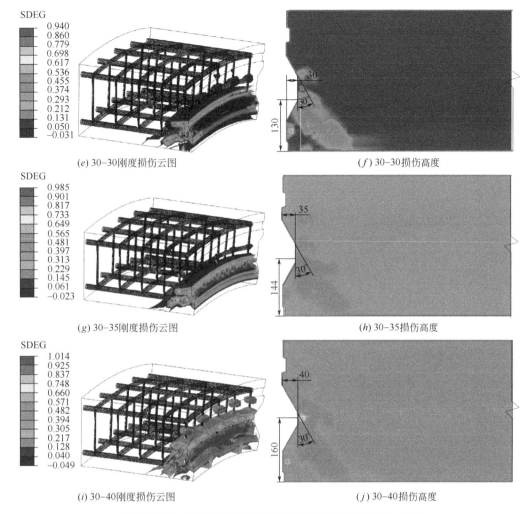

图 3.7.3-8 凸榫角度 30°时左环间接头凹榫损伤云图（二）

(2) 右环间接头损伤高度分析

图 3.7.3-9 所示为凸榫角度 30°时右环间接头凹榫损伤云图。由图可知，由于内剪和外剪的不同损伤区域在管片外侧，随着榫槽高度的增大，损伤区域在逐渐增大，脱落三角区损伤高度不断增大。凸榫高度为 25mm 时，损伤高度为 164mm；凸榫高度为 30mm 时，损伤高度为 175mm；凸榫高度为 35mm 时，损伤高度为 200mm；凸榫高度为 40mm 时，损伤高度为 227mm。

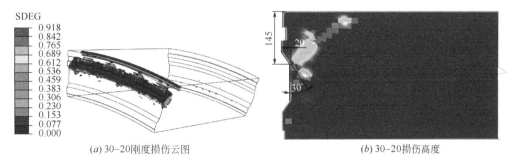

图 3.7.3-9 凸榫角度 30°时右环间接头凹榫损伤云图（一）

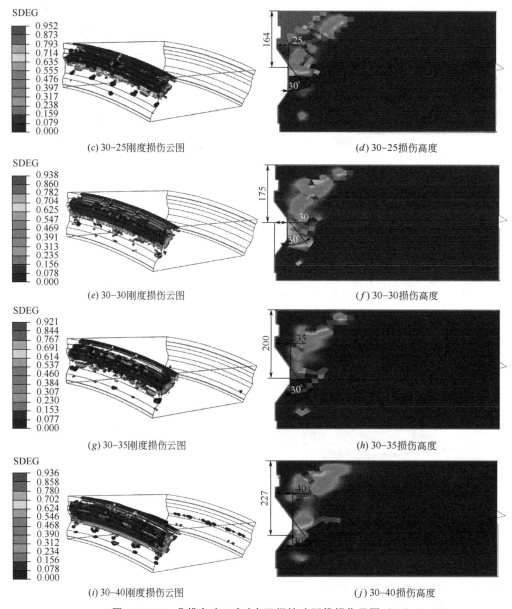

图 3.7.3-9 凸榫角度 30°时右环间接头凹榫损伤云图（二）

4. 凸榫角度 30°时环间接头抗剪性能指标汇总

将 30°凹凸榫在环间接头受剪时的极限受剪承载力、正常使用阶段的抗剪刚度以及凹榫的损伤高度汇总如表 3.7.3-2 所示。

凸榫角度 30°时环间接头抗剪性能汇总　　　　表 3.7.3-2

凸榫尺寸	30-20		30-25		30-30		30-35	
接头位置	左	右	左	右	左	右	左	右
极限剪力(kN)	341	386	368	492	377	517	459	584
抗剪刚度(kN/mm)	1207	1504	1380	1714	1417	1836	1542	1916
凹榫损伤高度(mm)	120	145	125	164	130	175	144	200

3.7.3.2 凸榫角度45°时凹凸榫剪切键的力学性能研究

1. 环间接头受剪承载力分析

(1) 左环间接头受剪剪切承载力分析

图 3.7.3-10 所示为角度45°时凹凸榫各个高度（深度）下左环间接头剪力与错台量关系曲线图。由图可知，在一定范围内，左环间接头剪力随着错台量的增大而近似呈线性增长，达到峰值后逐渐下降，峰值点即为极限受剪承载力。凸榫高度为20mm时，峰值点错台量为4.23mm，剪力为211.67kN；凸榫高度为25mm时，峰值点错台量为4.28mm，剪力为220.62kN；凸榫高度为30mm时，峰值点错台量为4.27mm，剪力为219.32kN；凸榫高度为35mm时，峰值点错台量为4.22mm，剪力为326.95kN；凸榫高度为40mm时，峰值点错台量为4.33mm，剪力为387.34kN。随着凸榫高度由20mm逐渐增加到40mm，左环间接头剪力也随之不断增大，当凸榫高度为20mm时，极限受剪承载力为211.67kN，当凸榫高度为40mm时，极限受剪承载力为387.34kN，极限受剪承载力提高了83%，加大凹凸榫咬合深度可以有效增大抗剪强度。

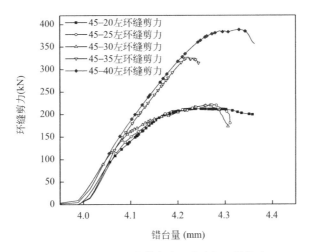

图 3.7.3-10 凸榫角度45°时左环间接头

(2) 右环间接头极限受剪承载力分析

图 3.7.3-11 所示为凸榫角度45°时凹凸榫各个高度（深度）下右环间接头剪力与错台量关系曲线图。由图可知，在一定范围内，右环间接头剪力随着错台量的增大而近似呈线性增长，达到峰值后逐渐下降，峰值点即为极限受剪承载力。凸榫高度为25mm时，峰值点错台量为4.26mm，剪力为430.73kN；凸榫高度为30mm时，峰值点错台量为4.29mm，剪力为471.04kN；凸榫高度为35mm时，峰值点错台量为4.22mm，剪力为455.32kN；凸榫高度为40mm时，峰值点错台量为4.24mm，剪力为516.11kN。随着凸榫高度由20mm逐渐增加到40mm，右环间接头剪力也随之不断增大，当凸榫高度为20mm时，极限受剪承载力为335.42kN，当凸榫高度为40mm时，极限受剪承载力为516.11kN，极限受剪承载力提高了54%，凹凸榫咬合深度的加大对于提高环间接头极限受剪承载力有明显作用。

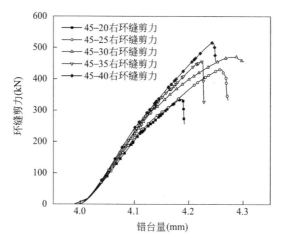

图 3.7.3-11　凸榫角度 45°时右环间接头

2. 环间接头抗剪刚度分析

(1) 左环间接头抗剪刚度分析

图 3.7.3-12 所示为正常使用阶段左环间接头剪力随裂缝宽度的线性拟合图,当凸榫高度为 20mm 时,抗剪刚度为 811.14kN/mm;当凸榫高度为 25mm 时,抗剪刚度为 932.44kN/mm;当凸榫高度为 30mm 时,抗剪刚度为 1249.36kN/mm;当凸榫高度为 35mm 时,抗剪刚度为 1418.91kN/mm;当凸榫高度为 40mm 时,抗剪刚度为 1460.35kN/mm。图 3.7.3-13 所示为正常使用阶段左环间接头抗剪刚度随凸榫高度变化图,抗剪刚度随凸榫高度的增大不断增大。

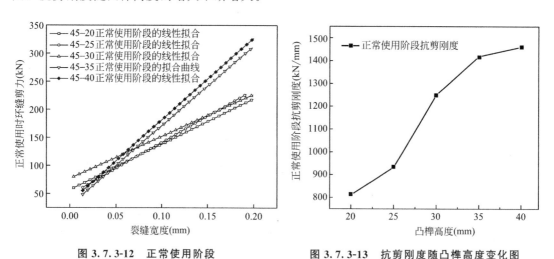

图 3.7.3-12　正常使用阶段　　　　图 3.7.3-13　抗剪刚度随凸榫高度变化图

(2) 右环间接头抗剪刚度分析

图 3.7.3-14 所示为正常使用阶段右环间接头剪力随裂缝宽度变化图,当凸榫高度为 20mm 时,抗剪刚度为 1835.04kN/mm;高度为 25mm 时,抗剪刚度为 1842.42kN/mm;高度为 30mm 时,抗剪刚度为 2133.86kN/mm;当凸榫高度为 35mm 时,抗剪刚度为 2133.80kN/mm。图 3.7.3-15 所示为正常使用阶段右环间接

头抗剪刚度随凸榫高度变化图,同左环间接头抗剪刚度变化规律类似,抗剪刚度随凸榫高度的增大不断增大。

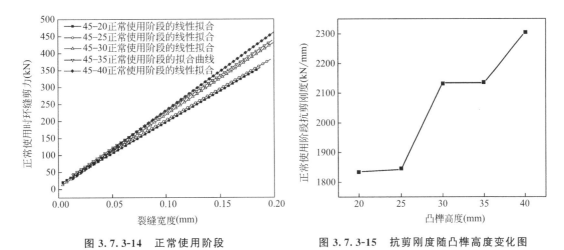

图 3.7.3-14　正常使用阶段　　　　　图 3.7.3-15　抗剪刚度随凸榫高度变化图

3. 环间接头损伤高度分析

（1）左环间接头损伤高度分析

图 3.7.3-16 所示为凸榫角度 45°时左环间接头凹榫损伤云图,从图中可以看出,随着凸榫高度的增大,损伤区域也在逐渐增大,脱落三角区损伤高度也随之不断增大。当凸榫高度为 20mm 时,损伤高度为 85mm；当凸榫高度为 25mm 时,损伤高度为 90mm；当凸榫高度为 30mm 时,损伤高度为 97mm；当凸榫高度为 35mm 时,损伤高度为 117mm；当凸榫高度为 40mm 时,损伤高度为 130mm。

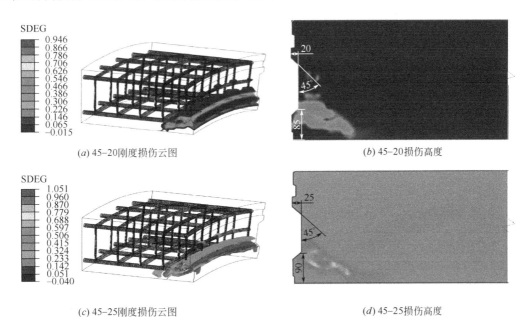

图 3.7.3-16　凸榫角度 45°时左环间接头凹榫损伤云图（一）

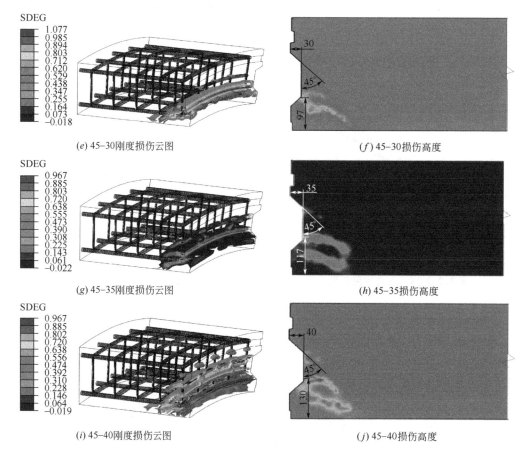

图 3.7.3-16 凸榫角度 45°时左环间接头凹榫损伤云图（二）

（2）右环间接头损伤高度分析

图 3.7.3-17 所示为凸榫角度 45°时右环间接头凹榫损伤云图。从图中可以看出，随着凹凸榫高度的增大，损伤区域也在逐渐增大，脱落三角区损伤高度也随之不断增大。当凸榫高度为 20mm 时，损伤高度为 114mm；当凸榫高度为 25mm 时，损伤高度为 148mm；当凸榫高度为 30mm 时，损伤高度为 160mm；当凸榫高度为 35mm 时，损伤高度为 156mm；当凸榫高度为 40mm 时，损伤高度为 180mm。

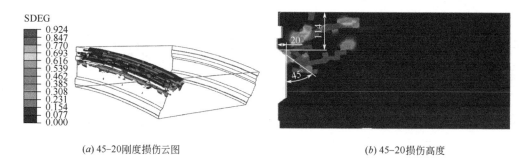

图 3.7.3-17 凸榫角度 45°时右环间接头凹榫损伤云图（一）

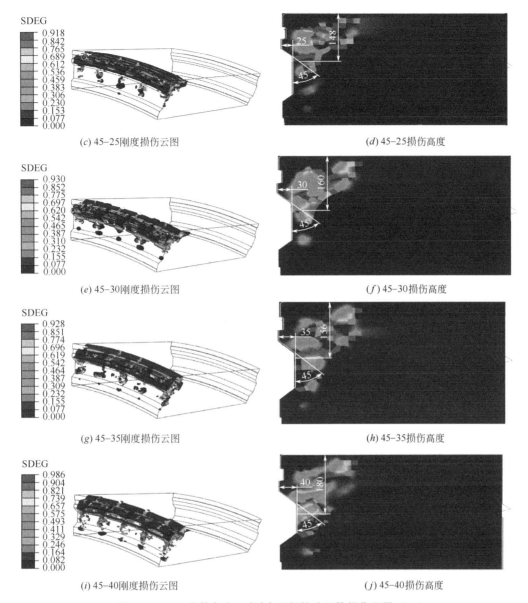

图 3.7.3-17 凸榫角度 45°时右环间接头凹榫损伤云图（二）

4. 凸榫角度 45°时环间接头抗剪性能指标汇总

将 45°凹凸榫在环间接头受剪时的极限受剪承载力、正常使用阶段的抗剪刚度以及凹榫的损伤高度汇总如表 3.7.3-3 所示。

凸榫角度 30°时环间接头抗剪性能汇总　　　　　表 3.7.3-3

凸榫尺寸	45-20		45-25		45-30		45-35		45-40	
接头位置	左	右	左	右	左	右	左	右	左	右
极限剪力(kN)	212	335	221	431	219	471	327	455	387	516
抗剪刚度(kN/mm)	811	1835	932	1842	1249	2134	1419	2134	1460	2305
凹榫损伤高度(mm)	85	114	90	148	97	160	117	156	130	180

3.7.3.3 凸榫角度53°时凹凸榫剪切键的力学性能研究

1. 环间接头受剪承载力分析

(1) 左环间接头极限受剪承载力分析

图 3.7.3-18 所示为角度53°时左环间接头剪力与错台量关系曲线图。由图可知,凸榫高度为20mm时,峰值点错台量为4.25mm,剪力为193.17kN;凸榫高度为25mm时,峰值点错台量为4.24mm,剪力为218kN;凸榫高度为30mm时,峰值点错台量为4.24mm,剪力为221.62kN;凸榫高度为35mm时,峰值点错台量为4.26mm,剪力为271.22kN;凸榫高度为40mm时,峰值点错台量为4.39mm,剪力为326.65kN。随着凸榫高度由20mm逐渐增加到40mm,左环间接头极限受剪承载力也随之不断增大,当凸榫高度为20mm时,极限受剪承载力为193.17kN,当凸榫高度为40mm时,极限受剪承载力为326.65kN,受剪承载力提高了69%,凹凸榫咬合深度的增加可极大地提高受剪承载力。

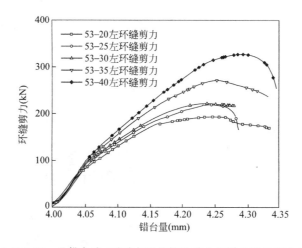

图 3.7.3-18 凸榫角度53°时左环间接头剪力与错台量关系曲线图

(2) 右环间接头极限受剪承载力分析

图 3.7.3-19 所示为凸榫角度53°时右环间接头剪力与错台量关系曲线图,由图可知,凸榫高度为20mm时,峰值点错台量为4.21mm,剪力为322.9kN;凸榫高度为25mm时,峰值点错台量为4.24mm,剪力为368.24kN;凸榫高度为30mm时,峰值点错台量为4.25mm,剪力为404.03kN;凸榫高度为35mm时,峰值点错台量为4.24mm,剪力为388.91kN;凸榫高度为40mm时,峰值点错台量为4.26mm,剪力为438.37kN。随着凸榫高度由20mm逐渐增加到40mm,右环间接头极限受剪承载力也随之不断增大,当凸榫高度为20mm时,极限受剪承载力为322.9kN,当凸榫高度为40mm时,极限受剪承载力为438.37kN,极限受剪承载力提高了35.8%。

2. 环间接头抗剪刚度分析

(1) 左环间接头抗剪刚度分析

图 3.7.3-20 所示为正常使用阶段左环间接头剪力随裂缝宽度变化图,当凸榫高度为20mm时,抗剪刚度为748.74kN/mm;当凸榫高度为25mm时,抗剪刚度为883.76kN/mm;当凸榫高度为30mm时,抗剪刚度为997.7kN/mm;当凸榫高度为35mm时,抗剪刚度为1069.66kN/mm;当凸榫高度为40mm时,抗剪刚度为1193.98kN/mm。图 3.7.3-21 所

示为正常使用阶段左环间接头抗剪刚度随凸榫高度变化图,如图所示,抗剪刚度随凸榫高度的增大不断增大。

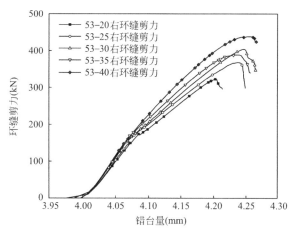

图 3.7.3-19　凸榫角度 53°时左环间接头剪力与错台量关系曲线图

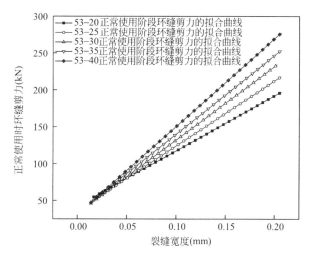

图 3.7.3-20　正常使用阶段左环间接头剪力随裂缝宽度变化图

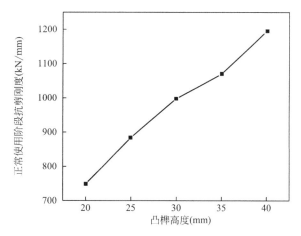

图 3.7.3-21　左环间接头抗剪刚度随凸榫高度变化图

（2）右环间接头抗剪刚度分析

图 3.7.3-22 所示为正常使用阶段右环间接头剪力随裂缝宽度变化图，由图可知，当凸榫高度为 25mm 时，抗剪刚度为 1604.18kN/mm；当凸榫高度为 30mm 时，抗剪刚度为 1722.77kN/mm；当凸榫高度为 35mm 时，抗剪刚度为 1751.6kN/mm；当凸榫高度为 40mm 时，抗剪刚度为 1880.08kN/mm。图 3.7.3-23 所示为正常使用阶段右环间接头抗剪刚度随凸榫高度变化图，如图所示，与左环间接头抗剪刚度变化规律类似，抗剪刚度随凸榫高度的增大不断增大。

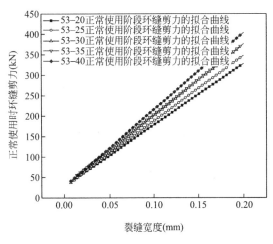
图 3.7.3-22 正常使用阶段

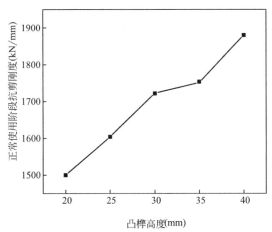
图 3.7.3-23 接头抗剪刚度随凸榫高度变化图

3. 环间接头损伤高度分析

（1）左环间接头损伤高度分析

图 3.7.3-24 所示为凸榫角度 53°时左环间接头凹榫损伤云图。从图中可以看出，随着凹凸榫高度的增大，损伤区域在逐渐增大，脱落三角区损伤高度也随之不断增大。当凸榫高度为 20mm 时，凹榫损伤高度为 80mm；当凸榫高度为 25mm 时，凹榫损伤高度为 87mm；当凸榫高度为 30mm 时，凹榫损伤高度为 91mm；当凸榫高度为 35mm 时，凹榫损伤高度为 101mm；当凸榫高度为 40mm 时，凹榫损伤高度为 115mm。

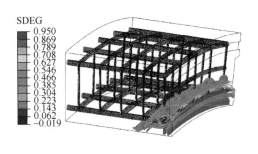
(a) 53-20 刚度损伤云图

(b) 53-20 损伤高度

图 3.7.3-24 凸榫角度 53°时左环间接头凹榫损伤云图（一）

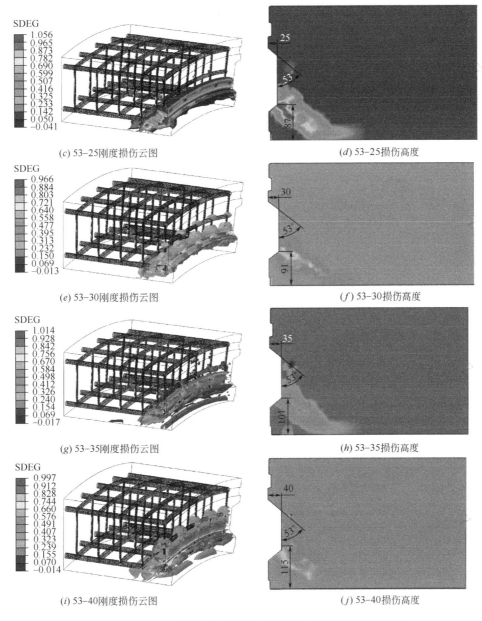

图 3.7.3-24 凸榫角度 53°时左环间接头凹榫损伤云图（二）

（2）右环间接头损伤高度分析

图 3.7.3-25 所示为凸榫角度 53°时右环间接头不同凹凸榫高度下的损伤云图，从图中可以看出，同左环间接头类似，只是由于内剪和外剪的不同损伤区域在管片外侧，随着凹凸榫高度的增大，损伤区域也在逐渐增大，脱落三角区损伤高度也随之不断增大。当凸榫高度为 20mm 时，损伤高度为 110mm；凸榫高度为 25mm 时，损伤高度为 125mm；当凸榫高度为 30mm 时，损伤高度为 138mm；凸榫高度为 35mm 时，损伤高度为 138mm；当凸榫高度为 40mm 时，损伤高度为 150mm。

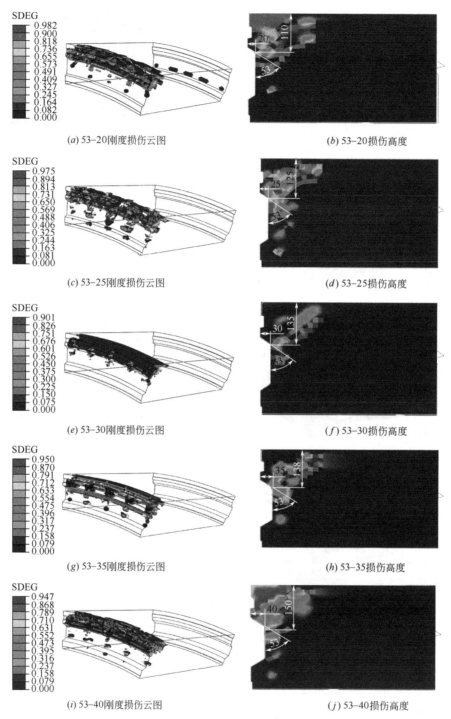

图 3.7.3-25 凸榫角度 53°时右环间接头凹榫损伤云图

4. 凸榫角度 53°时环间接头抗剪性能指标汇总

将凸榫高度为 53°时凹凸榫在环间接头受剪时的极限受剪承载力、正常使用阶段的抗剪刚度以及凹榫的损伤高度汇总如表 3.7.3-4 所示。

凸榫角度 53°时环间接头抗剪性能汇总表　　　　表 3.7.3-4

凸榫尺寸	53-20		53-25		53-30		53-35		53-40	
环间接头位置	左	右	左	右	左	右	左	右	左	右
极限剪力(kN)	193	323	218	368	222	404	271	389	327	438
抗剪刚度(kN/m)	749	1500	884	1604	998	1752	1070	1723	1194	1880
凹榫损伤高度(mm)	80	110	87	125	91	138	101	138	115	150

3.7.3.4　凸榫角度 60°时凹凸榫剪切键的力学性能研究

1. 环间接头受剪承载力分析

（1）左环间接头受剪承载力分析

图 3.7.3-26 所示为凸榫角度 60°时左环间接头剪力与错台量关系曲线图。由图可知，凸榫高度为 20mm 时，峰值点错台量为 4.36mm，剪力为 189.02kN；凸榫高度为 25mm 时，峰值点错台量为 4.29mm，剪力为 199.7kN；凸榫高度为 30mm 时，峰值点错台量为 4.22mm，剪力为 186.38kN；凸榫高度为 35mm 时，峰值点错台量为 4.2mm，剪力为 205.58kN；凸榫高度为 40mm 时，峰值点错台量为 4.3mm，剪力为 268kN。随着凸榫高度由 20mm 逐渐增加到 40mm，左环间接头极限受剪承载力也随之不断增大，当凸榫高度为 20mm 时，极限受剪承载力为 189.02kN，当凸榫高度为 40mm 时，极限受剪承载力为 268kN，受剪承载力提高了 41.8%。

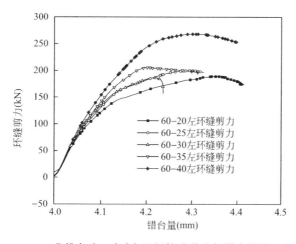

图 3.7.3-26　凸榫角度 60°时左环间接头剪力与错台量关系曲线图

（2）右环间接头受剪承载力分析

图 3.7.3-27 所示为凸榫角度 60°时右环间接头剪力与错台量关系曲线图。由图可知，在一定范围内，右环缝剪力随着错台量的增大而逐渐增长，达到峰值后逐渐下降，峰值点即为极限剪切强度。凸榫槽高度为 20mm 时，峰值点错台量为 4.3mm，剪力为 289.41kN；凸榫槽深高度为 25mm 时，峰值点错台量为 4.22mm，剪力为 325.32kN；凸榫槽高度为 30mm 时，峰值点错台量为 4.22mm，剪力为 343.74kN；凸榫槽高度为 35mm 时，峰值点错台量为 4.3mm，剪力为 368.45kN；凸榫高度为 40mm 时，峰值点错台量为 4.25mm，剪力为 427.18kN。

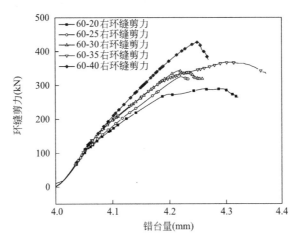

图 3.7.3-27　凸榫角度 60°时右环间接头剪力与错台量关系曲线图

2. 环间接头抗剪刚度分析

(1) 左环间接头抗剪刚度分析

图 3.7.3-28 所示为正常使用阶段左环间接头剪力随裂缝宽度变化图,由此得到当凸榫高度为 20mm 时,抗剪刚度为 736.00kN/mm;当凸榫高度为 25mm 时,抗剪刚度为 763.26kN/mm;当凸榫高度为 30mm 时,抗剪刚度为 834.87kN/mm;当凸榫高度为 35mm 时,抗剪刚度为 920.70kN/mm;当凸榫高度为 40mm 时,抗剪刚度为 1090.52kN/mm。图 3.7.3-29 所示为左环间接头抗剪刚度随凸榫高度变化图,由图可以看出,抗剪刚度随凸榫高度的增大不断增大。

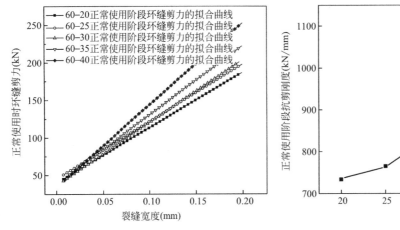

图 3.7.3-28　正常使用阶段图　　　　图 3.7.3-29　抗剪刚度随凹凸榫高度变化图

(2) 右环间接头抗剪刚度分析

图 3.7.3-30 所示为正常使用阶段右环间接头剪力随裂缝宽度变化图,由图可知,当凸榫高度为 25mm 时,抗剪刚度为 1429.51kN/mm;当凸榫高度为 30mm 时,抗剪刚度为 1499.24kN/mm;当凸榫高度为 35mm 时,抗剪刚度为 1536.75kN/mm;当凸榫高度为 40mm 时,抗剪刚度为 1900.71kN/mm。图 3.7.3-31 所示为正常使用阶段右环间接头

抗剪刚度随凸榫高度变化图，由图可知，抗剪刚度随凸榫高度的增大不断增大。

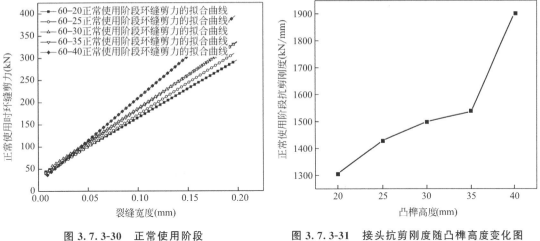

图 3.7.3-30 正常使用阶段　　　　　图 3.7.3-31 接头抗剪刚度随凸榫高度变化图

3. 环间接头损伤高度分析

（1）左环间接头损伤高度分析

图 3.7.3-32 所示为凸榫角度 60°时左环间接头凹榫损伤云图。从图中可以看出，随着凸榫高度的增大，损伤区域也在逐渐增大，脱落三角区损伤高度也随之不断增大。当凸榫高度为 20mm 时，损伤高度为 78mm；当凸榫高度为 25mm 时，损伤高度为 83mm；当凸榫高度为 30mm 时，损伤高度为 84mm；当凸榫高度为 35mm 时，损伤高度为 85mm；当凸榫高度为 40mm 时，损伤高度为 101mm。

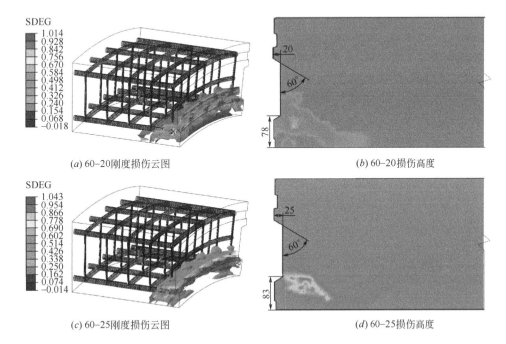

图 3.7.3-32 凸榫角度 60°时左环间接头凹榫损伤云图（一）

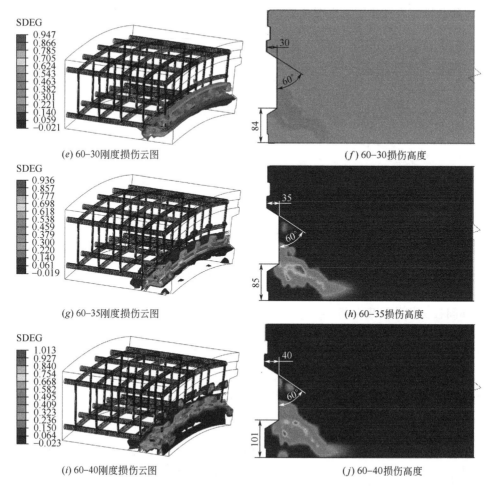

图 3.7.3-32 凸榫角度 60°时左环间接头凹榫损伤云图（二）

(2) 右环间接头损伤高度分析

图 3.7.3-33 所示为凸榫角度 60°时右环间接头不同凹凸榫高度下的损伤云图。从图中可以看出，同左环间接头类似，只是由于内剪和外剪的不同损伤区域在管片外侧，随着凹凸榫高度的增大，损伤区域也在逐渐增大，脱落三角区损伤高度也随之不断增大。当凸榫高度为 20mm 时，损伤高度为 98mm；当凸榫高度为 25mm 时，损伤高度为 110mm；当凸榫高度为 30mm 时，损伤高度为 116mm；当凸榫高度为 35mm 时，损伤高度为 125mm；当凸榫高度为 40mm 时，损伤高度为 154mm。

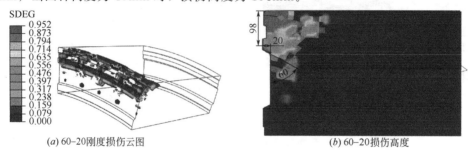

图 3.7.3-33 凸榫角度 60°时右环间接头凹榫损伤云图（一）

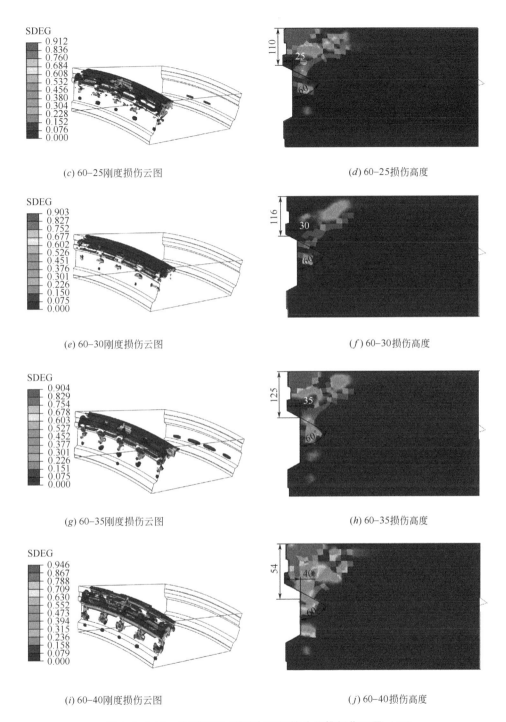

图 3.7.3-33　凸榫角度 60°时右环间接头凹榫损伤云图（二）

4. 凸榫角度 60°时环间接头抗剪性能指标汇总

将凸榫角度 60°时环间接头极限受剪承载力、正常使用阶段的抗剪刚度以及凹榫的损伤高度汇总如表 3.7.3-5 所示。

凸榫角度60°时环间接头抗剪性能指标汇总　　　　　　　图 3.7.3-5

凸榫尺寸	60-20		60-25		60-30		60-35		60-40	
环间接头位置	左	右	左	右	左	右	左	右	左	右
极限剪力(kN)	189	289	200	325	186	344	206	368	268	427
抗剪刚度(kN/mm)	736	1306	763	1430	835	1499	921	1537	1090	1901
凹榫损伤高度(mm)	78	98	83	110	84	116	85	125	101	154

3.7.3.5　凸榫角度75°时凹凸榫剪切键的力学性能研究

1. 环间接头受剪承载力分析

(1) 左环间接头受剪承载力分析

图 3.7.3-34 所示为凸榫角度75°时左环间接头剪力与错台量关系曲线图。由图可知，凸榫高度为20mm时，峰值点错台量为4.39mm，剪力为341.31kN；凸榫高度为25mm时，峰值点错台量为4.35mm，剪力为368.22kN；凸榫高度为30mm时，峰值点错台量为4.42mm，剪力为376.51kN；凸榫高度为35mm时，峰值点错台量为4.39mm，剪力为458.75kN；凸榫高度为40mm时，峰值点错台量为4.40mm，剪力为506.631kN。

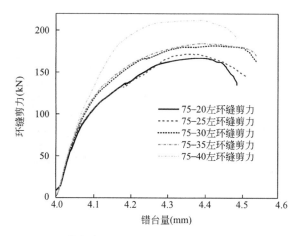

图 3.7.3-34　凸榫角度75°时左环间接头剪力与错台量关系曲线图

并且随着凸榫高度由20mm逐渐增加到40mm，左环间接头剪力也随之不断增大，当凸榫高度为20mm时，极限受剪承载力为341.31kN，当凸榫高度为40mm时，极限受剪承载力为506.63kN，极限受剪承载力提高了48%。

(2) 右环间接头受剪承载力分析

图 3.7.3-35 所示为凸榫75°时右环间接头剪力与错台量关系曲线图。由图可知，右环间接头剪力随着错台量的增大而近似呈线性增长，达到峰值后逐渐下降，峰值点即为极限受剪承载力，当凸榫高度为20mm时，峰值点错台量为4.23mm，剪力为287.3kN；凸榫高度为25mm时，峰值点错台量为4.25mm，剪力为322.46kN；凸榫高度为30mm时，峰值点错台量为4.23mm，剪力为327.89kN；凸榫高度为35mm时，峰值点错台量为4.24mm，剪力为362.94kN；凸榫高度为40mm时，峰值点错台量为4.23mm，剪力为380.64kN。随着凸榫高度由20mm逐渐增加到40mm，右环间接头极限受剪承载力也随之不断增大，当凸榫高度为20mm时，极限受剪承载力为287.3kN，当凸榫高度为40mm

时，极限受剪承载力为 380.64kN，极限受剪承载力提高了 32.5%。

2. 环间接头抗剪刚度分析

（1）左环间接头抗剪刚度分析

图 3.7.3-36 所示为正常使用阶段左环间接头剪力随裂缝宽度变化图，由此得到，当凸榫高度为 20mm 时，抗剪刚度为 493.3kN/mm；当凸榫高度为 25mm 时，抗剪刚度为 552kN/mm；当凸榫高度为 30mm 时，抗剪刚度为 632.19kN/mm；当凸榫高度为 35mm 时，抗剪刚度为 733.14kN/mm；当凸榫高度为 40mm 时，抗剪刚度为 835.14kN/mm。图 3.7.3-37 所示为正常使用阶段左环间接头抗剪刚度随凸榫高度变化图，由图可知，抗剪刚度随凸榫高度的增大不断增大。

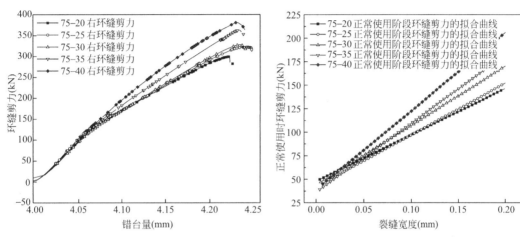

图 3.7.3-35　凸榫 75° 时右环间接头剪力与错台量关系曲线图

图 3.7.3-36　正常使用阶段左环间接头剪力随裂缝宽度变化图

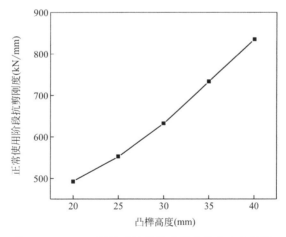

图 3.7.3-37　环间接头抗剪刚度随凸榫高度变化图

（2）右环间接头抗剪刚度分析

图 3.7.3-38 所示为正常使用阶段右环间接头剪力随裂缝宽度变化图，由图可知，当凸榫高度为 20mm 时，抗剪刚度为 1288.69kN/mm；当凸榫高度为 25mm 时，抗剪刚度为 1302.67kN/mm；当凸榫高度为 30mm 时，抗剪刚度为 1406.72kN/mm；当凸榫高度

为 35mm 时，抗剪刚度为 1574.35kN/mm；当凸榫高度为 40mm 时，抗剪刚度为 1659.12kN/mm。图 3.7.3-39 所示为正常使用阶段右环间接头抗剪刚度随凸榫高度变化图，由图可知，抗剪刚度随凸榫高度的增大不断增大。

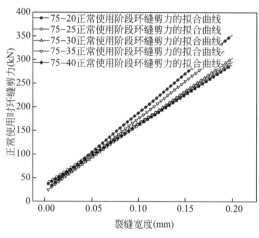

图 3.7.3-38 正常使用阶段右环间接头剪力随裂缝宽度变化图

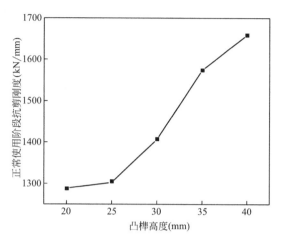

图 3.7.3-39 右环间接头抗剪刚度随凸榫高度变化图

3. 环间接头损伤高度分析

（1）左环间接头损伤高度分析

图 3.7.3-40 所示为凸榫角度 30°时左环间接头凹榫损伤云图。从图中可以看出，随着凹凸榫高度的增大，损伤区域也在逐渐增大，脱落三角区损伤高度也随之不断增大。当凸榫高度为 20mm 时，损伤高度为 71mm；当凸榫高度为 25mm 时，损伤高度为 73mm；当凸榫高度为 30mm 时，损伤高度为 76mm；当凸榫高度为 35mm 时，损伤高度为 78mm；当凸榫高度为 40mm 时，损伤高度为 85mm。

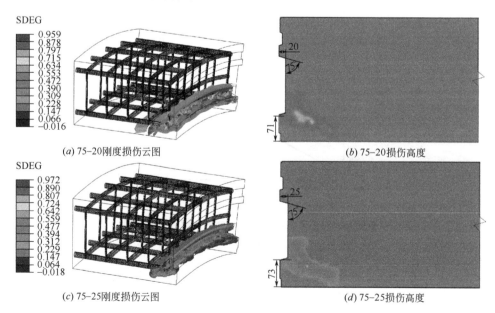

图 3.7.3-40 凸榫角度 75°时左环间接头凹榫损伤云图（一）

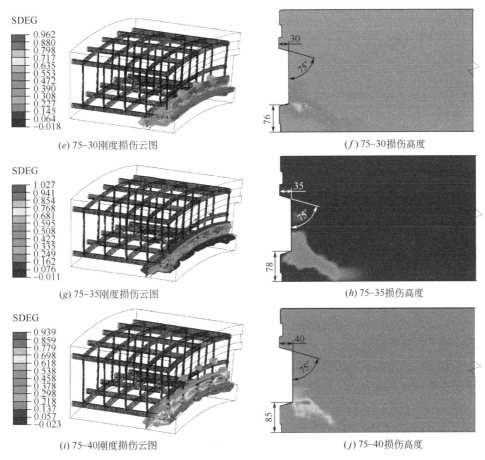

图 3.7.3-40 凸榫角度 75°时左环间接头凹榫损伤云图（二）

（2）右环间接头损伤高度分析

图 3.7.3-41 所示为凸榫角度 75°时右环间接头凹榫损伤云图。从图中可以看出，随着凹凸榫高度的增大，损伤区域在逐渐增大，脱落三角区损伤高度也随之不断增大。当凸榫高度为 20mm 时，损伤高度为 99mm；当凸榫高度为 25mm 时，损伤高度为 109mm；当凸榫高度为 30mm 时，损伤高度为 111mm；当凸榫高度为 35mm 时，损伤高度为 123mm；当凸榫高度为 40mm 时，损伤高度为 130mm。

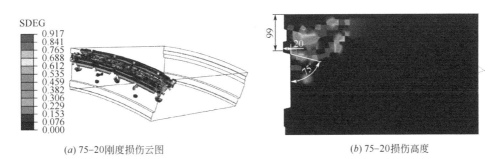

图 3.7.3-41 凸榫角度 75°时右环间接头凹榫损伤云图（一）

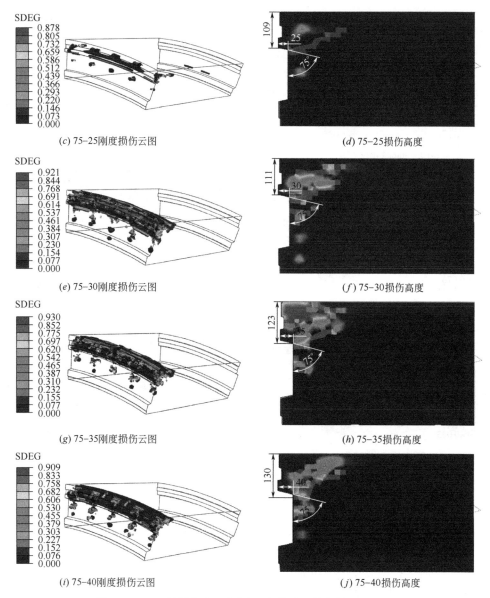

图 3.7.3-41　凸榫角度 75°时右环间接头凹榫损伤云图（二）

4. 凸榫角度 75°时环间接头抗剪性能指标汇总

将凸榫角度 75°时凹凸榫在环间接头受剪时的极限受剪承载力、正常使用阶段的抗剪刚度以及凹榫的损伤高度汇总如表 3.7.3-6 所示。

凸榫角度 75°时环间接头抗剪性能汇总　　　　表 3.7.3-6

凸榫尺寸	75-20		75-25		75-30		75-35		75-40	
环间接头位置	左	右	左	右	左	右	左	右	左	右
极限剪力(kN)	167	287	172	322	182	328	184	363	212	381
抗剪刚度(kN/mm)	493	1289	552	1303	632	1407	733	1574	835	1659
凹榫损伤高度(mm)	71	99	73	109	76	111	78	123	85	130

3.7.3.6 凸榫角度90°时凹凸榫剪切键的力学性能研究

1. 环间接头受剪承载力分析

（1）左环间接头受剪承载力分析

图3.7.3-42所示为凸榫角度90°时左环间接头剪力与错台量关系曲线图。由图可知，凸榫高度为20mm时，峰值点错台量为4.44mm，剪力为140.8kN；凸榫高度为25mm时，峰值点错台量为4.56mm，剪力为143.01kN；凸榫高度为30mm时，峰值点错台量为4.39mm，剪力为143kN；凸榫高度为35mm时，峰值点错台量为4.46mm，剪力为154.86kN；凸榫高度为40mm时，峰值点错台量为4.28mm，剪力为153.26kN。随着凸榫高度由20mm逐渐增加到40mm，左环间接头剪力也随之不断增大，当凸榫高度为20mm时，极限受剪承载力为140.8kN，当凸榫高度为40mm时，极限受剪承载力为153.26kN，极限受剪承载力提高了8%，说明在左环间接头受剪情况下，此时由于受剪凹槽的宽度影响，当凹槽角度为90°时，提高凹槽深度对抗剪能力影响不大。

（2）右环间接头受剪承载力分析

图3.7.3-43所示为凸榫角度90°时右环间接头剪力与错台量关系曲线图。由图可知，同左环间接头类似，凸榫高度为20mm时，峰值点错台量为4.29mm，剪力为257.86kN；凸榫高度为25mm时，峰值点错台量为4.29mm，剪力为317.78kN；凸榫高度为30mm时，峰值点错台量为4.31mm，剪力为355.64kN；凸榫高度为35mm时，峰值点错台量为4.25mm，剪力为322.38kN；凸榫高度为40mm时，峰值点错台量为4.27mm，剪力为349.63kN。随着凸榫高度由20mm逐渐增加到40mm，右环间接头剪力也随不断增大，当凸榫高度为20mm时，极限受剪承载力为257.86kN，当凸榫高度为40mm时，极限受剪承载力为349.63kN，极限受剪承载力提高了35.6%，可见在右环间接头受剪，凹槽角度为90°时，加大凸榫咬合深度依然可以有效增大抗剪强度。

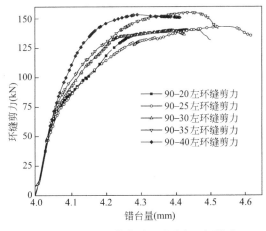

图3.7.3-42 凸榫角度90°时左环间接头剪力与错台量关系曲线图

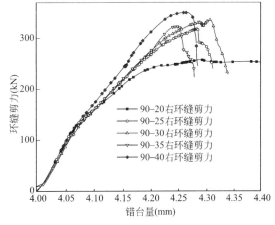

图3.7.3-43 凸榫角度90°时右环间接头剪力与错台量关系曲线图

2. 环间接头抗剪刚度分析

（1）左环间接头抗剪刚度分析

图3.7.3-44所示为正常使用阶段左环间接头剪力随裂缝宽度变化图，由图可知，当凸榫高度为20mm时，抗剪刚度为411.65kN/mm；当凸榫高度为25mm时，抗剪刚度为

419.4kN/mm；当凸榫高度为 30mm 时，抗剪刚度为 428.09kN/mm；当凸榫高度为 35mm 时，抗剪刚度为 482.41kN/mm；当凸榫高度为 40mm 时，抗剪刚度为 603.78kN/mm。图 3.7.3-45 所示为正常使用阶段左环间接头抗剪刚度随凸榫高度变化图，由图可知，抗剪刚度随凸榫高度的增大而不断增大。

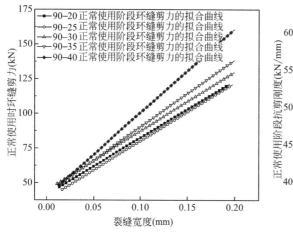

图 3.7.3-44　正常使用阶段左环间接头剪力随裂缝宽度变化图　　图 3.7.3-45　左环间接头抗剪刚度随凸榫高度变化图

（2）右环间接头抗剪刚度分析

图 3.7.3-46 所示为正常使用阶段右环间接头剪力随裂缝宽度变化图，由图可知，当凸榫高度为 20mm 时，抗剪刚度为 1090.82kN/mm；当凸榫高度为 25mm 时，抗剪刚度为 1155.96kN/mm；当凸榫高度为 30mm 时，抗剪刚度为 1293.22kN/mm；当凸榫高度为 35mm 时，抗剪刚度为 1305.39kN/mm；当凸榫高度为 40mm 时，抗剪刚度为 1451.14kN/mm。图 3.7.3-47 所示为正常使用阶段右环间接头抗剪刚度随凸榫高度变化图，如图所示，同左环间接头抗剪刚度变化规律类似，抗剪刚度随凸榫高度的增大不断增大。

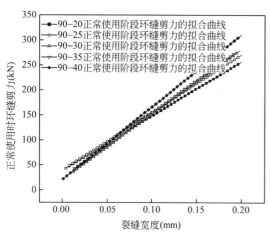
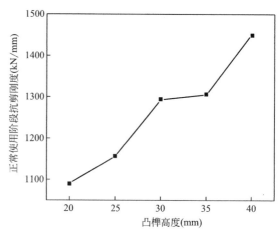

图 3.7.3-46　正常使用阶段右环间接头剪力随裂缝宽度变化图　　图 3.7.3-47　右环间接头抗剪刚度随凸榫高度变化图

3. 环间接头损伤高度分析

(1) 左环间接头损伤高度分析

图 3.7.3-48 所示为凸榫角度 90°时左环间接头凹榫损伤云图。从图中可以看出，随着凹凸榫高度的增大，损伤区域增大并不明显。当凸榫高度为 20mm 时，损伤高度为 65mm；当凸榫高度为 25mm 时，损伤高度为 65mm；当凸榫高度为 30mm 时，损伤高度为 65mm；当凸榫高度为 35mm 时，损伤高度为 68mm；当凸榫高度为 40mm 时，损伤高度为 68mm。

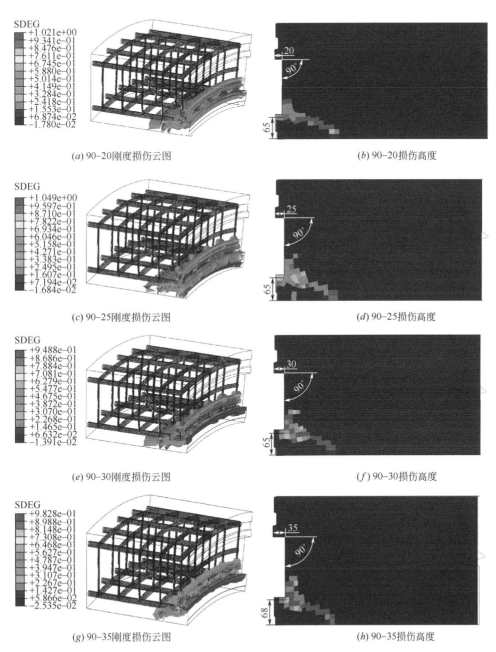

图 3.7.3-48　凸榫角度 90°时左环间接头凹榫损伤云图（一）

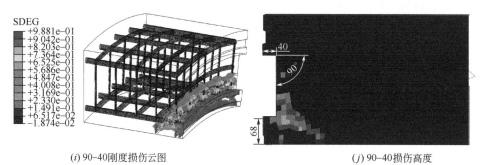

(i) 90-40刚度损伤云图　　　　　　　　(j) 90-40损伤高度

图 3.7.3-48　凸榫角度 90°时左环间接头凹榫损伤云图（二）

(2) 右环间接头损伤高度分析

图 3.7.3-49 所示为凸榫角度 90°时右环间接头凹榫损伤云图。从图中可以看出，随着凹凸榫高度的增大，除 35mm 外，损伤区域基本也呈逐渐增大的趋势，脱落三角区损伤高度也随之不断增大。当凸榫高度为 20mm 时，损伤高度为 90mm；当凸榫高度为 25mm 时，损伤高度为 109mm；当凸榫高度为 30mm 时，损伤高度为 120mm；当凸榫高度为 35mm 时，损伤高度为 110mm；当凸榫高度为 40mm 时，损伤高度为 120mm。

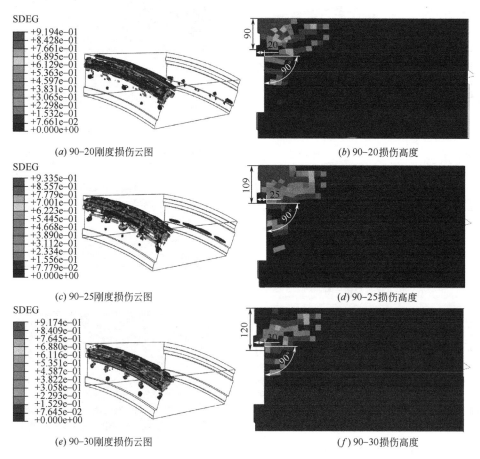

(a) 90-20刚度损伤云图　　　　　　　　(b) 90-20损伤高度

(c) 90-25刚度损伤云图　　　　　　　　(d) 90-25损伤高度

(e) 90-30刚度损伤云图　　　　　　　　(f) 90-30损伤高度

图 3.7.3-49　凸榫角度 90°时右环间接头凹榫损伤云图（一）

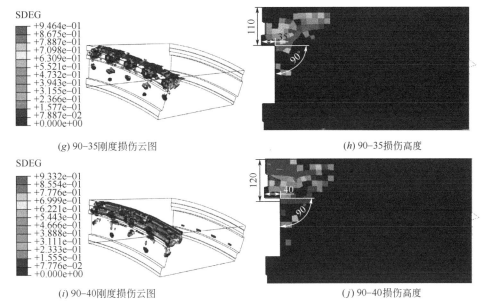

图 3.7.3-49　凸榫角度 90°时右环间接头凹榫损伤云图（二）

将凸榫角度 90°时凸榫在环间接头受剪时的极限受剪承载力、正常使用阶段的抗剪刚度以及凹榫的损伤高度汇总如表 3.7.3-7 所示。

凸榫角度 90°时环间接头抗剪性能指标汇总　　表 3.7.3-7

凸榫尺寸	90-20		90-25		90-30		90-35		90-40	
环间接头位置	左	右	左	右	左	右	左	右	左	右
极限剪力(kN)	141	258	143	318	143	356	155	322	153	350
抗剪刚度(kN/m)	412	1091	419	1156	428	1293	482	1305	604	1451
凹榫损伤高度(mm)	65	90	65	109	65	120	68	110	68	120

3.7.4　凹凸榫剪切键的抗剪能力影响的理论分析

对于软土地区的盾构隧道工程，尤其是地质条件不良地区，隧道沿前进方向不均匀沉降情况严重，环间接头的力学性能研究相比环向接头更为重要。衬砌管片环间接头在地层中受力复杂，影响环间接头力学性能的因素较多，包括衬砌轴力、螺栓预紧力、环间接头形式、管片材料等。但是对于设凹凸榫剪切键的通用楔形管片环间接头，凸榫的高度、角度、宽度、衬砌沿隧道方向轴力大小以及隧道的曲率半径等是影响管片环间接头力学性能的主要因素，由此可以看出，凹凸榫结构参数极大地影响了环间接头的力学性能。

上一节详细研究了环间接头在凸榫角度为 30°、45°、53°、60°、75°、90°时，管片环间接头力学性能与凸榫高度之间的变化关系，但是缺少相应的理论作为对比，本节首先确定受剪理论模型并单独考虑凸榫角度、高度对环间接头极限受剪承载力和环间接头剪切破坏后的凹榫损伤高度的影响，然后通过函数拟合，得出凸榫角度和高度共同作用对环间接头极限受剪承载力和凹榫剪切破坏后的凹榫损伤高度的影响。

3.7.4.1 管片环间接头受剪理论模型

现以凸榫高度 20mm，角度 53°为例，图 3.7.4-1 为理论分析和数值模拟凹凸榫接头模型细部构造和尺寸图。

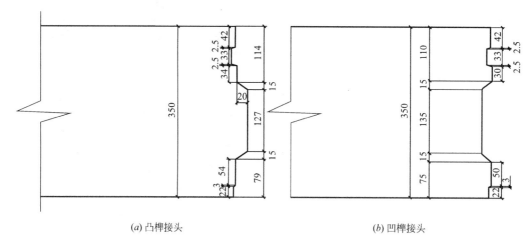

(a) 凸榫接头　　　　　　　　　　　(b) 凹榫接头

图 3.7.4-1　凹凸榫接头模型细部构造和尺寸

将管片接头凹榫破坏部位简化为悬臂梁结构，由于影响悬臂梁结构斜截面受剪破坏的因素包括混凝土强度、剪跨比、配筋率等因素，现以国家标准《混凝土结构设计规范》GB 50010—2010 的基本公式进行计算。规范中，对矩形截面的受弯构件仅配置箍筋时斜截面受剪承载力计算采用以下公式：

$$V \leqslant V_{cs} = \alpha_{cv} f_t b h_0 + \frac{f_{yv} A_{sv}}{s} h_0 \qquad (3.7.4-1)$$

式中　V——斜截面剪力设计值；

V_{cs}——斜截面混凝土和箍筋的受剪承载力设计值；

α_{cv}——截面混凝土受剪承载力系数，对一般受弯构件取 0.7；对集中荷载作用下（包括作用多种荷载，且其中集中荷载对支座截面或节点边缘所产生的剪力值占总剪力值的 75%以上的情况）的独立梁，取 $1.75/(\lambda+1)$，λ 为计算剪跨比，可取 $\lambda = a/h_0$（a 为集中荷载作用点至支座截面或节点边缘的距离），当 λ 小于 1.5 时，取 $\lambda = 1.5$；当 λ 大于 3.0 时，取 $\lambda = 3.0$；

f_t——混凝土抗拉强度设计值；

b——构件截面宽度；

h_0——截面的有效高度；

f_{yv}——箍筋的抗拉强度设计值；

A_{sv}——配置在同一截面内箍筋各肢的全部截面面积，$A_{sv} = n A_{sv1}$（n 为在同一截面内箍筋的肢数，A_{sv1} 为单肢箍筋的截面面积）；

s——箍筋的间距。

根据公式（3.7.4-1）进行理论计算可以得到环间接头受剪承载力，左环间接头理论计算参数取值和计算结果如表 3.7.4-1 所示，右环间接头理论计算参数取值和计算结果如表 3.7.4-2 所示。对于左环间接头，凹榫受剪时截面混凝土受剪承载力系数 $\alpha_{cv} = 0.58$，f_t

取混凝土强度等级为 C50 时的轴心抗拉强度标准值 2.64MPa，$b=886.58$mm，$h_0=80$mm，$f_{yv}=360$MPa，$A_{sv}=5\times78.54=392.69$mm^2。对于右环间接头，凹榫受剪时截面混凝土受剪承载力系数 $\alpha_{cv}=0.7$，混凝土抗拉强度设计值 f_t 取混凝土强度等级为 C50 时的轴心抗拉强度标准值 2.64MPa，$b=952.7$mm，$h_0=110$mm，$f_{yv}=360$MPa，$A_{sv}=5\times78.54=392.69$mm^2。

左环间接头理论计算参数取值和计算结果　　　　　表 3.7.4-1

偏差（%）	损伤高度 h_0(mm)	数值分析极限剪力(kN)	剪跨比 λ	α_{cv}	计算宽度 b(mm)	无腹筋剪力(kN)	理论剪力(kN)
1.21	80	193	2.25	0.54	886.58	101.11	228.21

右环间接头理论计算参数取值和计算结果　　　　　表 3.7.4-2

损伤高度 h_0(mm)	数值分析极限剪力(kN)	剪跨比 λ	α_{cv}	计算宽度 b(mm)	无腹筋剪力(kN)	理论剪力(kN)	偏差（%）
110	322.93	1.5	0.7	952.7	228.88	382.03	3.06

由表 3.7.4-1 和表 3.7.4-2 理论计算结果可以看出，数值分析的结果与理论计算的结构吻合度较高。左环间接头受剪承载力理论计算值为 228.21kN，偏差为 1.21%。右环间接头受剪承载力理论计算值为 382.03kN，偏差为 3.06%。经分析得到出现偏差的主要原因在于榫结构咬合面并不是一个平面，因此与通过公式理论计算分析得到的结果存在偏差，三维数值模拟计算时，凹凸榫接触部位局部混凝土发生了较为严重的应力集中现象，使凹榫局部发生破坏，然后引发较大范围的裂缝和三角形应力集中破坏区的脱落。除了凸榫高度 20mm、角度 53°，其他组合使用公式（3.7.4-1）都能较好地吻合，误差都在 15% 以内。

3.7.4.2 单影响因素分析

1. 对于损伤高度的单影响因素分析

凹榫损伤高度汇总如表 3.7.4-3 所示。

凹榫损伤高度汇总（单位：mm）　　　　　表 3.7.4-3

凸榫尺寸	20mm		25mm		30mm		35mm		40mm	
接头位置	左	右	左	右	左	右	左	右	左	右
30°	121	131	128	168	130	178	150	202	162	233
45°	85	114	90	148	97	160	117	156	130	180
53°	80	110	87	125	91	138	101	138	115	150
60°	78	98	83	110	84	116	85	125	101	154
75°	71	99	73	109	76	111	78	123	85	130
90°	65	90	65	109	65	120	68	110	68	120

图 3.7.4-2 所示为凸榫高度分别为 20mm、25mm、30mm、35mm 和 40mm，左环间接头管片受剪破坏时，凹榫部位损伤高度随凸榫角度的变化关系。从图中可以看出，随着凸榫角度的增加，损伤高度逐渐减小，这是由于在凸榫高度一定的情况下，角度越大（小于等于 90°时）管片接头处参与抗剪的区域越小导致的，凸榫高度越高，损伤区域越大。

右环与左环间接头规律基本相同，如图 3.7.4-3 所示。

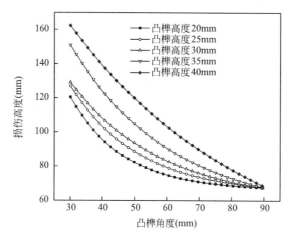

图 3.7.4-2　凸榫高度一定时左环间接头损伤高度与凸榫角度关系曲线

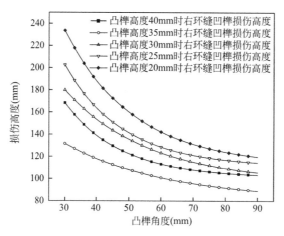

图 3.7.4-3　凸榫高度一定时右环间接头损伤高度与凸榫角度关系曲线

2. 极限受剪承载力汇总

不同凸榫高度和不同凸榫角度下管片的极限受剪承载力如表 3.7.4-4 所示。

环间接头极限受剪承载力汇总（单位：kN）　　　　表 3.7.4-4

凸榫尺寸	20mm		25mm		30mm		35mm		40mm	
接头位置	左	右	左	右	左	右	左	右	左	右
30°	341	386	368	492	377	517	459	584	507	670
45°	212	335	221	431	219	471	327	455	387	516
53°	193	323	218	368	222	404	271	389	327	438
60°	189	289	200	325	186	344	206	368	268	427
75°	167	287	172	322	182	328	184	363	212	381
90°	141	258	143	318	143	356	155	322	153	350

图 3.7.4-4 和图 3.7.4-5 分别展示了凸榫高度一定时左环间、右环间接头极限受剪承载力与凸榫角度的关系，从图中可以看出，环间接头的极限受剪承载力随凸榫角度的变化规律与环间接头损伤高度随凸榫角度变化的规律基本相同，随着凸榫角度的增加，极限受剪承载力逐渐减小，凸榫角度变化导致抗剪区域减小从而降低环间接头的极限受剪承载力，参与抗剪作用的抗剪区域的大小是影响环间接头极限抗剪能力的主要因素。

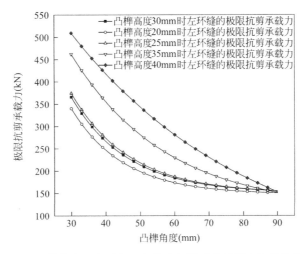

图 3.7.4-4　凸榫高度一定时左环间接头极限受剪承载力与凸榫角度曲线

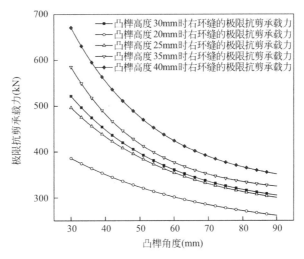

图 3.7.4-5　凸榫高度一定时右环间接头极限受剪承载力与凸榫角度曲线

3.7.4.3　多影响因素分析

1. 对于损伤高度的多影响因素分析

对于左环间接头损伤高度，根据表 3.7.4-3 拟合出以下公式：

$$y = 9.964 e^{0.015 x_2} \left(13.92 e^{\frac{-x_1}{30.71}} + 3.503\right) \qquad (3.7.4\text{-}2)$$

其中，x_1 为凸榫角度，x_2 为凸榫高度，单位为 mm。

由上式可以得出，左环间接头损伤高度随着凸榫角度的不断增大而变小，这是因为在凸榫高度一定的情况下，角度越小参与抗剪的混凝土区域就越大，最后环间接头破坏时损伤高度就越大。而当凸榫角度一定时，左环间接头损伤高度随凸榫高度的增加而变大，很显然当凸榫高度增加时，左环间接头损伤高度增大。

对于右环间接头损伤高度，根据表 3.7.4-3 拟合出如下公式：

$$y=(19.52e^{\frac{-x_1}{24.68}}+6.82)(0.28x_2+6.29) \quad (3.7.4\text{-}3)$$

其中，x_1 为凸榫角度，x_2 为凸榫高度，单位为 mm。

根据上式可以发现，右环间接头损伤高度随凸榫角度的增大而不断变小，凸榫高度的增大而不断变大，与数值模拟相吻合。

2. 对于极限受剪承载力的多影响因素分析

对于左环间接头极限受剪承载力，根据表 3.7.4-4 拟合出以下公式：

$$y=(18.26e^{\frac{-x_1}{26.12}}+2.41)(24.58e^{0.023x_2}) \quad (3.7.4\text{-}4)$$

其中，x_1 为凸榫角度，x_2 为凸榫高度，y 为左环间接头极限受剪承载力。

根据上式可以看出，左环间接头极限受剪承载力随凸榫角度的增大而不断变小，随凸榫高度的增大而增大。

对于右环间接头极限受剪承载力，根据表 3.7.4-4 拟合出以下公式：

$$y=(10.44e^{\frac{-x_1}{26.3}}+3.7)e^{3.77+0.018x_2} \quad (3.7.4\text{-}5)$$

其中，x_1 为凸榫角度，x_2 为凸榫高度，y 为右环间接头极限受剪承载力。

根据上式可以看出，右环间接头极限受剪承载力随凸榫角度的增大而不断变小，随凸榫高度的增大而增大。

3.8 本章小结

本章主要对不同形式的复合管片接头力学特性进行了分析探讨。其中：

3.2 节针对复合管片的直螺栓接头，分别研究了螺栓预紧力、复合管片钢壳厚度、荷载组合等对张开量和抗弯性能的影响，探讨了管片及接头的应力分布，并进一步总结了各因素对直螺栓接头抗弯性能的影响，为确定复合管片环向直螺栓接头的抗弯刚度提供了新的参考。

3.3 节研究了不同强度等级的高强度螺栓在实际工程荷载作用下的受力特性。与不施加预紧力的模型进行对比，研究预紧力对于弯螺栓接头力学特性的影响；施加不同的荷载，分析不同工况下预紧力作用效果的差异，揭示预紧力作用的机理。

3.4 节针对管片环向斜螺栓接头在荷载作用下的受力及变形规律进行研究，分析不同等级普通螺栓和高强螺栓对接头错台量和张开量以及斜螺栓应力应变的影响。

3.5 节针对复合管片锚式接头的受力性能进行了研究，探讨了其受力模式，重点分析了部件粗糙程度和尺寸差对锚式接头力学性能的影响。

3.6 节针对复合管片 FRP-Key 接头，重点分析了管片材料强度、支撑条件、榫槽下缘边距和轴力约束、接头尺寸和布置方式对 FRP-Key 接头力学性能的影响。

3.7 节针对不同角度和不同高度的凸榫接头模型进行了模拟分析，讨论了凸榫角度和高度对接头力学性能的影响。

第4章 复杂条件下复合管片结构的受力变形特性分析

4.1 引言

随着社会经济的进一步发展，当今世界盾构隧道的发展呈现出四个特点：大埋深、大断面、长距离和复杂条件。这里的复杂条件既包括盾构隧道在施工过程中穿越的不同地质条件、水文条件以及隧道在运营过程中面临的各种不利影响，比如火灾高温的影响、高水压和内水压的影响，复杂地层条件的影响等因素；也包括因埋深、断面和距离的增大而急剧增加的水土压力与施工荷载等外荷载。上述的复杂条件往往会引起盾构隧道衬砌结构产生巨大内力，出现明显的应力集中区，进一步恶化盾构隧道的运营环境，增加盾构隧道建设的风险和成本。

因此，为了保证施工和使用期间盾构隧道结构的安全和使用寿命，要求作为衬砌主体的管片具有强度高、刚度大、延性好和耐久性优良等特殊性能。具有强度、刚度、经济、加工、运输等优势的复合管片衬砌得到了业界认可和较广泛的应用（张稳军等）[30,31]。上海市政工程设计研究总院（集团）公司在上海虹桥临空 11-3 地块地下连接通道工程（盾构隧道）中采用了大断面矩形复合管片衬砌，下穿了高等级保护要求的地下管线 14 根，以浅埋的形式连接了两侧的下沉式广场，节约管线搬迁费用约 8000 万元（官林星等）[32]。日本东京中央环状品川线（公路盾构隧道）和环状 6 号线的联络线在五反田出入口实施隧道分岔和合流的措施时采用复合管片衬砌，解决了偏压、重型荷载条件下隧道分岔与合流引起的隧道衬砌受力问题（汤田坂幸彦等）[33]。东京羽田机场国内国际线联络通道采用复合管片衬砌控制吹填土软弱地层中盾构隧道的变形。基于此，研究复合管片结构在复杂条件下的受力变形特性，对于指导工程建设，保证隧道施工质量和盾构隧道理论发展具有重要意义[34]。

4.2 高水压作用下复合管环力学特性分析

近些年来，随着盾构工法的不断创新与发展，不仅城市地下工程，在江河等水下隧道的修建中也大量使用了盾构法。相对于其他水域交通，水下隧道受气候等影响较小，可以承载的交通流量能够很好地适应快节奏的交通运输形式，因此，可以预见未来跨水交通工程中盾构隧道将会占有相当大的比重。使用盾构法修建的水下隧道需要承受高水压荷载作用，如何保证盾构隧道结构在高水压作用下的稳定性和安全性是盾构工程关心的首要问题。盾构隧道建设成败的关键问题是衬砌的计算和设计方法，衬砌结构必须满足强度和刚度要求。对于水下隧道工程所面临的复杂建设环境，高水压等外力条件对管片受力、防水、耐腐蚀等性能的要求也随之提高，混凝土等传统盾构管片暴露出了很多方面的不足，在复杂条件下的盾构工程中使用受限。因此，由钢管片、球墨铸铁管片、矩形钢管和充填混凝土或水泥砂浆通过剪力键组合而成的新型复合管片被开发出来，并在工程实际中得到较为广泛的应用，不同类型的复合管片其计算方法也不同，且模型和参数的选取具有不确定性。

4.2.1 荷载条件

利用 ABAQUS 有限元软件进行数值模拟计算，一共设置四种工况，通过改变隧道埋深、隧道直径、地下水位、所处地层条件和隧道内部水位等条件进行计算。具体工况参数如表 4.2.1-1 所示，土层参数如表 4.2.1-2 所示。

工况参数表　　　　　　　　　　　　　　　　表 4.2.1-1

工况	隧道埋深(m)	隧道直径(m)	地下水位(m)	所处地层	内部水位
Case1	40	12.6	−6	砂土	起拱线
Case2	40	12.6	−6	砂土	满水
Case3	40	12.6	−6	黏土	起拱线
Case4	40	12.6	−6	黏土	满水

土层参数表　　　　　　　　　　　　　　　　表 4.2.1-2

土层	天然重度(kN/m³)	浮重度(kN/m³)	黏聚力(kPa)	内摩擦角(°)
黏土	20.6	10.9	25	25
砂土	19.8	10.2	0	25

4.2.1.1 外荷载计算

隧道承受荷载如图 4.2.1-1 所示。

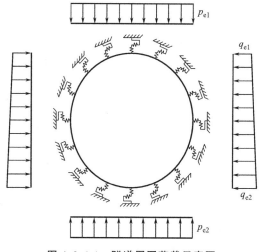

图 4.2.1-1　隧道周围荷载示意图

1. 工况 1

根据图 4.2.1-1 计算工况 1 的隧道周围水土荷载。在工况 1 条件下，由于隧道处于砂土层内，土层渗透系数较大，应用水土分算法，以朗肯土压力公式进行计算，具体过程如下所示。

上部水土荷载 P_1 为：

$$P_1 = (10+10.2) \times 34 + 19.8 \times 6 = 805.6 \text{kPa} \tag{4.2.1-1}$$

下部水土荷载 P_2 为：

$$P_2 = P_1 + \pi t \gamma_{混} = 805.6 + \pi \times 0.3 \times 25 = 829.2 \text{kPa} \tag{4.2.1-2}$$

侧面上部水土荷载 Q_1 为：

$$Q_1 = (19.8 \times 6 + 10.2 \times 34) \times \tan^2\left(45° - \frac{25°}{2}\right) - 2 \times 0 \times \tan\left(45° - \frac{25°}{2}\right) + 10 \times 34 = 528.2 \text{kPa}$$
(4.2.1-3)

侧面下部水土荷载 Q_2 为：
$$Q_2 = (19.8 \times 6 + 10.2 \times 46.6) \times \tan^2\left(45° - \frac{25°}{2}\right) - 2 \times 0 \times \tan\left(45° - \frac{25°}{2}\right) + 10 \times 46.6 = 707.1 \text{kPa}$$
(4.2.1-4)

由于水内同一点对各个方向的水压相同，因此内部水压 P_w 为：
$$P_w = \gamma_水 \times h$$
(4.2.1-5)

其中：$0 \leqslant h \leqslant 6\text{m}$，$\gamma_水 = 10 \text{kN/m}^3$。

2. 工况 2

工况 2 为发生洪水时的状况。此时，认为地下水位上涨与地表面平齐，具体计算过程如下所示。

上部水土荷载 P_1 为：
$$P_1 = (10 + 10.2) \times 40 = 808 \text{kPa}$$
(4.2.1-6)

下部水土荷载 P_2 为：
$$P_2 = P_1 + \pi t \gamma_混 = 808 + \pi \times 0.3 \times 25 = 831.6 \text{kPa}$$
(4.2.1-7)

侧面上部水土荷载 Q_1 为：
$$Q_1 = 10.2 \times 40 \times \tan^2\left(45° - \frac{25°}{2}\right) - 2 \times 0 \times \tan\left(45° - \frac{25°}{2}\right) + 10 \times 40 = 536 \text{kPa}$$
(4.2.1-8)

侧面下部水土荷载 Q_2 为：
$$Q_2 = 10.2 \times 52.6 \times \tan^2\left(45° - \frac{25°}{2}\right) - 2 \times 0 \times \tan\left(45° - \frac{25°}{2}\right) + 10 \times 52.6 = 724.8 \text{kPa}$$
(4.2.1-9)

内部水压 P_w 沿直径从上到下呈线性分布，顶部水压 $P_{w上}$ 为：
$$P_{w上} = 10 \times 40.3 = 403 \text{kPa}$$
(4.2.1-10)

底部水压 $P_{w下}$ 为：
$$P_{w下} = 10 \times 52.3 = 523 \text{kPa}$$
(4.2.1-11)

3. 工况 3

工况 3 条件下，由于隧道处于黏土层内，土层渗透系数较小，应用水土合算法，采用朗肯土压力公式进行计算，具体过程如下所示。

上部水土荷载 P_1 为：
$$P_1 = 20.6 \times 6 + 10.9 \times 34 + 10 \times 34 = 834.2 \text{kPa}$$
(4.2.1-12)

下部水土荷载 P_2 为：
$$P_2 = P_1 + \pi t \gamma_混 = 834.2 + \pi \times 0.3 \times 25 = 857.8 \text{kPa}$$
(4.2.1-13)

侧面上部水土荷载 Q_1 为：
$$Q_1 = (20.6 \times 6 + 20.9 \times 34) \times \tan^2\left(45° - \frac{25°}{2}\right) - 2 \times 25 \times \tan\left(45° - \frac{25°}{2}\right) = 306.7 \text{kPa}$$
(4.2.1-14)

侧面下部水土荷载 Q_2 为：

$$Q_2 = (20.6 \times 6 + 20.9 \times 46.6) \times \tan^2\left(45° - \frac{25°}{2}\right) - 2 \times 25 \times \tan\left(45° - \frac{25°}{2}\right) = 413.6 \text{kPa}$$

(4.2.1-15)

4. 工况 4

工况 4 为发生洪水时的状况。此时，认为地下水位上涨与地表面平齐，具体计算过程如下所示。

上部水土荷载 P_1 为：

$$P_1 = 10.9 \times 40 + 10 \times 40 = 836 \text{kPa} \quad (4.2.1\text{-}16)$$

下部水土荷载 P_2 为：

$$P_2 = P_1 + \pi t \gamma_{混} = 836 + \pi \times 0.3 \times 25 = 859.6 \text{kPa} \quad (4.2.1\text{-}17)$$

侧面上部水土荷载 Q_1 为：

$$Q_1 = 20.9 \times 40 \times \tan^2\left(45° - \frac{25°}{2}\right) - 2 \times 25 \times \tan\left(45° - \frac{25°}{2}\right) = 307.4 \text{kPa} \quad (4.2.1\text{-}18)$$

侧面下部水土荷载 Q_2 为：

$$Q_2 = 20.9 \times 52.6 \times \tan^2\left(45° - \frac{25°}{2}\right) - 2 \times 25 \times \tan\left(45° - \frac{25°}{2}\right) = 414.3 \text{kPa}$$

(4.2.1-19)

内部水压 P_w 沿直径从上到下呈线性分布，顶部水压 $P_{w上}$ 为：

$$P_{w上} = 10 \times 40.3 = 403 \text{kPa} \quad (4.2.1\text{-}20)$$

底部水压 $P_{w下}$ 为：

$$P_{w下} = 10 \times 52.3 = 523 \text{kPa} \quad (4.2.1\text{-}21)$$

4.2.1.2 荷载结果汇总

汇总以上计算内容于表 4.2.1-3。

荷载计算汇总表　　　　　　　　　　　表 4.2.1-3

工况	上部水土荷载 P_1(kPa)	下部水土荷载 P_2(kPa)	侧面水土荷载(kPa)		内水压(kPa)	
			Q_1	Q_2	$P_{w上}$	$P_{w下}$
Case1	805.6	829.2	528.2	707.1	0	60
Case2	808.0	831.6	536.0	724.8	403	523
Case3	834.2	857.8	306.7	413.6	0	60
Case4	836.0	859.6	307.4	414.3	403	523

需要注意的是，以上所计算的上部水土荷载 P_1、下部水土荷载 P_2、侧面上部水土荷载 Q_1 及侧面下部水土荷载 Q_2 均为以沿直径长度分布为基础而得到的。但是，在 ABAQUS 中以上四种荷载则是加载到直径所对应的圆弧上，因此需要对这四种荷载的计算数值进行转化调整，具体转化方式如下：

$$P_1' = \frac{2}{\pi} P_1 \quad (4.2.1\text{-}22)$$

$$P_2' = \frac{2}{\pi} P_2 \quad (4.2.1\text{-}23)$$

$$Q_1' = \frac{2}{\pi} Q_1 \qquad (4.2.1\text{-}24)$$

$$Q_2' = \frac{2}{\pi} Q_2 \qquad (4.2.1\text{-}25)$$

按上述方式将所算荷载进行换算,换算后的汇总表如表 4.2.1-4 所示,此外为了计算结果具有对比性,各工况下地基反力系数均取 10000kPa。

荷载计算调整汇总表 　　　　　　　　　表 4.2.1-4

工况	上部水土荷载 P_1(kPa)	下部水土荷载 P_2(kPa)	侧面水土荷载(kPa)		内水压(kPa)	
			Q_1	Q_2	$P_{w上}$	$P_{w下}$
Case1	515.6	530.7	338.1	452.5	0	60
Case2	517.1	532.2	343.1	463.9	403	523
Case3	533.9	549.0	196.3	264.7	0	60
Case4	535.1	550.1	196.7	265.2	403	523

4.2.2 有限元模型建立

4.2.2.1 模型建立依据

以往关于盾构隧道管片的数值模拟多数采用梁-弹簧模型或者壳-弹簧模型,即将管片简化成梁或者壳进行处理。为了能够对复合管片进行更加细致的研究,将以实际复合管片设计模型为基础,进行合理的简化处理后建立复合管片的三维实体精细化模型。实际复合管片设计 CAD 图像资料如图 4.2.2-1 所示。

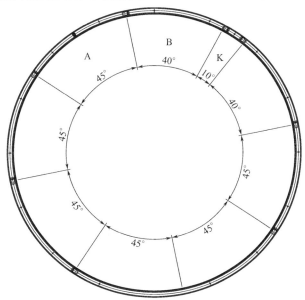

图 4.2.2-1　整体管环拼接示意图

由图 4.2.2-1 可知,整体复合管环结构由 A、B、K 三种类型的管片拼接而成。其中 A 型管片共 6 块,每块管片为 45°;B 型管片 2 片;封顶块 K 型管片 1 块,B 型管片和 K

型管片共占整环的四分之一。A 型管片的几何结构比较简单,这里不再进行特别介绍,B 型管片和 K 型管片几何结构比较特殊,其 CAD 参考资料如图 4.2.2-2 和图 4.2.2-3 所示。

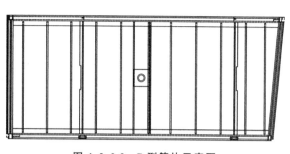

图 4.2.2-2 B 型管片示意图

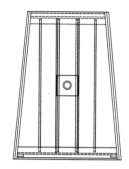

图 4.2.2-3 K 型管片示意图

4.2.2.2 复合管片模型

模型建立过程中认为复合管片整体只由内部混凝土与外部钢壳组合而成,而忽略钢壳内部的剪力键、剪力钉等构件等细节。同时,由于复合管片外部钢壳厚度较小,且沿钢壳厚度方向的应力与变形并不是重点考察内容,因此采用壳单元模拟钢壳,管片几何参数及材料参数如表 4.2.2-1 和表 4.2.2-2 所示。

管片模型几何参数表   表 4.2.2-1

管片类型	尺寸(mm)		厚度(mm)		
	外径	内径	面板厚度	接头板厚度	主桁梁厚度
A	12600	12000	5	10	20
B	12600	12000	5	10	20
K	12600	12000	5	10	20

管片模型材料参数表   表 4.2.2-2

材料	弹性模量(MPa)	泊松比	密度(g/mm^3)
钢材	2.1×10^5	0.3	7.8×10^{-3}
水泥砂浆	2.41×10^4	0.25	2.45×10^{-3}

所建立的三种类型管片模型如图 4.2.2-4～图 4.2.2-6 所示。

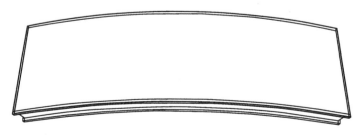

图 4.2.2-4 A 型管片模型示意图

图 4.2.2-5　B 型管片模型示意图

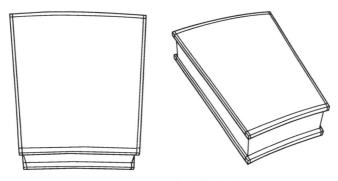

图 4.2.2-6　K 型管片模型示意图

其中,复合管片环向接触及径向接触均为凹槽形。环向接触凹槽上下凸起延伸 50mm;径向接触凹槽上下凸起延伸 28mm。模型中间部分设置为混凝土材料,凹槽凸起部分设置为钢材料。最后,通过 property 功能中的 skin 功能在混凝土材料表面建立壳实体,通过赋予壳材料不同的厚度建立钢壳,从而完成建模。

4.2.2.3　接头模型

分别采用 ABAQUS 有限元分析软件 interaction 模块中的 connector 连接单元、实体单元 beam 以及实体单元 shell 三种不同的方法对管片接头进行模拟。

1. connector 连接单元模型

连接单元 connector 用来模拟模型上的两个点之间(或者一个点和地面之间)的运动和力学关系。其中连接点可以是网格实体的点、几何实体的顶点或地。ABAQUS 中连接单元给出了多种连接属性,方便且容易使用,选用 axial 连接单元。通过定义连接单元属性中的 elasticity 模块可以很好地模拟接头在连接方向的拉压性能。其中系数 D_{11} 按照如下式计算:

$$D_{11} = \frac{EA}{L} \quad (4.2.2-1)$$

其中,E 为接头材料的弹性模量;A 为接头径向与管片连接接触面的面积;L 为管片连接处两相邻管片之间的距离,本节采用的模型中 $L=57$mm。建立两块 A 型管片及连接件的组合模型如图 4.2.2-7 所示。

2. beam 实体单元模型

上述讨论中因为 connector 连接单元完全限制了所连接两点之间的相对位置变化,beam 实体单元保持了与 beam 连接单元一样的刚性连接属性,同时又保有变形性能,因此不会限制连接两点之间的位置变化。将截面参数设置为 $a=12\text{mm}$，$b=220\text{mm}$ 的矩形面，材料设置为钢。所建管片及接头组合模型如图 4.2.2-8 所示。

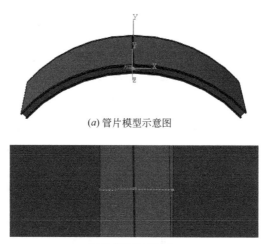

(a) 管片模型示意图

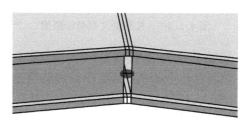

(b) 连接单元示意图

图 4.2.2-7　管片及连接单元模拟接头示意图

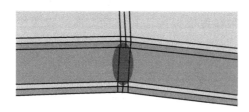

图 4.2.2-8　管片及 beam 实体单元模拟接头示意图

3. shell 实体单元模型

以上两种模拟方式均对接头做了比较大的简化处理，而使用 shell 实体单元对接头模拟则可以更接近实际情况。使用 part 中的绘图功能在已有管片模型的基础上增加壳，在 property 模块中为壳赋予属性即可。同上文所述，壳的材料为钢，厚度为 $a=12\text{mm}$。所建管片及接头组合模型如图 4.2.2-9 所示。

图 4.2.2-9　管片及 shell 实体单元模拟接头示意图

以上述建立的接头模型为基础，在 2.4 节中将对连接单元、beam 实体单元及 shell 实体单元三种不同模拟方式进行比较，进而选择最符合实际情况的一种作为后续研究的接头模型。

4.2.2.4 接头模型比较与选择

以本章4.2.2.3节所建立的三种复合管片接头为基础,结合两片A型管片进行受力分析比较,分别对三个组合模型施加相同的边界条件和荷载条件。由于本节的主要目的为研究复合管环结构在高水压下的受力变形特性,其中又重点研究复合管片受力作用后的接头张开量和管片错台量,而盾构管环在正常工作状态下各种材料均处于弹性阶段,因此在以下分析过程中将以变形作为第一观察量进行比较。

1. axial 连接单元接头模型

(1) 模型参数

1) 接触:模型中管片接触部分采用无摩擦的硬摩擦属性(受压约束,受拉无约束)。由于接触对较多,而两管片同属一个part,因此接触方式选择general contact,将接触对形式设置为"自接触"。

2) 边界条件:左侧边界条件设置为固支,由于ABAQUS默认三维实体没有转动自由度,因此只约束左侧A型管片左面 x、y 和 z 方向的移动即可。右侧A型管片表面则固定 y 和 z 方向的移动。这样设置边界条件既可以保证组合模型的变形性能不受影响,又最大程度上减少了模型分析所需要的计算代价,可以减少计算时间,非常适合进行模型比较。

3) 荷载:模型比较选用两组不同的单一荷载:

① 在右侧A型管片右面加载沿管片轴向的面荷载1MPa;

② 在右侧A型管片上面板加载沿 y 轴负方向的面荷载1MPa。

Axial连接单元接头及管片组合模型边界条件与荷载加载示意如图4.2.2-10和图4.2.2-11所示。

图4.2.2-10 加载情况①及边界条件

图4.2.2-11 加载情况②及边界条件

(2) 计算结果

加载情况①的计算结果

① 应力分布

模型Mises应力分布如图4.2.2-12所示。不难看出,模型除了直接受力的右侧A型管片的右面附近区域外,应力基本呈对称分布。其中两端受力较大,中间受力较小。接头处管片在内侧接触,外侧张开。管片的应力变化趋势和分布符合结构力学理论知识。

② 变形分布

模型沿 y 方向的变形分布如图4.2.2-13所示。可以看到,整个模型的在 y 方向的位移变形值基本全部为正值。值得注意的是,模型在 y 方向的位移值在接头处出现了突变,这也验证了连接件接头模型不能传递剪力的事实。因此,连接件接头模型不能很好地保持模型变形的协调性,放弃此种模拟方法,以下不再进行加载用于比较的另一荷载的分析计算。

图 4.2.2-12　加载情况①应力分布图

图 4.2.2-13　加载情况①变形分布图

2. beam 实体单元接头模型

(1) 模型参数

1) 接触：与 axial 连接单元相同，接触属性设置为只受压不受拉的硬接触，接触方式设置为 general contact。

2) 边界条件：左侧边界条件设置为固支，右侧边界固定 y 和 z 方向的移动。

3) 荷载：

① 在右侧 A 型管片右面加载沿管片轴向的面荷载 1MPa；

② 在右侧 A 型管片上面板加载沿 y 轴负方向的面荷载 1MPa。

(2) 计算结果

1) 加载情况①的计算结果

① 应力分布

由图 4.2.2-14 可以看出，axial 连接单元模型中最大受力区域为主桁梁面靠近边界截面的上下凸起处；beam 模型中受力最大区域为左右两边界面，尤其是右侧直接受力面，应力最大值也略大于 axial 连接单元模型。分析可知，在受同一荷载作用后，beam 实体单元给予的约束与反力更接近于实际,其应力分布也更准确。

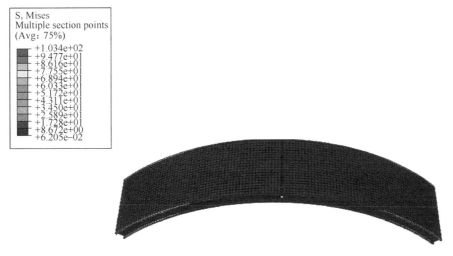

图 4.2.2-14　加载情况①应力分布图

② 变形分布

由图 4.2.2-15 可以看到,模型整体在 y 方向的位移基本为正值,与 axial 连接单元模型的变形分布具有相似的规律。同时,与 axial 连接单元模型相比,在接触部分的位移有了很好的连续性。这说明 beam 实体单元接头模型可以很好地传递剪力,从而保证变形的协调性,使分析结果更符合实际情况。

图 4.2.2-15　加载情况①变形分布图

2) 加载情况②的计算结果

① 应力分布

由图 4.2.2-16 可以看到,在荷载②情况下,两管片在接触部位外侧受压接触,内侧张开,符合实际情况。同时,还可以看到,尽管管片外侧接触是同时发生的,但是靠近接头部分所受力比中间部分大,说明接触部分应力可能是由边缘向中部逐渐传递的。

图 4.2.2-16　加载情况②应力分布图

② 变形分布

由图 4.2.2-17 可见，在荷载②情况下，管片的接触区域沿 y 轴负方向发生变形，两侧则因固定发生了比较小的上翘变形，变形结果符合实际情况。同时，可以看到两管片在接头左右的接触部分的变形具有较好的连续性，再次说明 beam 实体单元接头模型的分析结果更符合实际情况。

图 4.2.2-17　加载情况②变形分布图

3. shell 实体单元接头模型

（1）模型参数

1）接触：与 axial、beam 连接单元相同，接触属性设置为只受压不受拉的硬接触，接触方式设置为 general contact。

2）边界条件：左侧边界条件设置为固支，右侧边界固定 y 和 z 方向的移动。

3）荷载：

① 在右侧 A 型管片右面加载沿管片轴向的面荷载 1MPa；

② 在右侧 A 型管片上面板加载沿 y 轴负方向的面荷载 1MPa。

（2）计算结果

1）加载情况①的计算结果

① 应力分布

由图 4.2.2-18 可以看到，shell 组合模型中的最大应力大于另外两种模拟接头模型，管片与上下凸起部分的应力与前两种模型相差较小，最大应力值出现在接头部分。说明 shell 实体单元接头模型与其他两种模型相比，在保证管片部分受力几乎相同的条件下，可以更好地显示接头模型沿高度方向的应力分布情况。实际上，复合管片接头在实际工作状态下沿高度方向的应力分布不是均匀的，根据管片相互位置的变化，接头可能上、下部可能同时受压、受拉也可能受不同性质的力。因此，不能忽略接头模型沿高度方向的应力变化，shell 实体单元接头模型能更适合研究复合管片接头受力与变形性能。

图 4.2.2-18　加载情况①应力分布图

② 变形分布

由图 4.2.2-19 可以看到，该模型的变形分布与 beam 实体单元的变形分布基本一致，但是接触部分沿 y 方向的变形要小于 beam 模型。分析可知，因为 beam 接头模型中接头部分只连接了两点，而 shell 接头模型中接头部分则更接近实际情况，全面连接相邻管片从而使模型形成一个整体，刚度增大，变形减小。

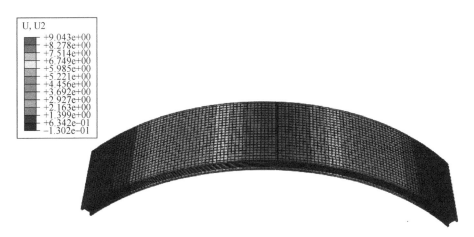

图 4.2.2-19　加载情况①变形分布图

2) 加载情况②的计算结果

① 应力分布

为了更好地分析荷载②下的管片及接头受力情况，考虑到所加的荷载为轴向，因此选择 S_{11}（沿 x 轴方向的应力）进行观察。如图 4.2.2-20 所示，管片在接触部位外侧接触受压，内侧张开。根据应力云图，管片外侧接触受压部分明显压力大于其余区域，而且两侧应力连续，符合实际情况。

图 4.2.2-20　加载情况②应力分布图

② 变形分布

由位移云图 4.2.2-21 可知，模型中部的管片接触部位发生了沿 y 轴负方向的位移，其他特征与上文所述基本一致。另外，最大位移值远小于相同条件下的 beam 接头模型，说明由 shell 实体单元接头连接而成的结构的确具有更大的刚度，整体性更好。

图 4.2.2-21　加载情况②变形分布图

4. 结果汇总与分析选择

汇总两种外荷载作用下三种不同接头的应力与变形结果，如表 4.2.2-3 所示，为了便于比较，取应力、变形绝对值的最大值。

计算结果　　　　　　　　　　　　　表 4.2.2-3

接头模型	应力绝对值的最大值（MPa）		变形最大值（mm）	
	荷载①	荷载②	荷载①	荷载②
axial 连接单元	81.5	—	25.7	—
beam 实体单元	103.4	211.9	13.7	195.1
shell 实体单元	128.4	247.8	9.0	132.6

通过上文的分析过程得到三种接头模型的特征如下：

（1）axial 连接单元接头模型能够保证被连接管片之间相互位置的可变化性，可以很好地传递沿连接两点的轴力。因为连接单元不是实体单元，不需要进行赋予材料及网格划分等步骤，使用该方法模拟的建模过程更加简单。但是，axial 连接单元的定义决定了它无法传递剪力和弯矩。因此，在接头受剪后两侧的管片沿剪力方向的变形不连续，与实际情况不符。

（2）beam 实体单元接头模型解决了 axial 连接单元模型不能传递剪力和弯矩的问题，同时保留了被连接管片之间相互位置的可变化性。但是，由于 beam 接头模型只连接了相邻管片的两点，与实际接头的作用存在很大的区别。同时，beam 单元还忽略了沿高度和厚度两个方向的应力及变形，不利于接头性能的全面研究。

（3）shell 实体单元接头模型最大程度上模拟了接头的实际工作状态。shell 接头模型在保证轴力、剪力及弯矩传递的同时，与两侧管片的连接进一步提升了模型的刚度，使模型的整体性更好。此外，shell 接头模型仅忽略了接头沿厚度方向的应力及变形，解决了 beam 单元无法研究接头模型沿高度方向受力、变形性能的问题，更适合于文书研究。

4.2.2.5　复合管环模型

将管片通过接头进行拼装，组成复合管片结构如图 4.2.2-22 所示。

图 4.2.2-22　复合管环结构模型

模型中的接触条件设置为 general contact，设置好边界条件、接触及加载后的复合管片结构模型如图 4.2.2-23 所示。

(a) 水土荷载　　　(b) Case1、Case3 内水压加载　　　(c) Case2、Case4 内水压加载

图 4.2.2-23　复合管环结构模型荷载图

4.2.3 内力计算结果及分析

4.2.3.1 管环应力分布

case1～case4 的复合管环整体应力分布如图 4.2.3-1 所示。

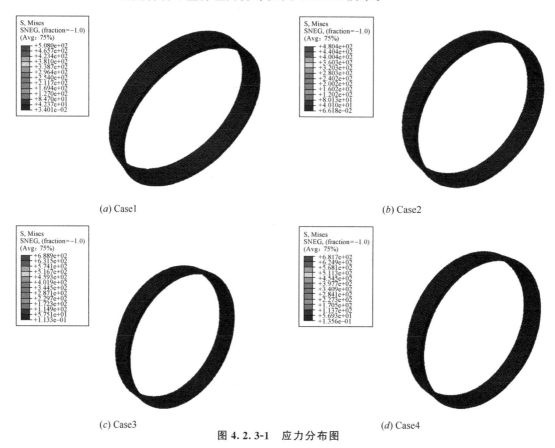

图 4.2.3-1 应力分布图

可以看到，各工况下管片部分应力较小，应力最大值几乎都集中在接头部位，因此应该以研究接头部位的受力情况为重点。为了更好地研究接头部位受力，对管环接头依次进行编号如图 4.2.3-2 所示。

由于所建复合结构管环模型为对称结构，所加荷载为对称荷载，因此呈对称分布的接头受力也是对称的，这里只取正面接头 1、2、3、4、5 进行研究。

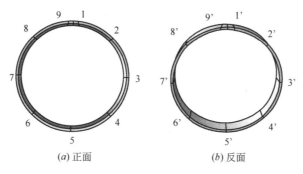

图 4.2.3-2 接头编号

4.2.3.2 接头应力分布

为研究接头部位的应力情况,给出各工况下接头 1、2、3、4、5 的应力分布如图 4.2.3-3～图 4.2.3-7 所示。

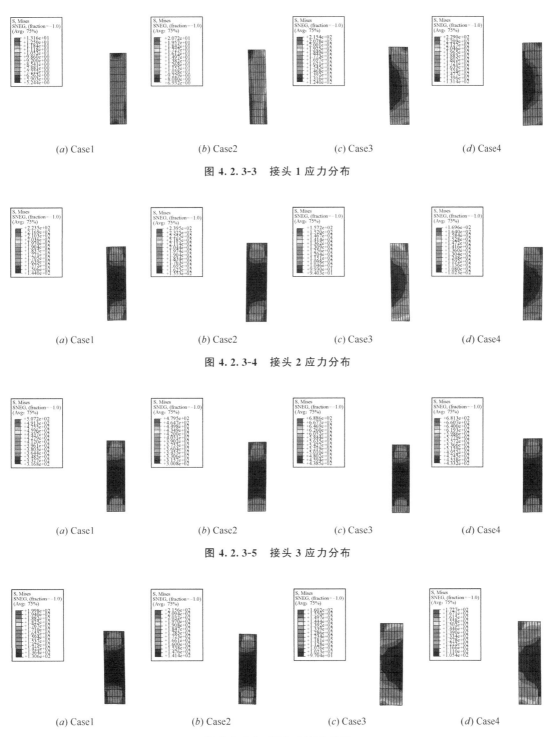

(a) Case1　　(b) Case2　　(c) Case3　　(d) Case4

图 4.2.3-3　接头 1 应力分布

(a) Case1　　(b) Case2　　(c) Case3　　(d) Case4

图 4.2.3-4　接头 2 应力分布

(a) Case1　　(b) Case2　　(c) Case3　　(d) Case4

图 4.2.3-5　接头 3 应力分布

(a) Case1　　(b) Case2　　(c) Case3　　(d) Case4

图 4.2.3-6　接头 4 应力分布

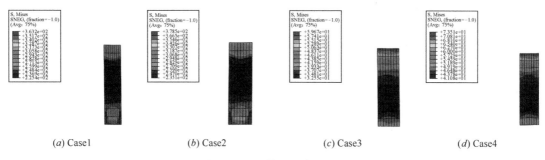

(a) Case1　　　　(b) Case2　　　　(c) Case3　　　　(d) Case4

图 4.2.3-7　接头 5 应力分布

汇总以上各接头所受应力情况如表 4.2.3-1 所示。

接头处的最大/最小应力值　　　　　　　表 4.2.3-1

接头	应力值（MPa）							
	Case1		Case2		Case3		Case4	
	最大	最小	最大	最小	最大	最小	最大	最小
1	13.2	5.2	20.7	6.9	215.4	124.0	229.0	131.4
2	223.5	144.0	239.5	155.3	157.2	94.0	169.6	102.3
3	307.2	216.8	279.5	200.8	288.6	183.5	281.3	233.2
4	199.8	130.6	215.6	141.4	160.2	97.0	172.7	105.4
5	263.2	165.4	238.4	155.1	59.7	32.6	73.5	41.1

4.2.3.3　结果分析

综合荷载加载情况、应力云图与应力汇总表可以得到以下结论：

1. 高水压下复合管环结构中接头部位受力大于管片部位受力。在 Case1～4 四个工况中，接头部位所受最大应力与管片部位的最大应力比为 5～10 倍不等。

2. 高水压下复合管环结构所用接头中受力最大的为接头 3（接头 7）。可以看到，各工况下接头 3 的最大值与最小值都是最大的。

3. 在上下水土荷载相近、内水压相同的情况下，一定范围内接头 1、接头 3 随所受侧面荷载的增大受力减小，而接头 2、接头 4、接头 5 随所受侧面荷载的增加受力增大。

4. 在上下水土荷载相同、侧面荷载相同的情况下，接头 1、接头 2、接头 3、接头 4、接头 5 随内水压的增大受力增大。需要注意的是，上述结论均为以各材料处于弹性阶段为基础而得到的。

4.2.4　变形计算结果及分析

4.2.4.1　管环变形分布

各工况下的复合管环变形云图如图 4.2.4-1 所示。

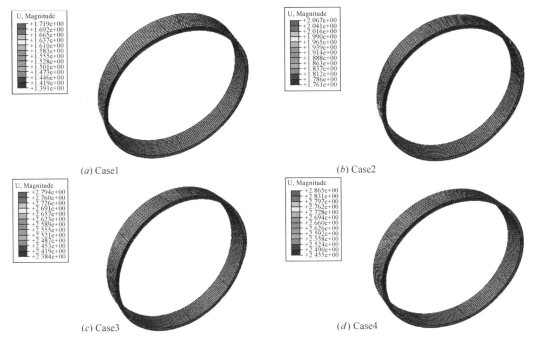

图 4.2.4-1 复合管环变形分布图

可以看到，在工况 1 的荷载作用下，整体变形呈很好的对称分布，且复合管环结构变形最大值仅为 1.72mm，各工况下变形情况如表 4.2.4-1 所示。

管环变形最大/最小值　　　　表 4.2.4-1

变形情况	Case1	Case2	Case3	Case4
最大值（mm）	1.72	2.01	2.79	2.87
最小值（mm）	1.39	1.76	2.39	2.46

可以看到，在上下水土荷载相近、内水压相同的情况下，一定范围内复合管环变形量随所受侧面荷载的增大而减小；在上下水土荷载相同、侧面荷载相同的情况下，复合结构变形量随内水压的增大而增大。

4.2.4.2 接头张开量

为了便于观察接头变形情况，将整体变形放大 1000 倍，如图 4.2.4-2 所示。

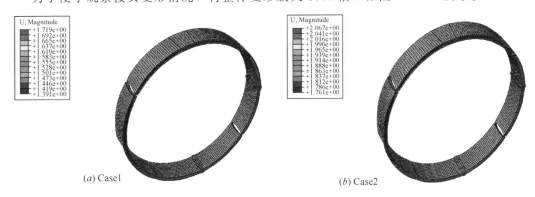

图 4.2.4-2 复合管环变形分布图（一）

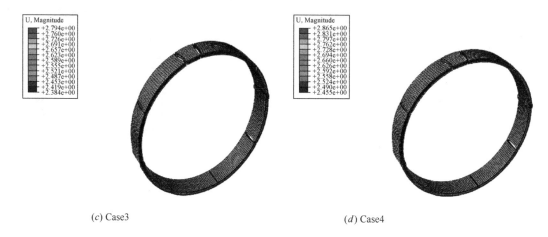

(c) Case3　　　　　　　　　(d) Case4

图 4.2.4-2　复合管环变形分布图（二）

可以看到，复合管环结构在高水压下的变形情况与所受侧面荷载即隧道所在土层有很大关系，隧道所在的土层将直接影响管环结构各接触处的受力性质。取如图 4.2.4-3 所示考察点进行进一步分析。

由于模型整体沿 z 轴方向的变形较小，因此取 U_1、U_2 两个方向的变形来计算接头的张开量，各工况下接头变形如图 4.2.4-4～图 4.2.4-13 所示。

图 4.2.4-3　考察点示意图

1. 工况 1

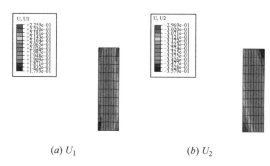

(a) U_1　　　　　　　　　(b) U_2

图 4.2.4-4　工况 1 接头 2 变形分布

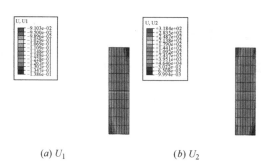

(a) U_1　　　　　　　　　(b) U_2

图 4.2.4-5　工况 1 接头 4 变形分布

2. 工况 2

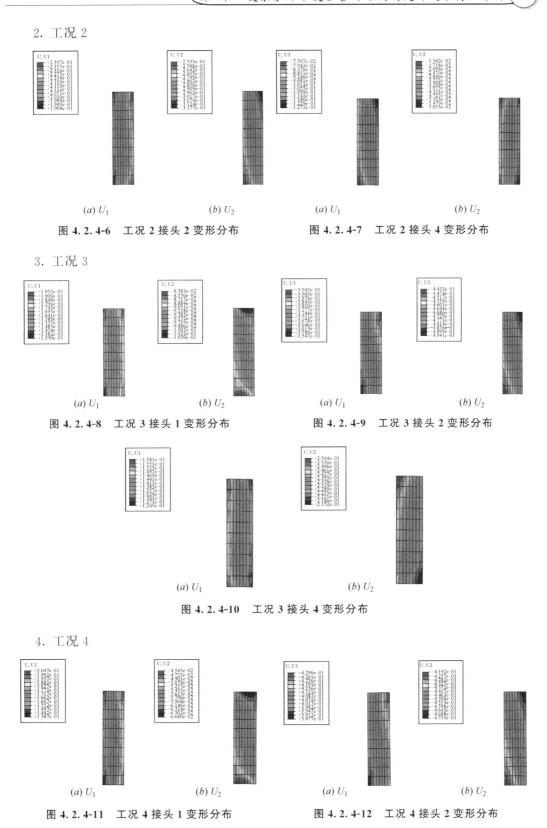

(a) U_1　　(b) U_2　　　　　(a) U_1　　(b) U_2

图 4.2.4-6　工况 2 接头 2 变形分布　　　图 4.2.4-7　工况 2 接头 4 变形分布

3. 工况 3

(a) U_1　　(b) U_2　　　　　(a) U_1　　(b) U_2

图 4.2.4-8　工况 3 接头 1 变形分布　　　图 4.2.4-9　工况 3 接头 2 变形分布

(a) U_1　　　　(b) U_2

图 4.2.4-10　工况 3 接头 4 变形分布

4. 工况 4

(a) U_1　　(b) U_2　　　　　(a) U_1　　(b) U_2

图 4.2.4-11　工况 4 接头 1 变形分布　　　图 4.2.4-12　工况 4 接头 2 变形分布

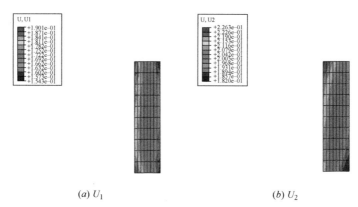

(a) U_1 (b) U_2

图 4.2.4-13 工况 4 接头 4 变形分布

汇总以上各工况下考察点的变形值如表 4.2.4-2 和表 4.2.4-3 所示。

接头 1 变形值   表 4.2.4-2

工况	接头 1 变形值(mm)			
	左侧		右侧	
	U_1	U_2	U_1	U_2
Case3	0.13	−0.09	0.19	−0.09
Case4	0.14	−0.05	0.20	−0.06

接头 2、4 变形值   表 4.2.4-3

工况	接头 2 变形值(mm)				接头 4 变形值(mm)			
	左侧		右侧		左侧		右侧	
	U_1	U_2	U_1	U_2	U_1	U_2	U_1	U_2
Case1	0.18	−0.30	0.22	−0.34	−0.09	0.03	−0.13	−0.01
Case2	0.19	−0.25	0.24	−0.30	−0.08	−0.02	−0.12	−0.06
Case3	0.35	−0.44	0.38	−0.46	0.16	0.25	0.12	0.22
Case4	0.39	−0.42	0.42	−0.45	0.19	0.22	0.15	0.18

通过以上两表的数据对各个接头的张开量进行计算，计算所用公式如下：

$$U_{张开} = \sqrt{((U_{1右} - U_{1左})^2 + (U_{2右} - U_{2左})^2)} \quad (4.2.4\text{-}1)$$

计算结果如表 4.2.4-4 所示。可以看到，接头部位的最大张开量为 0.07mm，出现在工况 2 中；最小张开量为 0.04mm，各个工况中计算得到的接头张开量数值较小，但是接头张开可能引起渗水，严重时将影响盾构隧道的使用。

张开量计算值   表 4.2.4-4

工况	张开量(mm)		
	接头 1	接头 2	接头 4
Case1	—	0.06	0.06
Case2	—	0.07	0.06
Case3	0.06	0.04	0.05
Case4	0.06	0.04	0.04

工况 1~4 中均未加载沿 z 轴方向的荷载。但是,通过对模型进行局部放大可以看到,在工况 1、2 中封顶块 K 与邻接块 B 之间发生了数值比较小的错台,以下分别进行分析。

1. 工况 1

给出封顶块 K 与邻接块 B 的沿 z 轴方向的变形分布如图 4.2.4-14 所示。

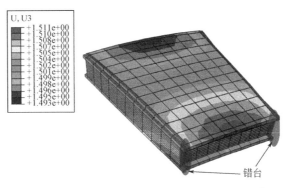

图 4.2.4-14　B-K 管片沿 z 轴变形分布及错台示意图

为了便于研究,仍取 K 管片与 B 管片之间的接头作为研究对象,给出工况 1 中接头 1 沿 z 轴方向的变形分布如图 4.2.4-15 所示。选取考察点如图 4.2.4-16 所示。

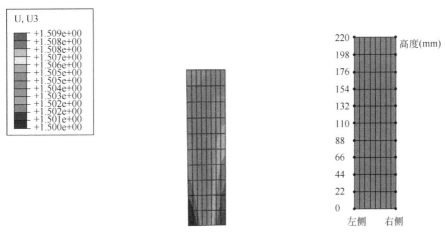

图 4.2.4-15　接头 1 沿 z 轴方向变形分布　　　　图 4.2.4-16　考察点

输出以上考察点沿 z 轴方向的变形并通过下式计算管片错台量:

$$U_{错台}=U_{3右}-U_{3左} \tag{4.2.4-2}$$

2. 工况 2

取 K 管片与 B 管片之间的接头作为研究对象,给出工况 2 中接头 1 沿 z 轴方向的变形分布如图 4.2.4-17 所示。

工况 1、2 中接头 1 沿高度方向的错台量云图如图 4.2.4-18 所示。

可以看到,工况 1、2 中 K 管片与 B 管片之间产生的错台在管环内侧数值较大,最大值为 0.009mm;在管环外侧错台量较小。在没有加载沿 z 轴方向荷载的前提下,相比其他管片接触部位,K 管片与 B 管片之间发生了较明显的错台。说明 K 型管片与 B 型管片的接触部位相比于其他类型管片的接触部位更容易产生错台现象，在实际工程中应该特别注意。

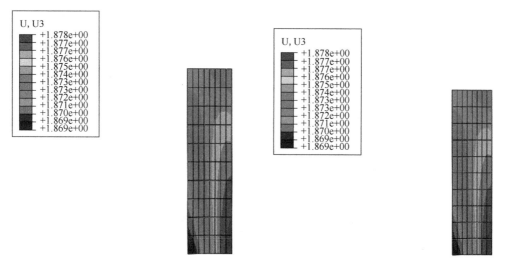

图 4.2.4-17　接头 1 沿 z 轴方向变形分布　　图 4.2.4-18　工况 1、2 中接头 1 沿高度方向的错台量

4.3　内水压作用下埋深及倾角对盾构隧道变形影响分析

地下调蓄管廊是提高城市防汛标准以及雨水再利用水平的有效措施，调蓄池主要是在汛期集中降雨时，大量集中蓄水，等到大雨过后，再将储存在蓄水池的雨水逐步排出或实现雨水再利用。盾构法是修建综合管廊和调蓄管廊的常用方式，但是对处于城市环境下软土地层中的盾构隧道来说，其变形显著且不均匀，影响因素多而复杂，而国内在相关建设方面又缺乏经验。目前，大量运营中的盾构隧道统计表明，隧道结构受外部作业的影响产生过大横向变形的现象日益普遍，由此引发隧道直径收敛过大、纵缝张开、管片压碎掉块、隧道渗漏水、管片开裂等严重病害，危及隧道的正常运营和结构安全[14]。具有刚度大、强度高及延性好等优势的复合管片能很好地降低盾构隧道在内水压作用下的安全隐患。对于盾构隧道管环结构的变形特征研究，日本学者志波由纪夫[35,36]取得显著成果，该学者将隧道在横向上视为均质圆环，在纵向以刚度等效的方法把由接头和管片组成的盾构隧道等效为具有相同刚度和结构特性的均匀连续梁，再以弹性地基梁理论为基础，把等效的隧道视为弹性地基上的直梁进行计算，从而得到隧道各横断面的内力。Chen Bao[37]等都对纵向等效刚度法进行了研究，得到了盾构隧道纵向拉压刚度以及弯曲刚度的计算公式。

4.3.1　有限元模型建立

4.3.1.1　盾构隧道复合管片模型

本节为了研究 0°、45°、90°、135°以及 180°等具有代表性角度的管片变形，管环采用八块 45°的复合管片经斜螺栓拼装而成。管片接头模型及拼装模型如图 4.3.1-1 所示。采用钢板混凝土复合管片，上下面板厚度为 6mm，接头板厚度为 12mm，管环外径 7.5m，内径 6.7m，管片厚度 400mm，管片宽度 1.2m。

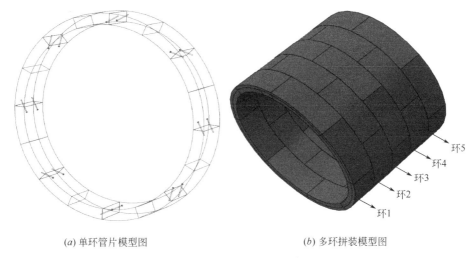

(a) 单环管片模型图　　　　　　(b) 多环拼装模型图

图 4.3.1-1　管环模型示意图

4.3.1.2　材料参数及本构关系

混凝土采用 C50 等级混凝土，根据《混凝土结构设计规范》GB 50010—2010 中提供的混凝土应力-应变关系曲线定义压缩曲线，考虑到混凝土的非线性，本节采用双曲线 Drucker-Prager（DP）hardening 模型，摩擦角取 30°，剪胀角取 30°，弹性模量取 34.5GPa，泊松比取 0.2。

复合管片接头板、主桁梁和面板采用壳单元模拟，具体材料为 Q235 钢材，屈服强度 325MPa，抗拉强度 445MPa，弹性模量取 210GPa，泊松比取 0.3。螺栓采用 8.8 级 M30 螺栓，屈服强度 640MPa，抗拉强度 800 MPa，弹性模量取 210GPa，泊松比取 0.3。考虑到材料的非线性，钢板和螺栓的本构关系均选用弹塑性双线性等向强化模型。

4.3.1.3　网格划分和加载方式

网格划分如图 4.3.1-2（a）所示。混凝土采用 C3D10M 实体单元，钢板采用 S3 壳单元，螺栓采用 C3D8R 实体单元。采用对称边界条件和对称加载方式，如图 4.3.1-2（b）所示。

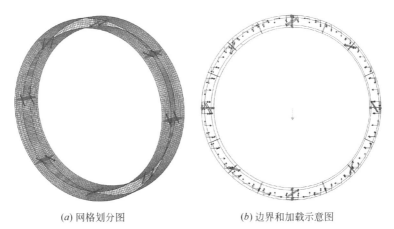

(a) 网格划分图　　　　　(b) 边界和加载示意图

图 4.3.1-2　管环模型图

研究单个管环横向变形时，管环外侧受到土压力和地基反力，管环内部受到逐渐增加的水压力。埋深分别为10m→15m→20m→25m→30m→35m→40m，在同样埋深下，隧道内水位分别为0.26m→0.99m→2.07m→3.35m（隧道内半径）→4.64m→5.72m→6.45m→6.7m→8.7m（位置水头2m）→10.7m（位置水头4m）→12.7m（位置水头6m）→14.7m（位置水头8m）→16.7m（位置水头10m），对应隧道底部水压为0.0026MPa→0.0099MPa→0.0207MPa→0.0335MPa（隧道内半径）→ 0.0464MPa → 0.0572MPa→0.0645MPa→ 0.067MPa → 0.087MPa → 0.107MPa→ 0.127MPa→ 0.147MPa→0.167MPa。

研究多个管环纵向变形时，管环外侧受到土压力和地基反力，在同样埋深和水压条件下，改变隧道纵向倾斜角度，分5°、10°、15°和20°四种情况探讨隧道倾角对管环纵向变形的影响。

4.3.2 复合管环横向变形变化规律

4.3.2.1 复合管环横向变形随水压变化规律

由于荷载条件和边界条件均为对称设置，因此管环左右两侧变形对称。以埋深25m为例，管环变形如图4.3.2-1所示。灰色部分为未变形之前管片，彩色部分箭头显示了变形路径和变化量。数值模拟结果显示，随着隧道内水位由低到高，管环的变形出现了先减小后增大的趋势，不同内水压作用下管环位移云图如图4.3.2-2所示。当无内水压时，管环最大位移量为9.12mm，当拱底内水压从0逐渐增大到0.0335MPa时，管环的位移量逐渐减小，在0.0335MPa时（此时水位正好达到隧道内半径）达到最小值8.47mm，当拱底内水压从0.0335MPa逐渐增大到0.167MPa时，管环的位移量逐渐增大，在0.167MPa时达到最大值9.46mm。由此可见，一定范围内的内水压对盾构隧道变形有控制作用。

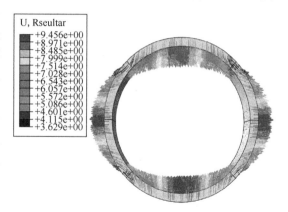

图4.3.2-1 埋深25m时管环位移变化图

(a) 无内水压　　　　(b) 拱底内水压0.0335MPa　　　　(c) 拱底内水压0.167MPa

图4.3.2-2 不同内水压作用下管环位移云图

拱顶、拱腰和拱底接头张开量和错台量随水压变化如图 4.3.2-3 和图 4.3.2-4 所示，由此可见，当隧道内水位由 0 增大到 6.7m，即由无内水压到隧道内刚刚充满水时，拱顶、拱腰和拱底接头张开量随水位升高均呈抛物线先下降后上升，但是拱底的张开量最大，拱顶张开量最小。拱腰的错台量最大，拱顶和拱底错台量基本相当，同张开量相似都呈抛物线先下降后上升。

当拱底水压为 0.0335MPa 时，水位正好达到隧道内半径，此时管环不同位置张开量均达到了最小值，同时拱顶和拱底的错台量也达到了最小值，而拱腰错台量则呈不规则上升。当隧道内充满水后，随位置水头逐渐增大，张开量随水位升高呈直线上升，拱顶和拱底错台量也呈缓慢直线上升，而拱腰错台量则呈直线缓慢下降。

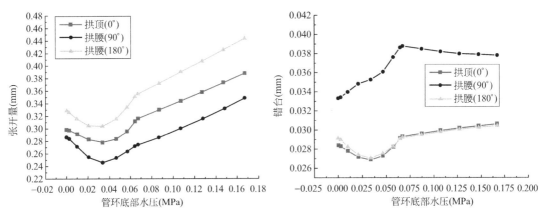

图 4.3.2-3　张开量随水压变化图　　　　图 4.3.2-4　错台量随水压变化图

4.3.2.2　复合管环横向变形随隧道埋深变化规律

不同埋深下拱顶的张开量和错台量随管环底部水压变化如图 4.3.2-5 和图 4.3.2-6 所示，不同埋深下拱腰的张开量和错台量随管环底部水压变化如图 4.3.2-7 和图 4.3.2-8 所示，不同埋深时不同位置（拱顶、拱腰和拱底）接头张开量和错台量随埋深变化规律相同，均随着埋深的增大而近似呈线性不断增大。

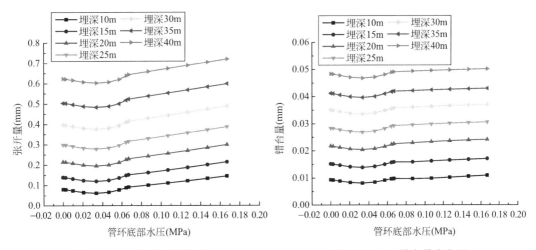

图 4.3.2-5　张开量变化图　　　　图 4.3.2-6　错台量变化图

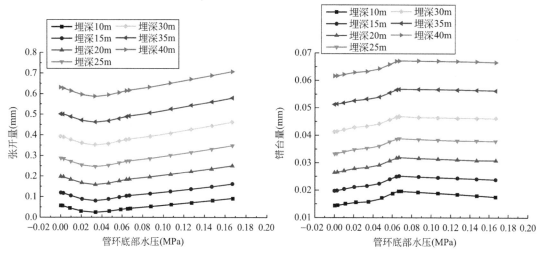

| 图 4.3.2-7 张开量变化图 | 图 4.3.2-8 错台量变化图 |

4.3.3 复合管环纵向变形随盾构隧道倾斜角度变化规律

隧道穿越不同土层和已有建筑物时，会承受不均匀的荷载，并且不可避免地要产生倾斜角度，在施加上下不均匀土压力和内水压情况下，研究倾斜角度对隧道变形的影响。以环 1 前端最低点为基准，内水压水位为 10m，埋深 40m，考虑隧道轴线纵向与水平面呈 5°、10°、15°和 20°四种情况下不同管环的变形。

以隧道倾角 15°为例，隧道变形云图如图 4.3.3-1 所示。由此可知，倾角一定时，管环埋置越深（环 1）管环变形越小。并且管环拱顶、拱底和拱腰 90°位置变形较大，而拱腰 45°和 135°位置变形较小。

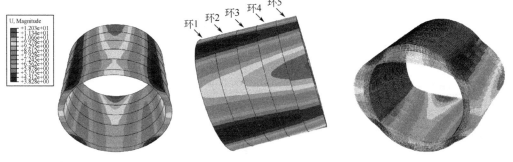

图 4.3.3-1 倾角 15°隧道变形云图

以拱腰 135°位移变形规律为例，如图 4.3.3-2 所示。同隧道变形云图（图 4.3.3-1）规律一致，管环从 1 号到 5 号位移逐渐增大，1 号管环变形最小，如图中黑色折线所示，5 号管环变形最大，如图中绿色折线所示。管环拱顶、拱底和拱腰 90°位置位移较大，在 7.7~12.6mm 之间，最大位移量 12.6mm，为隧道倾角 5°时 5 号环拱顶 0°位移，最小位移量 7.7mm，为隧道倾角 20°时 1 号环拱顶 0°位移。而拱腰 45°和 135°位置变形较小，在 3.27~5.10mm 之间，最大位移量 5.10mm，为隧道倾角 5°时 5 号环拱腰 45°位移，最小位移量 3.27mm，为隧道倾角 20°时 1 号环拱腰 135°位移。并且随着盾构隧道倾斜角度的增大，各个管环不同位置的变形均呈减小趋势，总体来说，1 号管环随倾角增大下降最快。

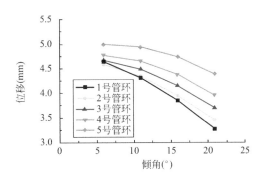

图 4.3.3-2　拱腰 135°位置变形随倾角变化图

4.4　复杂地层条件下复合管环在内水压作用下力学性能分析

复合地层是指在开挖断面范围内的垂直方向上由两种或两种以上地层组成的混合地层，盾构隧道通过软硬不均地层时，由于土体抵抗变形的能力不同，会使衬砌管片环的所受的土压力不对称，同时输水盾构隧道要求能够明确管环衬砌结构在较高内水压作用下的受力与变形特性。现阶段开始推广使用的复合管片由钢、混凝土等材料组成，其具有刚度大、强度高、延性好、加工精度高等优点。组成复合管片的材料均来自于传统盾构隧道管片，其中各部分的性能已经得到了大量的研究，而大直径盾构隧道在复杂地层应力和内水压力作用下，缺乏对盾构隧道管环进行变形分析。

雷凯等[38] 在力学解析模型的基础上，采用有限元软件建立了精细的三维管片模型，模拟上软下硬复合地层中盾构隧道管片的受力特征，分析了复合地层对管片力学性能的影响。闫治国等[39] 在考虑接头以及受压区弹塑性变化下，建立了一个新的接头计算模型，结合试验对接头变形值进行了研究分析。林伟波等[40] 应用数值分析方法，建立了单环衬砌结构的三维有限元精细模型，研究了在不同水头作用下单环管片结构以及接缝部位的变形情况。杨春山等[41] 采用大型有限元分析软件对盾构隧道施工过程进行三维弹塑性数值模拟，探讨土体力学性质、地下水位等对管片张开量的影响。而上述研究内容，没有很好地解决盾构隧道处于复杂地层下，复合管片在内水压下的变形受力特性。

4.4.1　有限元模型建立

4.4.1.1　盾构管环模型

运用大型通用有限元软件 ABAQUS 对盾构隧道管环进行建模，忽略钢壳内部的剪力键、剪力钉等构件等细节的设置。管片材料参数以及几何参数如表 4.4.1-1 和表 4.4.1-2 所示。

管片模型材料参数表　　　　　　　　　　　表 4.4.1-1

材料	弹性模量(MPa)	泊松比	密度(g/mm³)
钢材	2.1×10^5	0.3	7.8×10^{-3}
水泥砂浆	2.41×10^4	0.25	2.45×10^{-3}

管片模型几何参数表　　　　　　　　　　　表 4.4.1-2

管片类型	尺寸(mm)		厚度(mm)		
	外径	内径	面板厚度	接头板	主桁梁
A	12600	12000	5	10	20
B	12600	12000	5	10	20
K	12600	12000	5	10	20

对复合管环模型的各个接头进行编号，如图 4.4.1-1 所示，同时综合盾构隧道在地层应力与内水压力作用下中荷载的计算结果，设置好边界条件、接触及加载后的复合管片结构模型如图 4.4.1-2 和图 4.4.1-3 所示。

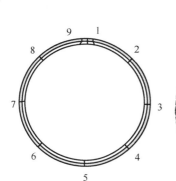  

图 4.4.1-1　管环接头模型及编号　　图 4.4.1-2　水土荷载　　图 4.4.1-3　内水压加载

4.4.1.2　模拟地层情况

盾构隧道穿越复杂地层，在埋深一样的情况下，当穿越不同地层，盾构隧道管环也会产生不同变形，产生一定的管环张开量，结合各种地层情况，提出了 10 种工况，管环内壁沿深度承受水头高度 9~21m 的水压力作用。在隧道埋深 15m 的情况下，各工况以及土层参数如表 4.4.1-3 和表 4.4.1-4 所示。

各工况地层情况表　　　　　　　　　　　表 4.4.1-3

工况	地层情况	各土层厚度(m)
工况1	淤泥质土	12.6
工况2	粉质黏土	12.6
工况3	中粗砂	12.6
工况4	淤泥质土、粉质黏土	6.3、6.3
工况5	淤泥质土、中粗砂	6.3、6.3

续表

工况	地层情况	各土层厚度(m)
工况 6	粉质黏土、中粗砂	6.3、6.3
工况 7	中粗砂、粉质黏土	6.3、6.3
工况 8	淤泥质土、粉质黏土、中粗砂	2.3、8、2.3
工况 9	中粗砂、粉质黏土、中粗砂	2.3、8、2.3
工况 10	淤泥质土、中粗砂、淤泥	2.3、8、2.3

土层参数表　　　　　　　　　　表 4.4.1-4

类别	重度($kN \cdot m^{-3}$)	黏聚力(kPa)	内摩擦角(°)	静止土压力系数
淤泥质土	18.5	15	12	0.66
粉质黏土	19.0	6	8	0.580
中粗砂	19.5	0	28	0.350

4.4.2 复合管环变形分析

各工况下复合管环变形云图如图 4.4.2-1 所示。

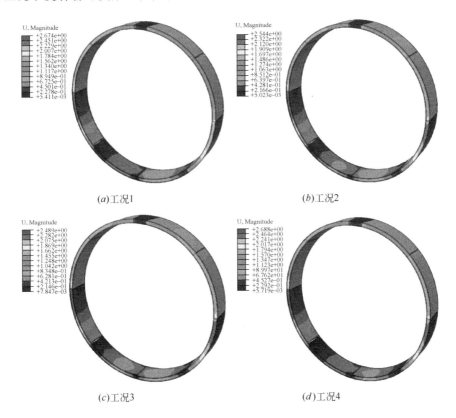

(a) 工况1　　　　　(b) 工况2

(c) 工况3　　　　　(d) 工况4

图 4.4.2-1　复合管环变形分布图（一）

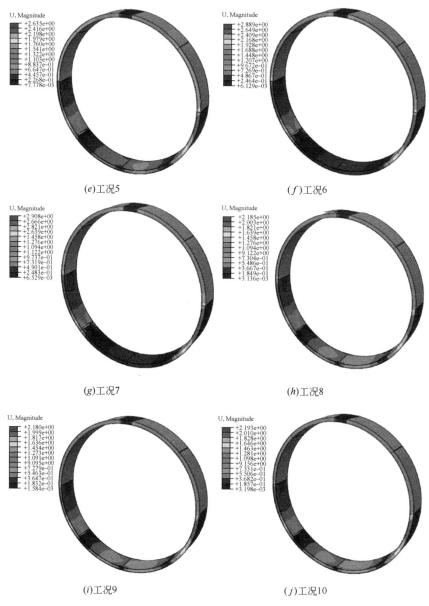

图 4.4.2-1 复合管环变形分布图（二）

可以看到，在各工况的荷载作用下整体变形呈很好的对称分布，且复合管环结构变形最大值仅为 2.908mm（工况 7），与杨春山[41]在盾构隧道管片张开量影响研究中数量级相符合，说明所建模型是合理的。取接头 1、2、3、4、5 进行研究。统计各个接头的变形情况，得出各个接头的张开量和错台量，如表 4.4.2-1 所示，管环变形最大值折线图如图 4.4.2-2 所示。可以看到，各工况下复合管环结构的整体变形分布均具有对称性且各工况下变形分布相似。对比各工况下的变形最值情况可知，相同埋深下，管片变形量与地层变化的影响紧密联系，盾构隧道管环在工况 1 中管环最大变形量较大，在工况 2、3 中最大变形量较小。说明同一埋深中，土层刚度越低，管环变形量越大，这与理论计算相吻合。

在工况 4、5 中,当下部硬土地层刚度增大时,管环最大变形量减小;而当上部软土土层刚度减小时,管环变形量减小。工况 8~10 中,管环最大变形值减少,并且不随土层不同产生明显变化。

管环变形最大值　　　　　　　　　　　　　　　表 4.4.2-1

工况	最大值(mm)	工况	最大值(mm)
工况 1	2.674	工况 6	2.889
工况 2	2.544	工况 7	2.908
工况 3	2.489	工况 8	2.185
工况 4	2.688	工况 9	2.180
工况 5	2.635	工况 10	2.193

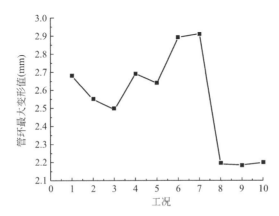

图 4.4.2-2　整体管环拼接示意图

4.4.3　复合管环接头张开量和错台量分析

因为所建复合管环模型为对称结构,所加荷载为对称荷载,因此呈对称分布的接头变形也是对称的,只取接头 1、2、3、4、5 进行研究,以下不再赘述。从 10 种工况的变形云图中提取各个接头中部内侧和外侧单元节点位置数据,得出各个接头中间位置的错台量和张开量,汇总各工况下各接头的错台量和张开量如表 4.4.3-1 所示。

各个工况下管片张开量及错台量(单位:mm)　　　　　表 4.4.3-1

工况	接头 2 外侧张开量	接头 2 内侧张开量	接头 3 外侧错台量	接头 3 内侧错台量	接头 4 外侧张开量	接头 4 内侧张开量
工况 1	挤压	挤压	1.004	0.828	2.149	2.042
工况 2	挤压	挤压	0.965	0.814	2.150	2.059
工况 3	挤压	挤压	0.946	0.809	2.131	2.049
工况 4	挤压	挤压	1.002	1.000	2.166	2.074
工况 5	挤压	挤压	1.000	1.000	2.154	2.072
工况 6	挤压	挤压	1.000	1.000	2.152	2.069

续表

工况	接头2外侧张开量	接头2内侧张开量	接头3外侧错台量	接头3内侧错台量	接头4外侧张开量	接头4内侧张开量
工况7	挤压	挤压	1.001	1.000	2.159	2.068
工况8	0.156	0.148	1.001	0.999	1.907	1.830
工况9	0.152	0.149	1.000	0.994	1.911	1.833
工况10	0.159	0.150	1.000	1.000	1.905	1.819

在10种工况中，接头1和接头5没有产生错台，并且受到挤压，本节主要研究讨论复杂地层盾构管环在内水压作用下产生的接头张开量和错台量，所以在表4.4.3-1中没有列入接头1和5。对表4.4.3-1接头3错台量和接头4张开量绘制折线图，如图4.4.3-1和图4.4.3-2所示。

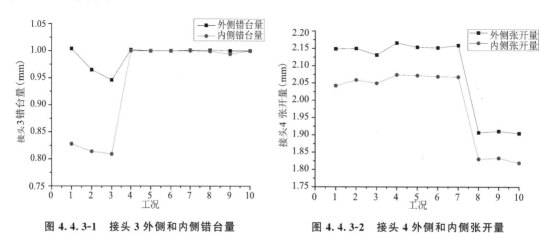

图4.4.3-1 接头3外侧和内侧错台量　　　图4.4.3-2 接头4外侧和内侧张开量

在工况1、2、3中，土层刚度越大，接头3产生的错台量越小，内外错台量差值也随之减小；而在其他工况中，接头3错台量均在1.000mm浮动，内外侧错台量没有产生较大差值。在工况1~7中，接头4内外侧张开量在2.062mm和2.152mm上下浮动，没有产生较大变化；而在工况8~10中，接头4内外侧张开量在均值1.827mm和1.908mm上下浮动，没有产生较大变化。工况1~7中接头4内外侧张开量差值均值为0.090mm，而工况8~10中接头4内外侧张开量差值均值为0.080mm。

4.5 内水压作用下盾构隧道结合部受力变形特性分析

水是人类社会维系和发展不可或缺的资源，随着社会发展，人口增长和自然环境的恶化，城市供水面临的压力越来越大。当今我国城市化继续推进，由于前期规划缺乏远瞻性，许多城市布局不合理，结构复杂，建筑密集，给城市供水增加困难，对输水管道的布置提出了更高的要求。输水管道包括输水的横向管道和供排水的竖向管道，水在横向管道中运输，通过竖向管道供送到居民家中，同时将废水排入横向管道。因此，竖向管道和横向管道的连接部位必然承受更大的压力，更容易损坏，管道结合部位的受力必将决定管道整体的受力。总的来说，当今社会条件下，城市输水管道面临着长距离、大口径和线路复杂的考验，这将对横竖管结合部位的质量提出更高的要求。

就材料而言，输水管道材料一般以钢管、钢套筒混凝土管（PCCP）、聚乙烯PE管材及玻璃钢加砂等材料为主；就设计和计算方法而言，目前对于地下结构力学计算仍以荷载结构法为主；在输水管道形式上，目前国内外输水隧道根据所采用衬砌结构形式主要有单层衬砌、叠合式双层衬砌、复合式双层衬砌、双层衬砌四种，其中单层衬砌结构形式受力明确，内外水压力可以直接抵消，当水位差不大时，结构经济、合理，施工相对较为简单；此外，在输水过程中，应充分利用水位高差，尽可能采用重力流输水；基于上述理论，为分析管道相贯结合部在不同工况下的受力变形，本节采用单层衬砌形式，建立钢壳混凝土管片和横竖管道相贯模型，使用荷载结构法计算管道所受荷载，组合不同埋深、不同水位高差和不同相贯角度等多种工况，综合研究其力学特性。

4.5.1 有限元模型建立

4.5.1.1 几何建模

管片环向采用弯螺栓接头连接，纵向采用直螺栓接头连接，螺栓模型示意图见图4.5.1-1。

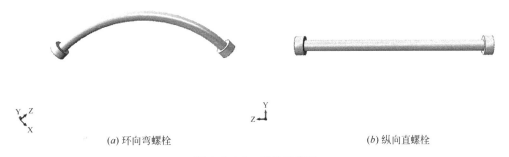

(a) 环向弯螺栓　　　　　　　　　　(b) 纵向直螺栓

图 4.5.1-1　螺栓示意图

管片横截面宽1.2m，厚0.4m，内径4.7m，外径5.5m，将8块管片拼装成衬砌环，进一步错缝拼装形成竖管；横管整体建模，管长13m，厚0.4m，内径6.7m，外径7.5m，具体构造见图4.5.1-2。

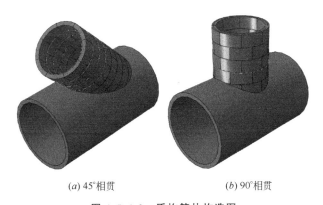

(a) 45°相贯　　　　　　　　　　(b) 90°相贯

图 4.5.1-2　盾构管片构造图

4.5.1.2 本构关系及材料属性

混凝土强度等级为 C50，弹性模量为 3.45×10^4 MPa，泊松比为 0.2，密度 2.50×10^{-3} kg/m³。混凝土采用 DP 本构模型，其中摩擦角为 30°，剪胀角为 30°。螺栓接头使用 8.8 级摩擦型高强度螺栓，具体参数见表 4.5.1-1。

螺栓接头材料参数表　　　　　　　　　表 4.5.1-1

螺栓等级	公称直径	抗拉强度	屈服强度	弹性模量	泊松比
8.8 级	30mm	800MPa	640MPa	2.1×10^5 MPa	0.3

4.5.1.3 网格划分及加载方式

混凝土管片和螺栓单元类型设置为 C3D10，钢壳单元类型设置为 S3，网格划分见图 4.5.1-3。固定横管左右端面，对竖井不设置边界条件；对横管和竖管施加 surface traction 模拟土压力，在管道内表面施加 pressure 模拟水压力。

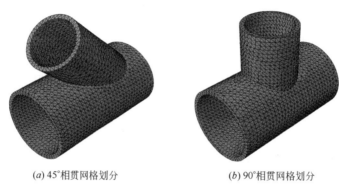

(a) 45°相贯网格划分　　　　(b) 90°相贯网格划分

图 4.5.1-3　模型网格划分图

4.5.1.4 计算工况

本节设置相贯角度为 45°和 90°的两种模型，以横管横截面最上端为参考点，设置 10m 和 20m 两种埋深；以横管内径最下端为参考点，设置 3.35m、6.7m、7.9m 和 9.1m 四种水位高度，共计 16 种工况，具体见表 4.5.1-2。

工况表　　　　　　　　　表 4.5.1-2

工况	1	2	3	4	5	6	7	8
埋深(m)	10	10	10	10	10	10	10	10
水位(m)	3.35	6.7	7.9	9.1	3.35	6.7	7.9	9.1
相关角(°)	45	45	45	45	90	90	90	90
工况	9	10	11	12	13	14	15	16
埋深(m)	20	20	20	20	20	20	20	20
水位(m)	3.35	6.7	7.9	9.1	3.35	6.7	7.9	9.1
相关角(°)	45	45	45	45	90	90	90	90

取地面超载为 20kPa，设土质均匀，平均重度为 19N/mm³，取地下水位低于横管底端以下，则衬砌环所受竖向土压力为：

$$\sigma = \gamma \cdot h + q \qquad (4.5.1\text{-}1)$$

取水平土压力系数为 0.5，则水平土压力为：

$$\sigma_0 = 0.5(\gamma \cdot h + q) \qquad (4.5.1\text{-}2)$$

管内水压力为：

$$\sigma = \rho g h \qquad (4.5.1\text{-}3)$$

结构自重为：

$$G = \rho g V \qquad (4.5.1\text{-}4)$$

根据上述公式计算得到相应位置荷载。考虑管道横截面为圆环，将荷载进行折减，投影在圆环周长上，得实际荷载。

4.5.1.5 应力变形云图

考虑相贯角度为 45°时，管道结合部情况更为复杂，故以工况 3——相贯角度 45°，埋深 10m，水位高度 7.9m 为例，分析整体结构的受力变形特点，结构的应力云图和位移云图见图 4.5.1-4。

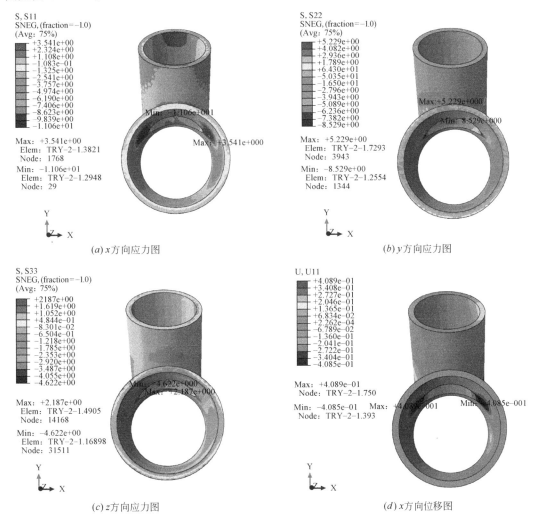

(a) x 方向应力图　　(b) y 方向应力图

(c) z 方向应力图　　(d) x 方向位移图

图 4.5.1-4　工况 3 下结构应力位移云图（一）

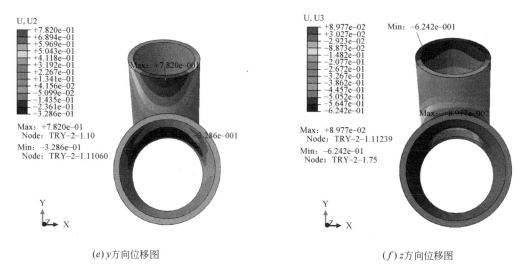

(e) y方向位移图　　　　　　　　(f) z方向位移图

图 4.5.1-4　工况 3 下结构应力位移云图（二）

可见，结构沿主轴方向的最大压应力 11.06MPa，沿 x 轴方向，最大拉应力为 5.229MPa，沿 y 轴方向。结构整体表现为受压，横竖管道内壁结合部应力变化明显，其他部位应力变化不明显，结构位移最大数值为 0.78mm，沿 y 轴正向。整体而言，管道结合部呈现沿 x 方向收缩，沿 y 方向下沉的变形趋势，与结构的受力特点相一致。结构沿 x 方向的应力和变形数值较大，且分布明显，考虑到边界条件的设置，沿 y、z 方向的应力和位移可能受边界条件的影响而不具有代表性，故对 y 方向和 z 方向的应力变形不做过多分析。

4.5.2　不同埋深下结构应力变形

考虑相贯角度为 45°时情况更为复杂，取工况 4 和工况 12 进行对比分析，研究管道结合部在水位为 9.1m 时，埋深 10m 和 20m 的力学特性。如图 4.5.2-1 所示，对横竖管相贯结合部位内壁和外壁分别取点建立集合，提取该点集沿 x 轴方向的应力和位移，绘制成散点图进行分析，结果见图 4.5.2-2 和图 4.5.2-3。

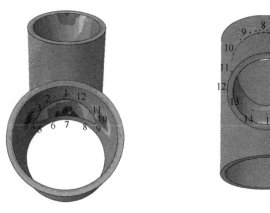

图 4.5.2-1　相关结合部取点示意图

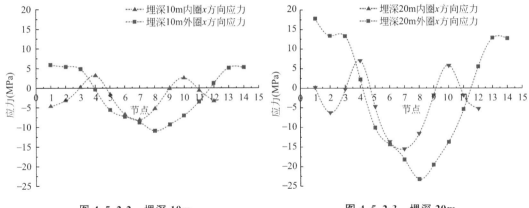

图 4.5.2-2　埋深 10m　　　　　　　图 4.5.2-3　埋深 20m

可见，管道结合部两端表现为拉力，中间表现为压力，这与应力云图呈现的管道结合部沿 x 方向收缩趋势相符合。此外，埋深 10m 时管道结合部应力整体分布在 x 轴以下，以受压为主，最大压应力为 10.94MPa，整个模型结构沿 x 方向最大压应力为 11.21MPa，由此可见管道结合部受力较集中且受力较大。对比分析埋深 20m 是管道结合部的应力，应力数值有了明显提高，最大拉应力接近 20MPa，最大压应力接近 25MPa，应力分布区间较埋深 10m 时也有了较大提高，充分体现了随埋深增大，管道结合部的所受应力增大。进一步分析结合部的变形，结果见图 4.5.2-4 和图 4.5.2-5。

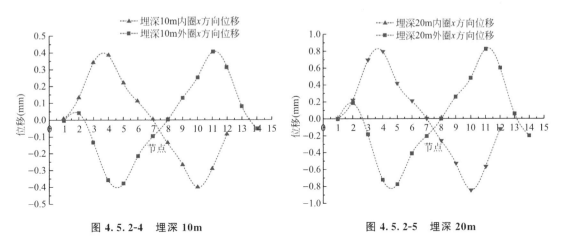

图 4.5.2-4　埋深 10m　　　　　　　图 4.5.2-5　埋深 20m

就位移而言，管道结合部两端位移很小，这与边界条件的设置有一定关系，管道结合部位移明显沿 x 轴在数值上呈对称分布，则结合部两侧分别沿 x 轴正向和负向产生位移，呈收缩趋势，这与管道结合部的受力特征相一致，与管道结合部应力云图和应力分布图的规律一致。在数值上，埋深 20m 时，结合部的位移要明显大于埋深 10m 时结合部的位移，约为 2 倍关系，这与埋深的差距相接近，体现了土压力随埋深线性增长的性质。

综上，当输水管道埋深增加时，管道结合部位的应力变形也随着增加，且增加的倍数与埋深增加的倍数相接近，此外，结合部发生沿 x 轴方向收缩变形趋势，充分体现了土压力的作用。

4.5.3 不同水压下结构应力变形

考虑相贯角度为45°时情况更为复杂，研究最不利情况取较大埋深，对比分析工况9、10、11和12，研究管道结合部在埋深为20m时，水位为3.35m、6.7m、7.9m和9.1m横竖管道结合部的力学特性。提取结合部内外圈点集沿x方向的应力和位移，绘制成散点图进行分析，结果如图4.5.3-1～图4.5.3-4所示。

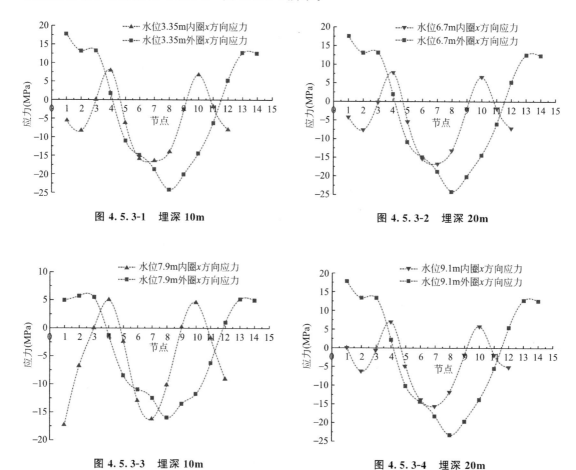

图 4.5.3-1　埋深 10m　　　　　　　　　图 4.5.3-2　埋深 20m

图 4.5.3-3　埋深 10m　　　　　　　　　图 4.5.3-4　埋深 20m

四种水位总体来说可分为两种情况，水位为3.35m和6.7m时，水只在横管内流通运输，还未完全进入竖管内，此时管道结合部的应力分布在+20～-25MPa之间，同样呈现两端节点受压而中间节点受拉，整体来说，受压力节点更多，且数值大于受拉节点数值。此外，当埋深一定时，水位上升3.35m，管道结合部应力在分布规律和数值上并没有明显变化，这说明当水在横管内流动时，水位较低，并没有完全充满管道，内水压对于管道结合部的作用并不明显；水位为7.9m和9.1m时，水不仅在横管内流动和运输，还有一部分水填充至竖管内，此时管道结合部应力数值有了明显差异，当水位为7.9m时，即竖管内水头高为1.2m时，管道结合部应力分布在+5～-15MPa之间，但当水位为9.1m时，即竖管内水头高位2.4m时，管道结合部应力分布变为+20～-25MPa，此时随水位增高，管道结合部的应力有了明显提高，管道结合部两端拉应力提升较大,压应力提升幅度不大;对比分析两种情况,在竖管内充满一部分水时,结合部应力有了明显减小,但随着水位的提升,最终应力分布结果类似于水只在横管内流动的情况,这说明当竖管内充满一部分水时,结合部直接承受内水压作用,在内水压和土压力的平衡下,结合部应力减小,当水位进一步提升,内水压增大,多出的水头作用加大了应力,最终与之前的平衡状态相接近。结合部内外圈的位移数据,见表 4.5.3-1 和表 4.5.3-2。

不同水位结合部内圈位移表(单位:mm)　　　　表 4.5.3-1

节点	水位 3.35m	水位 6.7m	水位 7.9m	水位 9.1m
1	0.003	0.003	0.002	0.003
2	0.304	0.278	0.289	0.218
3	0.874	0.815	0.648	0.694
4	0.991	0.929	0.764	0.796
5	0.507	0.489	0.482	0.420
6	0.219	0.221	0.208	0.204
7	−0.001	−0.001	0.000	−0.001
8	−0.289	−0.290	−0.281	−0.263
9	−0.65	−0.622	−0.580	−0.529
10	−1.050	−0.983	−0.778	−0.844
11	−0.724	−0.674	−0.549	−0.568
12	−0.180	−0.162	−0.203	−0.118

不同水位结合部外圈位移表(单位:mm)　　　　表 4.5.3-2

节点	水位 3.35m	水位 6.7m	水位 7.9m	水位 9.1m
1	0.000	0.000	−0.001	0.000
2	0.164	0.168	−0.010	0.185
3	−0.285	−0.254	−0.306	−0.185
4	−0.912	−0.851	−0.689	−0.724
5	−0.950	−0.898	−0.763	−0.774
6	−0.464	−0.458	−0.439	−0.409
7	−0.212	−0.213	−0.164	−0.203
8	0.000	0.000	0.000	0.000
9	0.272	0.274	0.226	0.259
10	0.566	0.550	0.525	0.482
11	1.021	0.961	0.795	0.827
12	0.776	0.721	0.607	0.605
13	0.137	0.115	0.217	0.061
14	−0.188	−0.189	−0.024	−0.199

管道结合部位移数值整体较小,均不超过 1mm,进一步反映了材料未进入塑性阶段,对比来看,水位为 7.9m 时位移数值总体小于另外三种情况,另外三种水位下结合部位移值十分接近,这与分析应力得出的结果相同,此外结合部位移呈现一侧正值分布,一侧负值分布的特点,体现了管道结合部沿 x 轴方向发生了收缩的变形,与结构所受荷载情况相

适应。综上，在一定埋深不同内水压条件下，管道结合部应力与变形十分接近，体现了水土压力相平衡的作用结果，另一方面，本节考虑的为静水压力，不具有实际代表性，在管道实际运营中承受的以动水压力为主。

4.5.4 不同相贯角度下结构应力变形

为进一步取埋深20m，水位9.1m，提取结合部内外圈点集沿 x 方向的应力和位移，绘制成散点图进行分析，结果如图4.5.4-1和图4.5.4-2所示。

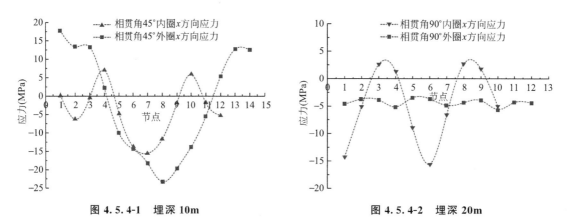

图4.5.4-1　埋深10m　　　　　　图4.5.4-2　埋深20m

当相贯角为45°时，管道结合部应力分布在+20～-25MPa之间，相贯角为90°时，同样埋深的水位情况下，管道结合部的应力仅在+5～-15MPa之间分布，说明管道结合部构造更为复杂时，其应力也会增大。另一方面，当相贯角为90°时，管道结合部整体基本受压，只有少数点受拉，而当相贯角为45°时，管道结合部两端受拉中部受压，进一步分析相贯角不同时管道结合部的变形位移，见图4.5.4-3和图4.5.4-4。

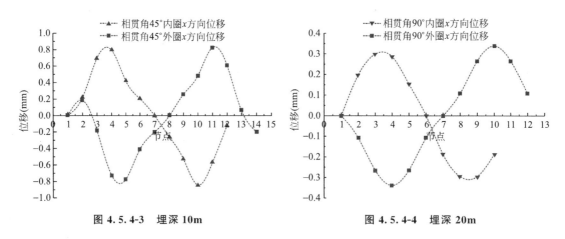

图4.5.4-3　埋深10m　　　　　　图4.5.4-4　埋深20m

由图可知，相贯角为45°时管道结合部的整体位移明显大于相贯角为90°时的位移，与结合部受力特征相符合，但就位移分布规律而言，两者是相似的，位移呈两侧分布，一侧位移为正值，一侧位移为负值，与上文分析的结果类似，体现了在荷载作用下管道结合部沿着 x 轴方向收缩的变形，另一方面，正负位置值基本相等，关于中间节点对称分布，体现了水土压力关于管道轴线对称分布的规律。

4.6 高温作用下复合管环力学特性分析

当隧道发生火灾时，由于隧道所处空间的封闭性，隧道火灾具有升温速度快、极值温度高、高温持续时间长、温度在隧道断面上分布不均匀等特点。因此，非常有必要研究高温条件下复合管片整环结构的温度场分布特点。盾构隧道在运营阶段，当发生火灾时，既要承受温度荷载作用，又要承担衬砌结构周围的水土压力，可以看作热力耦合问题。由于管片材料的非线性，管片内部的温度场通常呈非线性分布，求解导热微分方程较为麻烦，目前多采用有限元软件进行数值模拟。本节将采用 ABAQUS 建立顺序热力耦合模型，分析不同外压条件下，高温火灾时盾构隧道复合管片整环结构的温度场、变形及内力变化规律。

4.6.1 热力学基础

4.6.1.1 基本假定

本节采用的基本假定如下：

1. 管片混凝土和外面包裹的钢板以及环向和纵向接头均视为各向同性的均质材料，各方向热工参数相等；
2. 混凝土内无热源，忽略混凝土中水蒸气的蒸发以及周围土体中地下水的影响，忽略衬砌结构与周围土体之间的热传递；
3. 实际复合管片面板的厚度较薄，相比内部填充的混凝土结构体积小，且钢材的传热系数大，在计算截面温度场时可忽略面板对传热的影响，温度按临近混凝土温度取值；
4. 不考虑管片接头处弹性密封垫、密封胶、止水带的影响；
5. 加热前管环衬砌结构的初始温度是均匀的，取等于环境温度值 20℃；
6. 管片在进行传热分析时，内部填充的混凝土不发生开裂、脱落；
7. 不考虑实际隧道衬砌结构防火材料及防火措施的影响。

4.6.1.2 热传导方程及定解条件

1. 热传导方程

火灾作用下隧道衬砌结构的热传导是一个非线性的瞬态问题，其热传导微分方程遵循傅里叶定律，基本公式如下[42]：

$$\frac{\partial T}{\partial t} = \frac{1}{\rho c}\left[\frac{\partial}{\partial x}\left(\lambda \frac{\partial T}{\partial x}\right) + \frac{\partial}{\partial y}\left(\lambda \frac{\partial T}{\partial y}\right) + \frac{\partial}{\partial z}\left(\lambda \frac{\partial T}{\partial z}\right)\right] \qquad (4.6.1\text{-}1)$$

式中 T——温度变量（℃）；
c——比热容 [J/（kg·℃）]；
ρ——密度（kg/m³）；
λ——衬砌材料的热传导系数 [W/（m·℃）]；
t——受火时间（s）。

2. 定解条件

求解导热微分方程，除了确定材料的热工参数以外，还需要确定包括初始条件和边界条件在内的定解条件。其中，初始条件为火灾发生之前，管片与外界环境处于平衡的稳定状态，此时管片的温度可取环境温度，公式表示为：

$$T\big|_{t=0} = T_0 \qquad (4.6.1\text{-}2)$$

根据管片结构表面与传热介质之间热传导相互作用的，边界条件可以分为四类：

第一类边界条件是指已知任何时刻物体表面的温度值，公式表示为：

$$T|_t = f(t) \tag{4.6.1-3}$$

式中，$f(t)$ 为结构体表面的温度变化函数。

第二类边界条件是已知任何时刻物体边界面上的热流密度值，公式表示为：

$$-k\frac{\partial T}{\partial n}\bigg|_t = q(t) \tag{4.6.1-4}$$

式中，$q(t)$ 为结构体表面的热流密度函数。

第三类边界条件是已知物体表面周围介质温度和物体表面与流体之间的传热系数，公式表示为：

$$-k\frac{\partial T}{\partial n}\bigg|_t = h(T-T_f)|_t \tag{4.6.1-5}$$

式中，h 为对流换热系数，T_f 为传热介质的温度。

第四类边界条件或称接触面边界条件，是已知两物体表面紧密接触时的情形。

本节模拟的复合管片整环结构受火为已知火灾温度，边界条件采用第三类边界条件[43]。管片表面的对流传热系数采用文献[45]建议的混凝土衬砌表面对流换热系数计算公式计算，公式如下：

$$h = 7.05097 \cdot e^{T/372.55195} + 0.84184 \tag{4.6.1-6}$$

式中，h 为对流换热系数 [W/(m^2·℃)]；T 为热源温度（℃）。

对流换热系数与温度的关系曲线如图 4.6.1-1 所示。

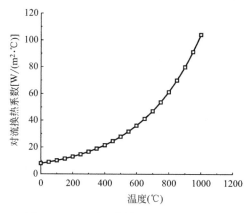

图 4.6.1-1　对流换热系数随温度变化

4.6.1.3　材料的热工参数及单元选取

1. 混凝土的热工参数

（1）导热系数

混凝土的导热系数是衡量混凝土传热能力的参数，因为受多种因素的影响而有较大的变异性。参考欧洲规范[44]，高温下混凝土的导热系数计算公式如下：

$$\lambda_c = 2 - 0.24 \cdot \frac{T}{120} + 0.012 \cdot \left(\frac{T}{120}\right)^2 \quad 20℃ \leqslant T \leqslant 1200℃ \tag{4.6.1-7}$$

式中，λ_p 为混凝土的导热系数 [W/(m·℃)]；T 为混凝土温度（℃）。

（2）比热容和密度

根据欧洲规范[44]建议，高温下混凝土的比热容计算公式如下：

$$C_c = 900 + 80 \cdot \frac{T}{120} - 4 \cdot \left(\frac{T}{120}\right)^2 \quad 20℃ \leqslant T \leqslant 1200℃ \quad (4.6.1-8)$$

式中，C_c 为混凝土的比热容 [J/(kg·℃)]；T 为混凝土温度（℃）。

导热系数与温度的关系如图 4.6.1-2 所示，比热容与温度的关系如图 4.6.1-3 所示。

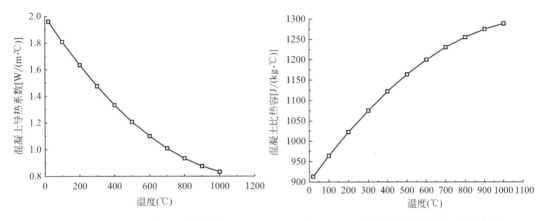

图 4.6.1-2 导热系数随温度变化　　　　图 4.6.1-3 混凝土比热容随温度的变化

（3）弹性模量

本节采用文献 [45] 给出的混凝土弹性模量随温度的变化关系，公式如下：

$$E_c^T = \begin{cases} (1-0.00175T) \cdot E_c & T \leqslant 200℃ \\ (0.92-0.000923T) \cdot E_c & 200℃ \leqslant T \leqslant 700℃ \\ 0.25 \cdot E_c & 700℃ \leqslant T \leqslant 800℃ \end{cases} \quad (4.6.1-9)$$

式中，E_c 为常温下混凝土的弹性模量（MPa）；E_c^T 为混凝土不同温度时的弹性模量（MPa）。弹性模量与温度的关系如图 4.6.1-4 所示。

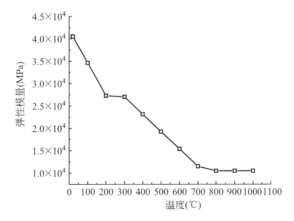

图 4.6.1-4 混凝土弹性模量随温度的变化

（4）热膨胀系数

本节采用文献 [44] 给出的混凝土热膨胀系数随温度的变化关系（图 4.6.1-5），公式如下：

$$\alpha_c(T) = \begin{cases} 2.3\times10^{-11}T^3+9\times10^{-6}T-1.8\times10^{-4} & 20℃\leqslant T\leqslant 200℃ \\ 14\times10^{-3} & 700℃\leqslant T\leqslant 1200℃ \end{cases}$$
(4.6.1-10)

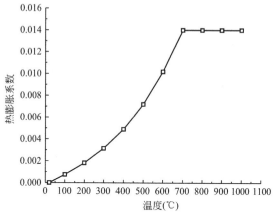

图 4.6.1-5 混凝土热膨胀系数随温度的变化

2. 钢板的热工参数

(1) 导热系数

钢材导热性能良好，导热系数较大，其导热系数取值一般在 28~55W/(m·℃)。钢材的导热系数随温度的升高而降低，当温度达到 750℃，导热系数保持不变，且不再减小[46]。针对钢材导热系数的研究，国内外学者给出了不同的函数关系式。文献[47]给出的随温度变化的钢材的导热系数公式为：

$$\lambda_s = \begin{cases} 54-3.33\times10^{-2}T & 20℃\leqslant T\leqslant 800℃ \\ 27.3 & 800℃\leqslant T\leqslant 1200℃ \end{cases}$$
(4.6.1-11)

文献[48]规定的导热系数公式为：

$$\lambda_s = 52.57-1.541\times10^{-2}T-2.155\times10^{-5}T^2$$
(4.6.1-12)

文献[49]计算公式为：

$$\lambda_s = 52.08-5.05\times10^{-5}T^2$$
(4.6.1-13)

我国《建筑钢结构防火设计规程》DJ/TJ 08—008—2000 对钢材导热系数的取值：

$$\lambda_s = 45$$
(4.6.1-14)

将以上各公式进行比较，同时参考文献[49]的研究成果，本节取钢材的导热系数为定值 45W/(m·℃)。

(2) 比热容和密度

文献[48]给出钢材的比热容的表达式为：

$$C_s = \begin{cases} 425+7.73\times10^{-1}T-1.69\times10^{-3}T^2+2.22\times10^{-6}T^3 \\ 666+\dfrac{13002}{738-T} \\ 545+\dfrac{17820}{738-T} \\ 650 \end{cases}$$
(4.6.1-15)

在实际计算中，通常认为钢材的比热不随温度发生变化，将其取为定值 $C_s=600\text{J}/(\text{kg}\cdot\text{℃})$。

根据我国《钢结构设计标准》GB 50017—2017，钢材的密度 ρ_s 随温度的变化基本不变，因此，本节认为高温下钢材的密度为定值：

$$\rho_s=7850\text{kg}/\text{m}^3 \tag{4.6.1-16}$$

（3）弹性模量和泊松比

大量研究资料表明，在火灾高温条件下，钢材的弹性模量会随着温度的升高逐渐降低。本节采用文献[50]给出的钢材高温下弹性模量降低系数计算公式。关系曲线如图 4.6.1-6 所示。

$$\begin{cases} \dfrac{E_T}{E}=\dfrac{7T-4780}{6T-4760} & 20℃\leqslant T\leqslant 600℃ \\ \dfrac{E_T}{E}=\dfrac{1000-T}{6T-2860} & 600℃\leqslant T\leqslant 1000℃ \end{cases} \tag{4.6.1-17}$$

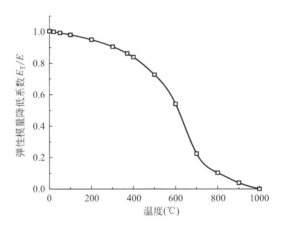

图 4.6.1-6　钢材高温下弹性模量降低系数

钢结构的泊松比，一般较为稳定，受温度的影响比较小，通常情况下将其看作定值，本节取为 0.3。

（4）线膨胀系数

钢材的线膨胀系数随温度的升高变化幅度不大，本节参考《钢结构设计标准》GB 50017—2017，钢的热膨胀系数取为：

$$\alpha_s=1.2\times 10^{-5} \tag{4.6.1-18}$$

3. 单元的选取

混凝土管片采用八节点三维实体热分析单元（DC3D8），外包的钢板和接头部分采用四节点四边形壳热分析单元（DS4）。

4.6.1.4　温度荷载的施加

目前国内外常用的升温曲线主要有三种：RABT 标准升温曲线、HC 标准升温曲线和 ISO834 标准升温曲线。其中，隧道工程的抗火性能研究常采用 HC 曲线[50]。本节选用 HC 标准升温曲线，如图 4.6.1-7 所示，曲线表达式如下：

$$T=T_0+1080\times(1-0.325\cdot e^{-0.167t}-0.675\cdot e^{-2.5t}) \tag{4.6.1-19}$$

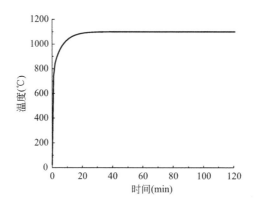

图 4.6.1-7　HC 标准升温曲线

4.6.2　有限元模型建立

4.6.2.1　管片相关参数

本节所研究的管片外径 D_1 为 12500mm，内径 D_2 为 11940mm，管片厚度 h 为 280mm，管片的宽度 l 为 1800mm，隧道采用楔形衬砌环，楔形封顶块与隧道轴向夹角为 5°，管片为 6 面包裹钢板的密闭型复合管片，每环有 9 片，包括 1 块封顶块（K），2 块邻接块（B1～B2），6 块标准块（A1～A6），其中。封顶块对应的角度为 10°，邻接块对应的角度为 40°，标准块对应的角度为 45°。单个管片的几何模型如图 4.6.2-1 所示，管片模型几何参数见表 4.6.2-1。

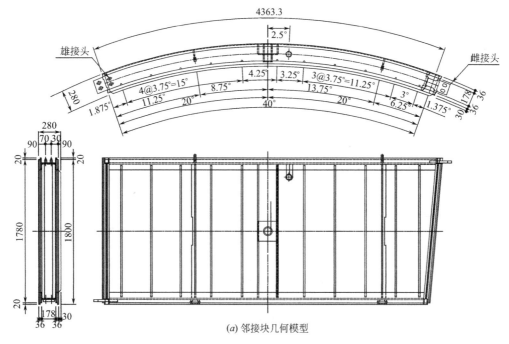

(a) 邻接块几何模型

图 4.6.2-1　单体管片的几何模型（一）

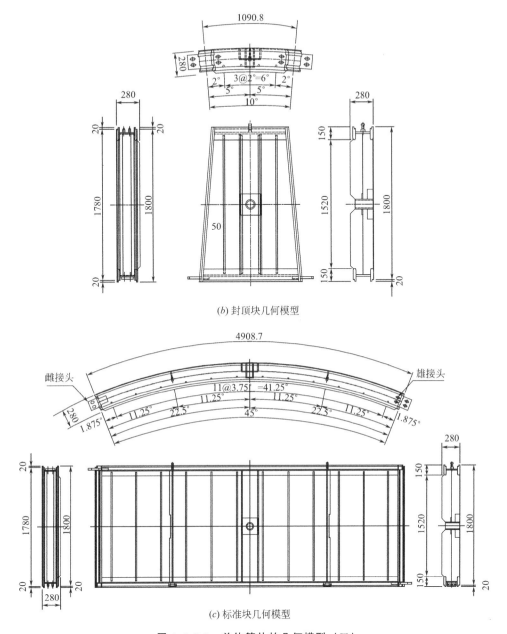

(b) 封顶块几何模型

(c) 标准块几何模型

图 4.6.2-1　单体管片的几何模型（二）

管片模型几何参数表　　　　　　　　　　　　　　　　表 4.6.2-1

管片类型	尺寸(mm)		厚度(mm)		
	外径	内径	面板厚度	接头板厚度	主桁梁厚度
A	12500	11940	5	10	20
B	12500	11940	5	10	20
K	12500	11940	5	10	20

4.6.2.2 有限元模型及网格划分

1. 单元类型

本节所研究的重点为整环衬砌结构管片在弹性阶段的受力与变形特性,因此模型建立过程中,认为复合管片整体只由内部混凝土与包裹在外面的钢板组合而成,对钢板内侧焊接的剪力键、剪力钉等抗滑移构件不予考虑,同时也不考虑混凝土中布置的纵向钢筋的影响。由于复合管片外部钢板厚度相比管片尺寸较小,而且沿钢板厚度方向的应力与变形不是重点考察内容,因此在建模过程中采用壳单元模拟钢板,同时为了保证计算结果的准确度,内部填充的混凝土选用三维实体单元进行模拟。

实际复合管片接头构造十分复杂,建立精细化模型计算量很大,本节在保证接头连接性能不变的情况下,对接头部位进行了简化。shell单元接头模型能最大程度模拟接头的实际工作状态,在保证轴力、剪力及弯矩传递的同时,与两侧管片的连接进一步提升了模型的刚度,使模型的整体性更好。因此本节在建模过程中选用shell实体单元作为复合管片接头的数值模型。

2. 有限元模型

建模时,设置环向凹槽上下凸起延伸50mm;径向凹槽上下凸起延伸28mm。模型中间部分设置为混凝土材料,凹槽凸起部分设置为钢材。最后,通过property功能中的skin功能在混凝土材料表面建立壳,通过赋予壳不同的厚度建立钢管板模型从而完成建模。建立的三种类型管片模型中,solid实体单元的单元形状均采用Hex六面体类型,单元种类则均使用C3D8R;shell实体单元的单元形状均采用Quad四边形类型,单元种类则使用S4R,各类型管片网格划分结果如图4.6.2-2所示,整环管片完成拼装后的网格划分如图4.6.2-3所示。

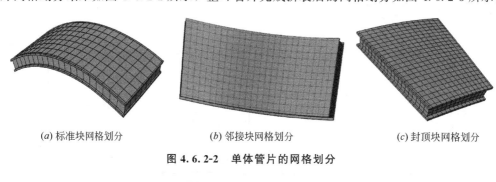

(a) 标准块网格划分　　(b) 邻接块网格划分　　(c) 封顶块网格划分

图 4.6.2-2　单体管片的网格划分

图 4.6.2-3　整环衬砌结构网格划分

4.6.2.3 材料参数及荷载模式

1. 材料参数

管片体的构成材料为钢板和混凝土,其相应的材料参数见表 4.6.2-2。

管片模型材料参数表　　　　表 4.6.2-2

材料	弹性模量(MPa)	泊松比	密度(g/mm³)
钢板	2.1×10^5	0.3	7.8×10^{-3}
混凝土	3.14×10^4	0.17	2.45×10^{-3}

2. 衬砌结构荷载模式

表 4.6.2-3 列举了设计时应考虑的荷载种类,通常这些荷载可以分为主要荷载、次要荷载和特殊荷载三类[51]。

荷载的分类　　　　表 4.6.2-3

主要荷载	次要荷载	特殊荷载
1. 垂直和水平土压力 2. 水压力 3. 衬砌自重 4. 上覆荷载的影响 5. 地基抗力	1. 内部荷载 2. 施工荷载 3. 地震的影响	1. 并行设置隧道的影响 2. 临近施工的影响 3. 地基沉降的影响 4. 其他荷载

其中,垂直土压力和水平土压力、水压力、衬砌自重、上覆荷载的影响、地基抗力、千斤顶推力和壁后注浆压力等施工荷载,是设计时必须考虑的基本的荷载。此外,地震的影响,临近施工的影响,地基沉降的影响,并行设置隧道的影响,内水压等内部荷载,应根据隧道的使用目的、施工条件和占地条件等加以考虑。除地震荷载外,其余荷载在设计时通常都作为静荷载加以考虑。

(1) 垂直和水平土压力

计算土压力时,考虑地下水的影响,有两种处理办法:水土分离计算和水土合算。通常将垂直土压力看做是作用于衬砌顶部的均布荷载。文献 [49] 规定:当覆土厚度大于 1～2 倍的管片外径时,对于砂土地层和硬质黏土地层,由于地基产生拱效应的可能性比较大,可考虑在计算时采用松弛土压力。其计算模型如图 4.6.2-4 所示。关于松弛土压力的计算方法一般多采用太沙基(Terzaghi)公式:

$$\sigma_v = \frac{B_1(\gamma - c/B_1)}{K_0 \tan\varphi}(1 - e^{-K_0 H \tan\varphi / B_1}) + p_0 e^{-K_0 H \tan\varphi / B_1} \quad (4.6.2\text{-}1)$$

$$B_1 = R_0 \cot\left(\frac{\pi/4 + \varphi/2}{2}\right) \quad (4.6.2\text{-}2)$$

式中　σ_v——Terzaghi 的松弛土压力 (kPa);

K_0——水平土压力与垂直土压力之比 (一般取 1.0);

φ——土的内摩擦角 (°);

p_0——上覆荷重 (kPa);

R_0——衬砌环的半径 (m);

γ——土体重度（kN/m³）；

H——隧道上覆土层的厚度（m）；

c——土的黏聚力（kPa）。

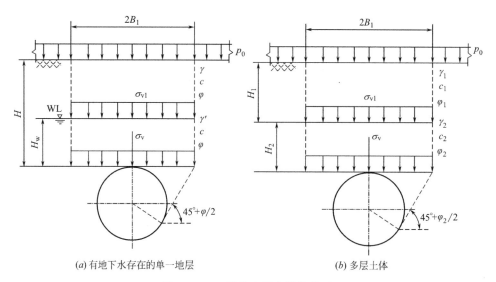

(a) 有地下水存在的单一地层　　　　　　(b) 多层土体

图 4.6.2-4　松弛土压力计算模型

当考虑地下水的影响时，如图 4.6.2-4（a）所示，可以分成两种情况进行讨论：

1) 当 $H_w < H$ 时，

$$\sigma_{v1} = \frac{B_1(\gamma - c/B_1O)}{K_0 \tan\varphi}(1 - e^{-K_0(H-H_w)\tan\varphi/B_1}) + p_0 e^{-K_0(H-H_w)\tan\varphi/B_1} \quad (4.6.2\text{-}3)$$

$$\begin{aligned}
\sigma_v &= \frac{B_1(\gamma' - c/B_1)}{K_0 \tan\varphi}(1 - e^{-K_0 H_w \tan\varphi/B_1}) + \sigma_{v1} e^{-K_0 H_w \tan\varphi/B_1} \\
&= \left\{ \frac{B_1(\gamma - c/B_1)}{K_0 \tan\varphi}(1 - e^{-K_0(H-H_w)\tan\varphi/B_1}) + p_0 e^{-K_0(H-H_w)\tan\varphi/B_1} \right\} e^{-K_0 H_w \tan\varphi/B_1} \\
&\quad + \frac{B_1(\gamma' - c/B_1)}{K_0 \tan\varphi}(1 - e^{-K_0 H_w \tan\varphi/B_1}) \\
&= \frac{B_1(\gamma' - c/B_1)}{K_0 \tan\varphi}(1 - e^{-K_0 H_w \tan\varphi/B_1}) + p_0 e^{-K_0 H \tan\varphi/B_1} \\
&\quad + \frac{B_1(\gamma - c/B_1)}{K_0 \tan\varphi}(1 - e^{-K_0(H-H_w)\tan\varphi/B_1}) e^{-K_0 H_w \tan\varphi/B_1}
\end{aligned} \quad (4.6.2\text{-}4)$$

2) 当 $H_w > H$ 时，

$$\sigma_v = \frac{B_1(\gamma' - c/B_1)}{K_0 \tan\varphi}(1 - e^{-K_0 H \tan\varphi/B_1}) + p_0 e^{-K_0 H \tan\varphi/B_1} \quad (4.6.2\text{-}5)$$

式中，γ——土的浮重度（kN/m³）；

H_w——水头的高度（m）。

当地层为多层土体时，如图 4.6.2-4（b）所示，松弛土压力计算公式如下：

$$\sigma_{v1} = \frac{B_1(\gamma_1 - c_1/B_1)}{K_0 \tan\varphi_1}(1 - e^{-K_0 H_1 \tan\varphi_1/B_1}) + p_0 e^{-K_0 H_1 \tan\varphi_1/B_1} \quad (4.6.2\text{-}6)$$

$$\begin{aligned}
\sigma_v &= \frac{B_1(\gamma_2 - c_2/B_1)}{K_0 \tan\varphi_2}(1-e^{-K_0 H_2 \tan\varphi_2/B_1}) + \sigma_{v1} e^{-K_0 H_2 \tan\varphi_2/B_1} \\
&= \frac{B_1(\gamma_2 - c_2/B_1)}{K_0 \tan\varphi_2}(1-e^{-K_0 H_2 \tan\varphi_2/B_1}) \\
&\quad + \frac{B_1(\gamma_1 - c_1/B_1)}{K_0 \tan\varphi_1}(1-e^{-K_0 H_1 \tan\varphi_1/B_1})(1-e^{-K_0 H_2 \tan\varphi_2/B_1}) \\
&\quad + p_0 e^{-K_0(H_1 \tan\varphi_1 + H_2 \tan\varphi_2)/B_1}
\end{aligned} \tag{4.6.2-7}$$

式中 σ_{v1}——第1层土的松弛土压力（kPa）；

γ_1，γ_2——分别为第1、2层土的重度（kN/m³）；

c_1，c_2——分别为第1、2层土的黏聚力（kPa）；

H_1，H_2——分别为第1、2层土的厚度（m）；

φ_1，φ_2——分别为第1、2层土的内摩擦角（°）。

文献[50]规定：当地层互层分布时，由于相比单层土地基计算比较困难，可取地层构成中的支配地层为基础，取各土层参数的加权平均值，将地层假定为单一地层来处理。对于中等固结的黏土、软黏土地层，通常将全部上覆土层重量作为土压力来考虑。表达式如下：

$$\sigma_v = \gamma H \tag{4.6.2-8}$$

水平土压力是作用于隧道衬砌两侧沿其断面直径呈梯形分布的水平向荷载，其大小主要由垂直土压力及侧向土压力系数决定。在难以得到地基抗力的条件下，一般选择静止土压力作为侧向土压力系数，在可以得到地基抗力的条件下，使用主动土压力系数或者对静止土压力系数进行适当的折减作为侧向土压力系数。表 4.6.2-4 给出了不同土质条件侧向土压力系数的取值范围。

不同土质条件的侧向土压力系数　　　　表 4.6.2-4

土与水的计算	土的种类	侧向土压力系数 K_0
水土分算	非常密实的砂性土	0.35~0.45
	密实的砂性土	0.45~0.55
	松散的砂性土	0.50~0.60
	固结黏性土	0.35~0.45
	硬的黏性土	0.45~0.55
	中硬黏性土	0.45~0.55
水土合算	中硬黏性土	0.65~0.75
	软黏土	0.65~0.75
	超软黏土	0.75~0.85

（2）水压力

垂直方向的水压力一般看作是均布荷载，拱顶的水压力值等于作用于该点的静水压力值；作用于隧道拱底的水压力值等于作用在该点的静水压力。水平方向的水压力作为线性分布荷载，最大值和最小值分别取隧道拱底和拱顶的静水压力值，中间部分采用线性内插。文献[51]给出了水压力的计算公式，公式如下：

$$P_w = \gamma_w (H_0 + h_x) \tag{4.6.2-9}$$

式中 γ_w——水的重度（10kN/m³）；

H_0——隧道拱顶至地下水位的距离（m）；

h_x——隧道范围内某点距离隧道拱顶的垂直距离（m）。

(3) 结构体自重

自重可看成是沿着衬砌中心线分布的垂直荷载，具体数值根据下式计算：

$$g=\frac{W}{2\pi R_c} \tag{4.6.2-10}$$

式中　g——管片自重均布压力（kPa）；

W——单位长度管片的自重（kN/m）；

R_c——管片环的计算半径（m）。

(4) 地基反力

地基反力主要是用来平衡衬砌结构受到的垂直土压力、重力以及浮力，计算公式如下：

$$p=\sigma_v+\frac{1}{4}\pi[\gamma_c(D_1^2-D_2^2)-\gamma_w D_1^2]/D_1 \tag{4.6.2-11}$$

(5) 地基沉降引起的附加应力

在软弱地层中修建隧道时，不仅要考虑到隧道施工所引起的地基沉降，还需要注意地基下沉对隧道本身所产生的影响。当隧道上方土体产生固结沉降时，伴随周围地基的下沉，隧道受到类似于桩负摩阻力的作用力，因此，隧道会受到相当于该作用力效果的强制位移的作用。在考虑固结沉降对隧道横断面的影响时，可以引入固结沉降引起的附加应力，其大小等于隧道开挖产生的初始超孔隙水压力，通过增加垂直土压力的大小，研究施工过程中沉降对衬砌结构内力的影响。文献[49]引入应力释放率，假定隧道周围的初始超孔隙水压力等于隧道上方的土压力乘以应力释放率，用以计算固结沉降，并给出了有关应力释放率取值的方法，对于土压平衡盾构施工的隧道来说，一般取10%～25%，本节从安全性设计角度考虑，对取值25%。具体计算公式如下：

$$p_0=\alpha\overline{\gamma}H \tag{4.6.2-12}$$

式中　p_0——初始超孔隙水压力（kPa）；

$\overline{\gamma}$——土层重度加权平均值（kN/m³）；

H——隧道上方的覆土厚度（m）。

4.6.2.4　热力耦合分析

热力耦合分析的方法有直接和间接两种，本节采用间接法，先分析火灾高温条件下复合管环结构的温度场分布，得到各个节点的温度，然后将各时刻的温度值作为温度荷载施加在复合管环结构上，进行高温下的力学特性研究。一共设置五种工况进行讨论，分别为覆土厚度1D，2D，3D，4D，5D（其中D为复合管环外径），土层参数见表4.6.2-5所示，地下水位的高度设为1m，地层侧向土压力系数为0.5，同样假定隧道及上覆土层为单一土层，采用松弛土压力计算竖向土水压力值，具体的工况安排和相关水土压力计算值如表4.6.2-6所示。

土层参数表　　　　表4.6.2-5

土层	天然重度 γ (kN/m³)	浮重度 γ' (kN/m³)	黏聚力 c (kPa)	内摩擦角 φ (°)
密实的砂土	19.8	10.2	0	25

覆土厚度影响所选定的计算工况及参数取值表　　　　　表 4.6.2-6

计算工况	松弛土压力 σ_v (kPa)	垂直水土压力 (kPa)	地基反力 (kPa)	上部水平荷载 (kPa)	下部水平荷载 (kPa)
1D	105.68	220.68	248.68	167.84	356.59
2D	163.15	403.15	431.15	321.58	510.33
3D	197.61	562.61	590.61	463.81	652.56
4D	218.27	708.27	736.27	599.14	787.89
5D	230.65	845.65	873.65	730.33	919.08

在热力耦合分析模型中，仍采用静力分析所建立的力学分析模型，混凝土选用 C3D8R；外部钢板及接头部分均采用 Quad 四边形类型，单元种类则使用 S4R，为了将温度场分析得到的节点温度 odb 文件准确地导入到热力耦合分析模型中，分析步和增量步设置为温度场分析的最终分析步和最终增量步。

4.6.3　复合管环温度场分布规律

4.6.3.1　温度分布云图

对于 HC 标准升温曲线，隧道内部热源温度从开始加热到达到最高温度 1100℃ 大约需要 30min 左右的时间，随后温度保持稳定，因此，本节根据传热过程中所设置的自动增量步长，列举升温过程中 14min、33min、76min 和 120min 的复合管环结构温度场分布云图，以及拱顶部位的温度分布云图，以研究 HC 升温曲线下，复合管环的温度场变化规律。

从图 4.6.3-1 可以看出，当火灾发生时，管片接头部位的温度相比其他部位温度较高，原因是因为接头部位为钢制材料，其导热系数大，热传导较管片其他部位快，其次管片接头处存在缝隙，使之处于直接受热状态；随着加热时间的增长，管片的高温区域逐渐由受火面向内部以及非受火面扩展，当加热到一定时间以后，各部位的温度基本保持稳定。

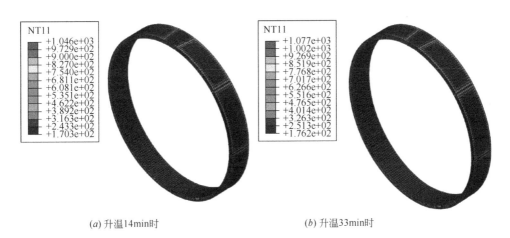

(a) 升温14min时　　　　　　　　(b) 升温33min时

图 4.6.3-1　HC 标准升温曲线下复合管环结构的温度变化（一）

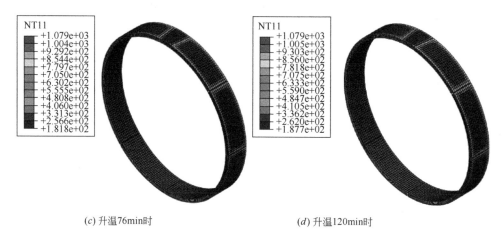

(c) 升温76min时 (d) 升温120min时

图 4.6.3-1　HC 标准升温曲线下复合管环结构的温度变化（二）

4.6.3.2　温度随时间的变化规律

复合管片由混凝土和外部钢板焊接成的钢管组成，当火灾发生时，整体管片温度升高的同时，因为材料的不同以及距离受火面距离的不同，各个部位的温度增长也不相同，考虑到结构及加热的对称性，选取一半结构进行分析，图 4.6.3-2、图 4.6.3-3 给出复合管片各部位钢板的温度分布规律。由图中曲线可知，复合管片的升温曲线与 HC 标准升温曲线形状类似，不同的是随着受火面距离的增大，管片外部钢板的升温起始点开始延后，升温速率也趋于平缓，受火后的峰值温度也在降低。考虑到复合管环结构单面受火的特点，可以看出，距离受火面越近，管片受到的高温影响越显著，越背离受火面，高温的影响越弱。对于直接接触高温烟气的管片内表面，其温度值几乎与高温烟气相同，温度可达到最大值 1079℃。复合管环接头板的温度分布见表 4.6.3-1～表 4.6.3-5，对于不同部位的钢板，处于拱顶部位的封顶块，其主桁梁与接头板与侧向的邻接块和标准块差异较大，而邻接块与标准块之间温度分布几乎一样。

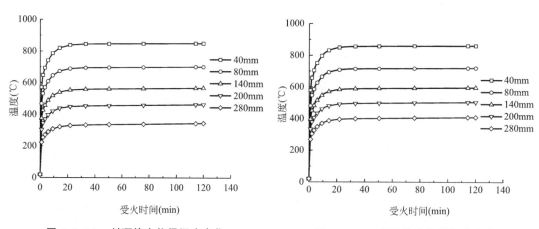

图 4.6.3-2　封顶块主桁梁温度变化　　　图 4.6.3-3　邻接块主桁梁温度变化

距离受火面 40mm 时复合管环接头板的温度分布　　　　　表 4.6.3-1

加热时间(min) \ 温度(℃)	封顶块	邻接块	标准块
0	20	20	20
1	641.119	665.967	665.966
2	727.748	755.823	755.823
3.5	779.207	809.175	809.175
5.75	832.537	864.461	864.461
9	882.772	916.503	916.503
14	920.608	955.691	955.69
22	941.225	976.996	976.995
33	948.317	984.258	984.258
50	949.862	985.734	985.733
75	950.562	986.269	986.268
115	951.499	986.965	986.964
120	951.641	987.07	987.069

距离受火面 80mm 时复合管环接头板的温度分布　　　　　表 4.6.3-2

加热时间(min) \ 温度(℃)	封顶块	邻接块	标准块
0	20	20	20
1	568.807	610.628	610.628
2	644.928	692.278	692.278
3.5	690.148	740.757	740.757
5.75	737.036	791.016	791.015
9	781.243	838.353	838.353
14	814.62	874.069	874.069
22	832.919	893.564	893.564
33	839.391	900.338	900.338
50	841.095	901.931	901.931
75	842.222	902.788	902.787
115	843.831	903.992	903.992
120	844.073	904.173	904.172

距离受火面 140mm 时复合管环接头板的温度分布 表 4.6.3-3

加热时间(min) \ 温度(℃)	封顶块	邻接块	标准块
0	20	20	20
1	470.913	536.106	536.106
2	532.963	606.768	606.768
3.5	569.811	648.702	648.702
5.75	608.023	692.183	692.183
9	644.09	733.154	733.154
14	671.41	764.149	764.149
22	686.544	781.173	781.173
33	692.158	787.275	787.275
50	694.065	789.019	789.019
75	695.749	790.295	790.295
115	698.24	792.173	792.173
120	698.613	792.453	792.452

距离受火面 200mm 时复合管环接头板的温度分布 表 4.6.3-4

加热时间(min) \ 温度(℃)	封顶块	邻接块	标准块
0	20	20	20
1	378.178	466.286	466.286
2	427.027	526.642	526.642
3.5	456.007	562.414	562.414
5.75	486.039	599.485	599.485
9	514.398	634.41	634.41
14	535.962	660.895	660.895
22	548.065	675.544	675.544
33	552.844	680.991	680.991
50	554.921	682.862	682.861
75	557.1	684.512	684.512
115	560.386	687.002	687.002
120	560.874	687.369	687.369

距离受火面280mm时复合管环接头板的温度分布　　　　　　表4.6.3-5

加热时间(min) \ 温度(℃)	封顶块	邻接块	标准块
0	20	20	20
1	277.399	391.236	391.236
2	311.979	440.367	440.367
3.5	332.443	469.404	469.403
5.75	353.599	499.429	499.429
9	373.574	527.684	527.684
14	388.843	549.159	549.159
22	397.62	561.153	561.153
33	401.469	565.852	565.851
50	403.697	567.836	567.835
75	406.364	569.855	569.855
115	410.445	572.973	572.973
120	411.043	573.427	573.426

图 4.6.3-4 所示为 HC 升温曲线加热 120min 后管片内部所填充混凝土的温度分布，距离受火面距离最近的混凝土温度为 1079℃，距受火面 36mm 处的温度为 928℃，距离受火面 264mm 处为 262℃，混凝土的温度梯度分布比较均匀，呈逐级降低的趋势，分析其原因主要是由于混凝土的导热系数较低，传热比较慢。当火灾发生 2h 时，管片内部大部分混凝土还处于相对较低的水平。

图 4.6.3-5 所示为接头部位混凝土的温度分布规律，可以看出接头部位的混凝土相比管片内侧面受火的混凝土，其热传递的速度要快，相应的温度也比管片内部混凝土的温度要高。因此，对于复合管环结构，接头部分不仅是其承受静力荷载的薄弱部位，也是影响整体抗火特性的薄弱部位。

图 4.6.3-6 所示为复合管环结构接头部位的温度场分布，可以看出，除了封顶块与邻接块之间的接头温度分布不均匀外，其余部位接头温度基本相同，呈对称分布。图 4.6.3-7 所示为封顶块处接头温度随受火面距离的变化规律。

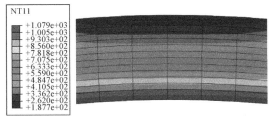
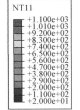
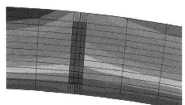

图 4.6.3-4　管片内部混凝土的温度　　　　　图 4.6.3-5　接头部位混凝土的温度

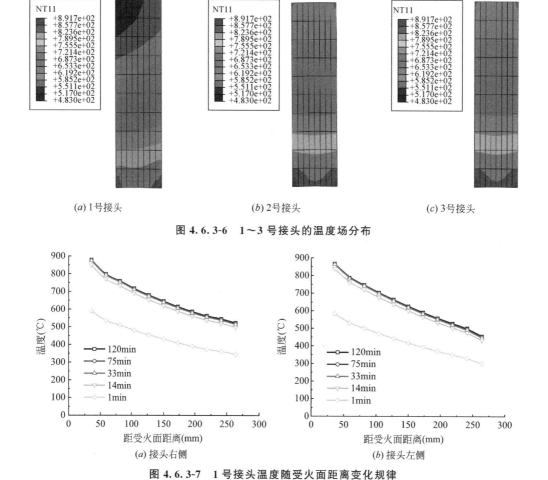

图 4.6.3-6　1～3 号接头的温度场分布

图 4.6.3-7　1 号接头温度随受火面距离变化规律

4.6.4　复合管环内力及变形分析

4.6.4.1　内力计算结果及分析

盾构隧道复合管环结构为超静定结构,当超静定复合管环结构在 HC 标准火灾升温曲线作用下,由于受到多余约束的作用,且温度场分布不均匀,以及各部分材料力学性质等随温度升高产生劣化,且不同部位由于温度值的不同,材料的劣化程度也不相同,使得管环结构发生不均匀变形,产生内力的重分布。图 4.6.4-1 所示为火灾高温时,不同覆土厚度条件下管环结构的主应力分布。

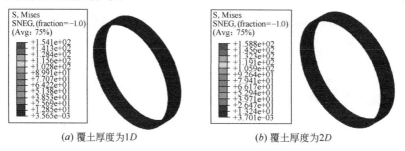

图 4.6.4-1　不同计算工况下复合管环结构的主应力分布（一）

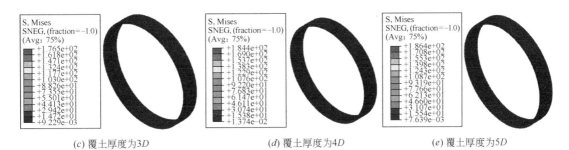

(c) 覆土厚度为3D　　　　(d) 覆土厚度为4D　　　　(e) 覆土厚度为5D

图 4.6.4-1　不同计算工况下复合管环结构的主应力分布（二）

从图 4.6.4-1 可以看出，火灾高温条件下，管环结构的最大主应力随着覆土厚度（即隧道外压）的增大而增大，即当覆土厚度从 2D 增加到 4D 时，最大主应力上升较快，随后趋于平缓，最大主应力同静力加载时一样，仍集中在管环接头部位。管片部位的主应力比较小，随覆土厚度的增加，一直增大。

由表 4.6.4-1～表 4.6.4-5 可以看出，当隧道发生火灾时，各接头的轴力分布随隧道外压的增大变化很小，只存在量值的不同。其中 1 号接头和 2 号接头始终受拉，1 号接头所受轴力随着外压的增大，逐渐增大，2 号接头的轴力则逐渐减小。当隧道外压较小时，3 号接头处于受拉状态，随着外压的增大，逐渐变为受压状态。4 号接头和 5 号接头始终处于受压状态，但变化趋势略有不同，4 号接头轴力随外压增大一直增大，5 号接头先减小，后增大。剪力和弯矩方面，其中 1 号接头、3 号接头和 4 号接头的剪力和弯矩随着隧道外压的增大，其绝对值一直在增大；2 号接头的剪力和弯矩随着隧道外压的增大，其绝对值一直在减小；5 号接头的剪力和弯矩随隧道外压的增大，呈先减小后增大的趋势。

1 号接头各工况计算结果　　表 4.6.4-1

计算工况	轴力(N)	剪力(N)	弯矩(N·m)
覆土厚度为 1D	39688.81	−3835.64	11.20
覆土厚度为 2D	50707.40	−4931.76	14.40
覆土厚度为 3D	56533.96	−5535.03	16.17
覆土厚度为 4D	59245.26	−5842.59	17.07
覆土厚度为 5D	60087.54	−5972.72	17.45

2 号接头各工况计算结果　　表 4.6.4-2

计算工况	轴力(N)	剪力(N)	弯矩(N·m)
覆土厚度为 1D	13699.29	−6311.31	19.11
覆土厚度为 2D	11270.81	−5235.49	15.87
覆土厚度为 3D	9153.48	−4297.67	13.05
覆土厚度为 4D	7222.86	−3442.67	10.48
覆土厚度为 5D	5404.37	−2637.40	8.06

3 号接头各工况计算结果　　　　　　　　　　　　　　　表 4.6.4-3

计算工况	轴力(N)	剪力(N)	弯矩(N·m)
覆土厚度为 1D	4841.50	70.68	−0.22
覆土厚度为 2D	−11556.20	126.06	−0.38
覆土厚度为 3D	−22137.20	160.82	−0.47
覆土厚度为 4D	−29228.50	183.20	−0.54
覆土厚度为 5D	−34225.80	198.15	−0.58

4 号接头各工况计算结果　　　　　　　　　　　　　　　表 4.6.4-4

计算工况	轴力(N)	剪力(N)	弯矩(N·m)
覆土厚度为 1D	−27743.76	−12736.20	38.92
覆土厚度为 2D	−30079.05	−13781.30	42.10
覆土厚度为 3D	−32126.76	−14696.50	44.89
覆土厚度为 4D	−34002.36	−15534.10	47.44
覆土厚度为 5D	−35774.37	−16324.80	49.84

5 号接头各工况计算结果　　　　　　　　　　　　　　　表 4.6.4-5

计算工况	轴力(N)	剪力(N)	弯矩(N·m)
覆土厚度为 1D	−49483.10	−145.38	0.41
覆土厚度为 2D	−46195.00	−48.98	0.12
覆土厚度为 3D	−45422.80	24.83	−0.10
覆土厚度为 4D	−46160.00	85.18	−0.29
覆土厚度为 5D	−47802.50	137.46	−0.44

轴力方面，3 号接头变化最大，其他接头变化比较缓慢。剪力和弯矩方面，3 号接头和 5 号接头数值比较小，不作为重点考察对象。4 号接头随覆土厚度的增加，剪力呈线性增加，弯矩的变化规律与剪力基本一致。其中最大轴力出现在 1 号接头位置，最大剪力和最大弯矩值出现在 4 号接头位置，因此，对于火灾高温下复合管环结构，当采用等效梁弹簧模型进行复合管环结构截面内力计算时，可根据 1 号与 4 号接头的内力设置弹簧的刚度系数。

4.6.4.2　变形计算结果及分析

火灾高温时复合管环结构不同工况下变形如图 4.6.4-2 所示。可以看出，整体管环结构的变形随覆土厚度的增大呈增大趋势，当覆土厚度较小时，管环结构的最大变形主要位于管环结构下侧，随着覆土厚度的增加，最大变形出现的位置逐渐向管环结构上侧移动。

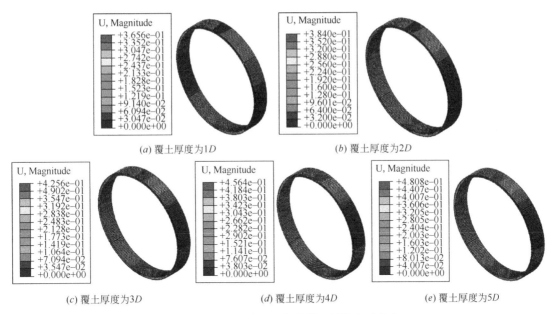

图 4.6.4-2　火灾高温下复合管环结构变形分布

计算火灾高温下不同计算工况的复合管环结构的变形值，包括由接头轴力产生的轴向位移、由接头处剪力产生的剪切位移以及由弯矩产生的接头张开量，结果见表 4.6.4-6～表 4.6.4-10。

1 号接头不同工况下的计算结果　　　　表 4.6.4-6

计算工况	对应的圆心角 $\theta(°)$	Δx(mm)	Δy(mm)	轴向位移 (mm)	剪切位移 (mm)	张开量 (mm)
1D		0.0213	0.0035	0.0215	−0.0017	0.0265
2D		0.0272	0.0047	0.0275	−0.0023	0.0341
3D	85	0.0303	0.0054	0.0307	−0.0027	0.0383
4D		0.0318	0.0058	0.0322	−0.0030	0.0404
5D		0.0322	0.0061	0.0326	−0.0033	0.0413

2 号接头不同工况下的计算结果　　　　表 4.6.4-7

计算工况	对应的圆心角 $\theta(°)$	Δx(mm)	Δy(mm)	轴向位移 (mm)	剪切位移 (mm)	张开量 (mm)
1D		0.0050	0.0078	0.0091	−0.0020	0.0127
2D		0.0037	0.0078	0.0082	−0.0029	0.0110
3D	45	0.0026	0.0061	0.0062	−0.0025	0.0096
4D		0.0016	0.0054	0.0049	−0.0027	0.0083
5D		0.0007	0.0046	0.0038	−0.0028	0.0071

3号接头不同工况下的计算结果　　　　　　　　表 4.6.4-8

计算工况	对应的圆心角 $\theta(°)$	Δx(mm)	Δy(mm)	轴向位移(mm)	剪切位移(mm)	张开量(mm)
1D		0.0032	0.0028	0.0028	0.0032	0.0049
2D		0.0035	−0.0065	−0.0065	0.0035	−0.0087
3D	0	0.0037	−0.0125	−0.0125	0.0037	−0.0174
4D		0.0038	−0.0165	−0.0165	0.0038	−0.0231
5D		0.0039	−0.0193	−0.0193	0.0039	−0.0270

4号接头不同工况下的计算结果　　　　　　　　表 4.6.4-9

计算工况	对应的圆心角 $\theta(°)$	Δx(mm)	Δy(mm)	轴向位移(mm)	剪切位移(mm)	张开量(mm)
1D		−0.0118	−0.0143	−0.0184	−0.0017	−0.0258
2D		−0.0128	−0.0154	−0.0199	−0.0019	−0.0275
3D	315	−0.0136	−0.0164	−0.0213	−0.0020	−0.0290
4D		−0.0144	−0.0173	−0.0225	−0.0021	−0.0304
5D		−0.0152	−0.0182	−0.0236	−0.0021	−0.0317

5号接头不同工况下的计算结果　　　　　　　　表 4.6.4-10

计算工况	对应的圆心角 $\theta(°)$	Δx(mm)	Δy(mm)	轴向位移(mm)	剪切位移(mm)	张开量(mm)
1D		−0.0280	−0.0003	−0.0280	−0.0003	−0.0420
2D		−0.0264	−0.0001	−0.0264	−0.0001	−0.0405
3D	270	−0.0261	0.0001	−0.0261	0.0001	−0.0408
4D		−0.0266	0.0002	−0.0266	0.0002	−0.0423
5D		−0.0277	0.0003	−0.0277	0.0003	−0.0445

分别选取 1 号和 4 号接头分析不同覆土厚度下轴力与轴向位移、剪力与剪切位移以及弯矩与转角之间的关系，由图 4.6.4-3～图 4.6.4-5 可以看出，轴力与轴向位移以及弯矩与转角之间基本呈线性关系。计算图中曲线斜率最大值，从而得到当采用等效梁弹簧模型进行复合管环结构截面内力计算时设置弹簧的刚度系数分别为：轴向弹簧刚度系数 $k_a = 2 \times 10^9 \text{N/m}$；剪切弹簧刚度系数 $k_s = 1.23 \times 10^{10} \text{N/m}$；回转弹簧刚度系数 $k_\theta = 4.23 \times 10^5 \text{N} \cdot \text{m/rad}$。

剪力与剪切位移之间的关系为三次多项式，回归公式如下：

$$y = 10^{13} x^3 + 5 \times 10^{10} x^2 + 8 \times 10^7 x + 41667 \tag{4.6.4-1}$$

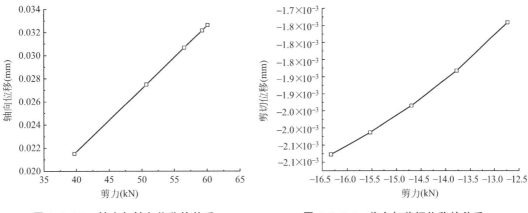

图 4.6.4-3 轴力与轴向位移的关系　　图 4.6.4-4 剪力与剪切位移的关系

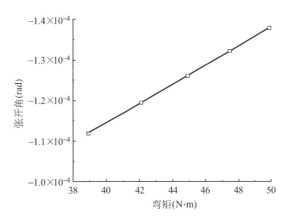

图 4.6.4-5 弯矩与接头张角的关系

4.7 本章小结

本章利用 ABAQUS 大型通用有限元分析软件，建立复合管环结构的精细化模型，研究复杂条件下复合管环结构的力学机理。主要研究了复合管环结构在内水压作用下的受力与变形特性，复合管环结构在复杂地层条件下的受力与变形特性以及在静力荷载研究的基础上通过热力耦合对盾构隧道复合管片及接头高温力学行为、管片构件及衬砌结构承载性能，得出了相应的规律和结论，为复合管片的合理化设计提供理论依据。

第5章 展　望

复合管片由钢管片/球墨铸铁管片、钢筋和填充混凝土组合而成，其结构形式较为复杂。由于接头的存在，由复合管片拼装而成的复合管环结构具有不连续性，导致变形和力的传递机制更为复杂。复合管片新型接头的结构形式多种多样，组成部件较多，结构中细部尺寸的微小误差即能引起接头受力状态的改变，造成不可估量的影响。随着地下建设技术的不断成熟，盾构隧道未来发展中将面对更多技术难题，如保证地震作用、火灾、高水压等恶劣环境中的结构安全性等。可以预见，为满足盾构隧道复合管片在实际工程中的应用需求，必将有更多的新材料和新工艺得到开发以促进技术的进步与提高。

首先，对于强震地区的盾构隧道结构，一旦衬砌或接头发生破坏将难以修复，容易造成较大的经济损失。复合管环有着区别于普通混凝土管环的结构形式优越性，因此强化复合管片的抗震性能，研究盾构隧道复合管环结构的地震响应特征及相应的减震措施是十分必要的。本书对复合管片的受力和变形特性进行了较为深入的分析，未来将进一步对地震荷载下复合管环结构的受力和变形特征进行探究。在新型接头方面，本书研究了包括锚式接头在拼装和张拉过程中的力学性能及 FRP-Key 接头在剪力作用下的力学性能等，研究对象仅限于盾构隧道中的复合管片单体新型接头或简单的管片-接头组合结构。然而，隧道衬砌的管环结构是由多个单体复合管片通过接头连接构成的。因此，为进一步考察新型接头在实际工程中的受力性能，在本书研究的基础上，未来建立包含新型接头的复合管环结构并完成有关其力学性能及设计参数等内容的研究势在必行。上述新型接头在地震荷载下的力学性能分析也有待进一步开展。

其次，关于复合管片整环衬砌结构在火灾条件下的力学性能与变形特性分析和高水压作用下的力学性能与变形特性分析中，本书中的数值模型只考虑了外部钢壳和内部混凝土，并未考虑混凝土内部纵向钢筋的影响，也未考虑钢板内侧焊接的剪力键、剪力钉等抗滑移构件，且并未对接头部位进行精细化建模，忽略了管片接头处弹性密封垫、密封胶、止水带的影响，因此对于较为精细的复合管片结构在火灾和高水压下的性能仍需进一步探讨。发生火灾时，管片接头处温度相对管片较高，属于设计的关键部位，管片接头在高温条件下的变形特性虽然可以通过数值分析计算得到，但本书的研究结果仍存在局限性，有必要针对管片接头的高温力学行为开展更为深入的研究工作，给出管片接头高温条件下抗弯刚度的理论计算公式，为盾构隧道复合管环结构的设计提供参考依据。本书提出的复合管片内部约束混凝土本构模型、复合管片衬砌环火灾条件的数值模拟方法及火灾条件下复合管片接头的数值模拟方法等可以作为进一步研究复合管片结构各方面性能的理论参考和技术支持。

再次，随着材料工艺的不断发展，在目前复合管片内部填充的单一混凝土材料中引入新材料，如增加适量煤炭颗粒、纤维、化学类物质等，可能进一步提高混凝土材料原有的抗损伤能力与力学性能。此外，由多种材料构成的新型混凝土可以具备更好的节能环保性，符合国家的可持续发展战略。探索并确定更好的添加性辅助材料，以提高复合管片的各项性能，将是未来复合管片研究的重要方向。

最后，随着盾构隧道修建环境的不断复杂化，高性能衬砌管片的开发与应用需求持续上升，随之而来的是接头形式上的创新与性能上的提高。可以预见，未来高性能复合管片在盾构隧道建设和发展中势必将得到广泛应用，因此新型接头的开发也有必要得到进一步重视。相对于传统的螺栓接头，新型接头在盾构隧道中的应用还不够普遍。其中，新型接头的设计指标及力学性能影响因素的不确定性是主要原因。传统的螺栓接头需设置手孔，管片截面被削弱且增加了渗水路径，螺栓孔与螺栓之间存在空隙，这为相邻管片间的相互错动创造了条件。但是，目前国内的盾构隧道在接头设计时采用较多的仍为螺栓接头。部分盾构隧道工程尝试了接头盒＋螺栓的接头形式，其主要目的为提高以螺栓接头为连接形式的接头部位的承载能力，使螺栓接头能够适用于对承载能力要求更高的工程中。然而，盾构隧道大断面、复杂化的发展趋势已对接头部位的力学性能提出了更高的要求，上述传统螺栓接头和创新性较弱的新型接头形式很难满足未来盾构隧道的发展需求。因此，探求能够提高拼装自动化程度，并具有优良性能的新型盾构隧道管片接头是必然的发展方向，对于盾构隧道技术的进一步发展和进步具有深远意义。

参考文献

[1] 金明明. 盾构隧道复合管片的等效力学模型及应用研究 [D]. 天津: 天津大学, 2016.
[2] 小泉淳. 盾构隧道管片设计 [M]. 北京: 中国建筑工业出版社, 2012.
[3] 宋传辉. 设凹凸榫剪切键的通用楔形管环性能研究 [D]. 天津: 天津大学, 2017.
[4] 斉藤仁, 黒埼秀, 高橋晃, 等. 大深度シールドトンネルにおける施工時荷重作用時に発生するセグメントの損傷の原因 [J]. 土木学会論文集F, 2007, 63 (2): 200-211.
[5] 斉藤仁, 黒埼秀, 高橋晃, 等. 大深度シールドトンネルにおける施工時荷重作用時に発生するセグメントの損傷抑制策に関する提案 [J]. 土木学会論文集F, 2008, 64 (2): 173-184.
[6] W. J. Zhang, A., Koizumi. Flexural rigidity of closed composite segment [J]. International Symposium on Tunnelling for Urban Development, 2007: 205-212.
[7] 张稳军, 张高乐, 苏忍, 等. 加工工艺对盾构隧道环间锚式接头受力影响的数值研究 [J]. 隧道建设, 2016, (2): 150-157.
[8] 张稳军, 张高乐, 雷华阳. 基于塑性损伤的盾构隧道FRP-Key接头抗剪性能及布置方式合理性研究 [J]. 中国公路学报, 2017, (08): 38-48.
[9] Zhang W J, Koizumi A. A study of the localized bearing capacity of reinforced concrete K-segment [J]. Tunnelling and Underground Space Technology, 2007, 22 (4): 467-473.
[10] 葛世平, 谢东武, 丁文其, 等. 盾构管片接头简化数值模拟方法 [J]. 岩土工程学报, 2013, 35 (9): 1600-1605.
[11] 何川, 张建刚, 杨征. 层状复合地层条件下管片衬砌结构力学特征模型试验研究 [J]. 岩土工程学报, 2008, 30 (10): 1538-1543.
[12] 张建刚, 何川. 盾构隧道衬砌整环力学机理模型 [J]. 工程力学, 2013, 30 (7): 136-141.
[13] 张稳军, 小泉淳. 合成セグメントの曲げ挙動に関する研究 [J]. 土木学会論文集F, 2009, 65 (2): 246-263.
[14] Zhang W J, Koizumi A. Behavior of composite segment for shield tunnel [J]. Tunnelling and Underground Space Technology, 2010, 25 (4): 325-332.
[15] Zhang W J, Jin M M, Su R, et al. Experiment on mechanical properties steel and concrete composite segment for shield tunnel [J]. China Journal of Highway and Transport, 2016, 29 (5): 84-94.
[16] Zhang W J, Guo X, Koizumi A. Mechanical Analysis and Design Approach of Composite Segment for Shield Tunnel Linings [J]. ASCE Geotechnical Special Publication, 2014, 242: 514-524.
[17] Zhang W J, Koizumi A. A study of the localized bearing capacity of reinforced concrete K-segment [J]. Tunnelling and Underground Space Technology, 2007, 22 (4): 467-473.
[18] 蒋丽忠, 余志武, 李佳. 均布荷载作用下钢—混凝土组合梁滑移及变形的理论计算 [J]. 工程力学, 2003, 20 (2): 133-139.
[19] Zhang W J. Study on mechanical behavior and design of composite segment for shield tunnel [D]. Tokyo: Waseda Univ., JAPAN, 2009.
[20] Jiang J F, Wu Y F, Zhao X M. Application of Drucker-Prager plasticity model for stress-strain modeling of FRP confined concrete columns [J]. Procedia Engineering, 2011, 14: 687-694.

[21] Karabinis A I, Rousakis T C. Concrete confined by FRP material: a plasticity approach [J]. Engineering Structures, 2002, 24 (7): 923-932.

[22] 王梦恕. 中国隧道及地下工程修建技术 [M]. 北京: 人民交通出版社, 2010.

[23] 严佳梁. 盾构隧道管片接头性态研究 [D]. 上海: 同济大学, 2006.

[24] 张高乐. 盾构隧道复合管片新型接头力学性能研究 [D]. 天津: 天津大学, 2018.

[25] 张稳军, 宋晓龙, 张新新. 盾构隧道复合管片环向直螺栓接头抗弯性能的影响因素研究 [J]. 施工技术, 2017, 46 (S2): 82-86.

[26] 张稳军, 张云霈, 宋晓龙. 盾构隧道弯螺栓接头力学特性受预紧力影响的数值研究 [J]. 岩土工程学报, 2017, 39 (S2): 203-206.

[27] 张稳军, 张新新, 张云霈. 斜螺栓等级对盾构隧道接头受力和变形的影响 [J]. 地下空间与工程学报, 2018, 14 (S1): 227-234.

[28] Shirato M, Furuichi K, Takimoto K, et al. Development of New Composite Segment and Application to the Tunneling Project [J]. Journal of JSCE, 2010, 728: 157-174.

[29] 张劲, 王庆扬, 胡守营, 等. ABAQUS混凝土损伤塑性模型参数验证 [J]. 建筑结构, 2008, (8): 127-130.

[30] Zhang W J, Koizumi A. Design of composite segment for underground dischargechannel [C] // Proceedings of the fifth China-Japan conference on shield tunneling, 2009: 10-19.

[31] Zhang G L, Zhang W J, Zhang X X, et al. Evaluation on fire resistance of composite segmental lining for shield tunnel [J]. Tunnelling and Underground Space Technology, 2023, 131: 104781.

[32] 官林星, 孙巍. 矩形盾构隧道的受力分析与试验研究 [C] // 第八届中日盾构隧道技术交流会论文集, 2015: 232-237.

[33] 湯田坂幸彦, 副島直史, 中川雅由. フルサンドイッチ型合成セグメントの構造特性と製造方法 [J]. 建設の施工企画, 2010, 723: 34-39.

[34] 苏忍. 盾构隧道复合管环结构的受力变形特性分析 [D]. 天津: 天津大学, 2016.

[35] 志波由紀夫, 川島一彦, 大日方尚已, 等. シールドトンネルの耐震解析に用いる長手方向覆工剛性の評価法 [J]. 土木学会論文集, 1988: 319-327.

[36] 志波由紀夫, 川島一彦, 大日方尚已, 等. 応答変位法によるシールドトンネルの地震時断面力の算定法 [J]. 土木学会論文集, 1989: 385-394.

[37] Chen B, Wen Z. Elasto-plastic analysis for the effect of longitudinal uneven settlement [C] // Proceedings of the ITA World Tunnelling Congress 2003, A. A. Balkema, 2003.

[38] 雷凯, 莫海鸿, 陈俊生, 等. 上软下硬复合地层中盾构隧道管片受力变形性态研究 [J]. 广东土木与建筑, 2016, (8): 52-56.

[39] 闫治国, 丁文其, 沈碧伟, 等. 输水盾构隧道管片接头力学与变形模型研究 [J]. 岩土工程学报, 2011, 33 (8): 1185-1191.

[40] 林伟波, 杨小平, 严振瑞, 等. 湛江湾跨海盾构隧道管片变形与受力分析 [J]. 隧道建设, 2016, 36 (3): 288-294.

[41] 杨春山, 莫海鸿, 陈俊生, 等. 盾构隧道先隧后井工法对管片张开量影响的研究 [J]. 岩石力学与工程学报, 2014 (S1): 2870-2877.

[42] 傅传国, 王广勇, 王玉镯. 火灾作用下钢筋混凝土框架节点温度场分析 [J]. 山东建筑大学学报, 2009, 24 (1): 1-8.

[43] 张稳军, 张新新, 宋晓龙. 盾构隧道斜螺栓接头受力性能与火灾下温度分布规律 [J]. 交通运输工程学报, 2018, 18 (6): 37-49.

[44] European Committee for Standardization. Eurocode 2. Design of Concrete Structures. Part10: Struc-

tural Fire Design [S]，1990.

[45] 钮宏，陆洲导，陈磊. 高温下钢筋与混凝土本构关系的试验研究 [J]. 同济大学学报，1990，18 (3)：287-297.

[46] 赵金海. 高温下弹性压弯钢构件稳定性分析 [D]. 哈尔滨：哈尔滨工业大学，2012.

[47] European Committee for Standardization. Eurocode 3. Design of Steel Structures，Part 1.2：Structural Fire Design [S]. 1993.

[48] The Steel Construction Institute. Fire Resistant Design of Steel Structures-A handbook to BS5950：Part 8. 1990.

[49] 闫治国，朱合华. 隧道衬砌结构火灾安全及高温力学行为研究 [J]. 地下空间与工程学报，2010，6 (4)：695-700.

[50] 陈凯. 变截面门式钢刚架结构抗火性能及实用设计方法研究 [D]. 上海：同济大学，2000.

[51] 黄叙. 高温下盾构隧道接缝结构受力特性分析及可靠度研究 [D]. 长沙：中南大学，2014.